XIANGCUN SHENGTAI ZHENXING HUANBAO
SHIYONG JISHU SHOUCE

U0877883

乡村生态振兴环保实用技术手册

主编◎张兴林

甘肃科学技术出版社
甘肃·兰州

图书在版编目(CIP)数据

乡村生态振兴环保实用技术手册 / 张兴林主编. --
兰州 : 甘肃科学技术出版社, 2024.8
ISBN 978-7-5424-3129-5

Ⅰ. ①乡… Ⅱ. ①张… Ⅲ. ①乡村-生态环境建设-
中国-技术手册 Ⅳ. ①F320.3-62②X321.2-62

中国国家版本馆CIP数据核字(2023)第155793号

乡村生态振兴环保实用技术手册

张兴林 主编

责任编辑 杨丽丽
封面设计 李万军

出 版 甘肃科学技术出版社
社 址 兰州市城关区曹家巷1号 730030
电 话 0931-2131572(编辑部) 0931-8773237(发行部)

发 行 甘肃科学技术出版社 印 刷 兰州万易印务有限责任公司
开 本 880毫米×1230毫米 1/32 印 张 9.75 字 数 190千
版 次 2024年8月第1版
印 次 2024年8月第1次印刷
印 数 1~3000
书 号 ISBN 978-7-5424-3129-5 定 价 58.00元

图书若有破损、缺页可随时与本社联系:0931-8773237
本书所有内容经作者同意授权,并许可使用
未经同意,不得以任何形式复制转载

编 委 会

主　　任： 苏　君　葛建团

副 主 任： 白志红　闫子江　汪德元
连　兵　刘文玺

主　　编： 张兴林

副 主 编： 赵晓冏　齐明亮　吉生成

编　　者： 孙旭伟　张钰浩　俞兆鹏
巩娟霄　吕生舜　沈国春
吴兴红　李长宝

审　　核： 杨立富　李作斌

前　言

乡村振兴是党的十九大以来，以习近平同志为核心的党中央做出的重大战略部署，乡村振兴包括生态振兴、组织振兴、产业振兴、文化振兴和人才振兴。党的二十大报告中明确指出："加快建设农业强国，扎实推动乡村产业、人才、文化、生态、组织振兴"。习近平总书记的重要论述，为乡村生态振兴提供了根本遵循。当前，甘肃省上下牢固树立和践行绿水青山就是金山银山的理念，按照党中央、国务院的战略部署，实施乡村振兴战略。一方面，社会主义新农村建设，"美丽中国""美丽乡村"建设取得了巨大的成就，乡村面貌发生了根本变化；另一方面也必须看到，就全省而言，由于历史和现实、自然和人为等多方面原因，尚有相当部分乡村存在严重或比较严重的生态问题，亟待采取有力措施予以治理。科技手段是应对复杂化、多样化农村生态环境问题的应有之策。将科技赋能于乡村生态治理，不仅是乡村生态振兴的必然选择，更是生态文明建设的时代要求。"生态"和"宜居"是一个整体，乡村不应只有蓝天、白云和新鲜空气，还要有完善的基础设施、宜居的人居条件。加强农村突出生态环境问题综合治理，必须聚焦突出短板，以农村生活污水垃圾治理、黑臭水体整治、化肥农药减量增效、农膜回收利用、养殖污染防治等为重点领域，持续推进农村人居环境整治提升和农业面源污染防治，实现从村容整洁到生态宜居。

《乡村生态振兴环保实用技术手册》涵盖了农村生活垃圾处理、生活污水处理、种植业和养殖业废弃物资源化利用技术、方法和实践案例，内容丰富、图文并茂、结构清晰、通俗易懂，具有很强的实用性和可操作性，可以作为各级生态环境、乡村振兴等部门和农民群众开展农村生态环境保护相关工作的工具书，也可以作为乡村生态振兴专业技术人员的培训教材和大、中专高等院校的教学参考资料。

期望本书能够成为从事乡村生态振兴工作的管理人员、科技工作者和农民群众的良师益友，为深入推进全省乡村生态振兴发挥积极作用。

编者

2024年6月

目　　录

第一章 绪　　论

第一节 乡村生态环境污染种类及特点

一、乡村生活垃圾

乡村生活垃圾是指农村居民在日常生活过程中产生的综合废弃物，主要包括：有机垃圾（剩菜、剩饭、果皮、菜叶、秸秆、草木等），无机垃圾（灰土、炉渣、废旧陶瓷等），可回收垃圾（橡塑、废纸类、织物、玻璃、金属等）和有害垃圾（废灯管、废电池、农药化肥包装物、过期药品等）四大类，其中以有机垃圾和无机垃圾两大类组分含量最多。

与城镇生活垃圾相比，乡村生活垃圾具有以下特点：

(1)乡村生活垃圾产生量和堆积量逐年增多，垃圾成分日趋复杂；乡村垃圾面积广，产生源分散。近年来，随着居民生活水平的提高和消费观念的改变，厨余垃圾相对减少，废旧家具及工业消费品、产品包装与应用材料（如纸、金属、玻璃）等可回收垃圾成分增多。

(2)乡村生活垃圾收集处理难度较大。由于农村住宅聚集度不高，环保设施投入成本较高，导致乡村生活垃圾收集处理难度较大。

(3)村民参与垃圾治理积极性不高。农村受教育程度较高者和青壮年劳动力绝大多数流向城市,留守农村者普遍年龄较大、受教育程度较低、环境保护意识不强,村民参与垃圾治理积极性不高。

二、乡村生活污水

乡村生活污水是指乡村居民日常生活中排出的废水,主要包含厨房清洗用水、餐厨废水,粪便、卫生间冲洗、盥洗室洗手、洗澡用水,洗衣废水和冲洗地面废水等生活设施中排放的水。

与城镇生活污水相比,乡村生活污水具有以下特点:

(1)乡村分散式的地理分布特点造成乡村生活污水排放点多、分布广泛且分散。

(2)乡村生活污水水量和水质波动性大。由于乡村人均综合用水量较低,污水总量较小,但由于村民居住生活习惯相近,其用水时间相对集中,一般于每日早、中、晚饭期间出现用水高峰,而夜间居民生活生产活动较少,夜间村镇污水排放量较低;水质方面,受乡村居民生活习惯影响,其水质一天内波动幅度较大,乡村污水中氮、磷含量偏高,一般不含有毒物质,但含有寄生虫卵、细菌等致病微生物。

(3)农村生活污水排放收集处理率低。由于乡村人口相对城市人口较少,居住较为分散,乡村的污水管网及收集处理设施相对不健全,生活污水大多就近顺地势排放至道路、河道、坑塘。

三、乡村农业废弃物

农业废弃物是指在农业生产活动中产生的固体废物，主要包括种植业废弃物（作物秸秆、尾菜、农产品加工的边角料、农业生产投入品包装物、废旧地膜等）和养殖业废弃物（畜禽粪便、畜禽舍垫料、废饲料、散落的毛羽等）。

乡村农业废弃物主要具有以下特点：

(1)农业废弃物来源广泛，数量巨大，但由于缺乏政策的引导和资金的投入，导致利用率低，对环境的破坏较大。

(2)农业废弃物有益成分含量偏低，有害成分含量较高，使得废弃物可利用的品质不高，相应的价格较为低廉。

(3)农业废弃物可利用性不高，成分复杂，二次开发成本高、难度大。

第二节　乡村生态环境污染治理现状及途径

一、乡村生活垃圾污染治理现状及途径

（一）乡村生活垃圾治理现状

近年来，中国乡村生活垃圾污染治理初见成效。经过为期3年的农村人居环境整治行动，阶段性目标任务已全面完成，截至2020年底，超过95%的村庄开展了清洁行动，90%以上的行政村完成了农村生活垃圾的收集和处理，各地全面有效地推进

了农村生活垃圾收运处置体系建设，已初步解决农村生活垃圾治理问题，并逐步改善了村民的生活条件。

虽然乡村生活垃圾集中处理已普遍实施，但生活垃圾源头分类和末端循环利用仍然存在一些问题。截至2021年底，仅有17%的村民分类投放垃圾，目前还缺乏适合乡村的生活垃圾治理模式，有待进一步因地制宜地探索有效的乡村生活垃圾处置管理方式。

（二）乡村生活垃圾处理模式与技术

乡村生活垃圾处理模式分为4种：就地就近集中处理模式、城乡一体化处理模式、分散式家庭处理模式和分散+城乡一体化处理模式。

生活垃圾处理技术主要有5种：填埋、焚烧、堆肥、热解、发酵。

二、乡村生活污水污染治理现状及途径

（一）乡村生活污水治理现状

农村生活污水治理与改善农民群众生活环境密切相关，是农村人居环境整治提升的重要内容，是建设美丽乡村的重要举措。近年来，生态环境部会同相关部门，立足农村实际，逐步完善政策机制，指导各地实事求是确定排放标准，因地制宜编制规划，推广典型经验做法，加快建立农村生活污水治理体系，取得初步成效。

但总的来看，农村生活污水治理基础薄弱，仍然存在诸多问题，如农村生活污水治理覆盖率低、达标率低、污水处理设施正常运转率低、乱排现象严重等，治理任务依然艰巨。根据第

二次全国污染源普查结果，农村生活污水年排放量为75.91亿吨，污水治理率为25.5%，而城镇污水治理率已经超过95%。截至2021年，农村生活污水治理率也仅达到28%左右。

（二）乡村生活污水处理模式与技术

1.乡村生活污水处理模式

乡村生活污水处理模式分别为接入纳管式处理、集中式污水处理和分散式污水处理。调查结果显示，目前约80%的污水处理设施为分散式污水处理设施（含化粪池预处理后资源化利用），20%为集中式污水处理设施。

2.乡村生活污水处理技术

（1）生物处理，主要包括化粪池、沼气池、氧化沟、序列间歇式活性污泥法、生物膜法等。

（2）生态处理，主要包括生态滤池、人工湿地、稳定塘、土地渗滤系统等。

（3）组合处理，前段主要为生物处理技术，后段根据排水去向选择适宜的生态处理技术。

组合处理技术（生物—生态），适合中国农村生活污水的不同需求，具有很大的开发利用潜力和前景。

三、乡村农业废弃物污染治理现状及途径

（一）乡村农业废弃物污染治理现状

中国作为农业生产大国，每年有大量的农业废弃物产生，农业废弃物的处理需求极大。据统计，2019年，全国畜禽粪污产生量30.5亿吨、农作物秸秆产生量8.7亿吨、农膜使用量246.5万吨、废弃农药包装物约35亿件。目前，中国已相继出台

多部规划和指导意见推动农业废弃物资源的高效利用，并进一步加大了政策支持以及财政支持力度。农业废弃物综合利用率不断提高，目前，中国资源化利用是减少农业废弃物污染的主要途径，2019年农作物秸秆综合利用率为81.68%，其中秸秆肥料化利用率为47.20%。

随着乡村振兴战略的实施，中国乡村经济快速发展，农业废弃物产量总体保持增加，加之一些地区农业废弃物防治短板依然突出，给乡村生态环境治理和农业高质量发展造成较大压力。根据2020年6月9日，中华人民共和国生态环境部、国家统计局联合中华人民共和国农业农村部发布《第二次全国污染源普查公报》公布的数据显示，全国种植业秸秆产生量为8.05亿吨，秸秆可收集资源量6.74亿吨，秸秆利用量5.85亿吨，可回收资源利用率为86.8%；畜牧养殖业造成的水污染物排放量中化学需氧量1000.53万吨，氨氮11.09万吨，总氮59.63万吨，总磷11.97万吨。总体看来，中国乡村农业废弃物污染问题依然严峻。

（二）乡村农业废弃物治理模式与技术

1. 中国农业废弃物治理模式

中国农业废弃物治理模式主要是资源化利用，其处理技术有3种：微生物技术、物理化学技术、材料工程技术。

2. 农业废弃物资源化利用途径

（1）饲料化利用，其技术有3种：物理处理方法，包括揉搓加工、压块成型、挤压膨化和热喷处理技术；化学处理方法，包括氨化、碱化、氧化和复合技术；生物处理方法，包括青贮和微贮技术。

(2)肥料化利用,其技术有7类:畜禽粪便研制生态型肥料和土壤修复剂等技术;不同原料好氧堆肥关键技术;高效发酵微生物筛选技术;农业废弃物的腐生生物高值化转化技术;畜禽粪便高温堆肥产品复混肥生产技术;秸秆等植物纤维类废弃物沤肥还田技术;农作物秸秆整株还田、根茬粉碎还田技术。

(3)能源化利用,其技术有11类:有机垃圾混合燃烧发电技术;城市垃圾填埋场沼气发电技术;高效沼气和发电工程系统;组装式沼气发酵装置及配套设备和工艺技术;中热值秸秆气化装置和燃气净化技术;移动式秸秆干燥粮食工艺及成套设备;秸秆干发酵及其配套技术;秸秆直接燃烧供热系统技术;纤维素原料生产燃料乙醇技术;生物质热解液化制备燃料油、间接液化生产合成柴油和副产物综合利用技术;"四位一体"模式和"能源环境工程"技术农业生态综合利用模式。

(4)材料化利用,其技术有6类:高纤维性植物废弃物生产纸板、人造纤维板、轻质建材板、发泡缓冲材料、纳米纤维素等材料;农业废弃物中的木质纤维素、半纤维素通过热解工艺进行分离、提取、纯化,利用改性技术将其功能化,获得吸水树脂、重金属吸附剂等高附加值产品;稻壳可以生产白炭黑、碳化硅陶瓷、氮化硅陶瓷;麦草经常压水解、溶剂萃取反应,可以制取糠醛;甘蔗渣、玉米渣等可制取膳食纤维;秸秆、树枝叶等可以加工成育苗、食用菌栽培基质。

第二章　乡村生活垃圾处理技术

第一节　乡村生活垃圾处理模式

一、就地就近集中处理模式

就地就近集中处理模式是指采用“村收集、村处理”的方式，将某一地区范围内生产的全部生活垃圾进行集中式收集，然后通过在当地建立合适的处理设施，采用填埋等技术将垃圾进行消解。就地就近集中处理模式示意图如图2.1.1所示。

就地就近集中处理模式优点：初期投资和后期运行费用低、运输费用少，可根据当地村落条件建立合适的处理设施，处理工艺技术操作简单、易于管理。

就地就近集中处理模式缺点：简易堆肥、填埋技术均易产生二次污染，这就要求有关部门必须要加强对农民垃圾处理知识的有关环保培训。

就地就近集中处理模式适用范围：距离城镇垃圾集中处理点太远、交通不便、运输距离较长以及规模较大或几个村落毗邻而居的农村地区。大部分较为发达的乡镇都采用这种方法来处理生活垃圾。

图2.1.1　乡村生活垃圾就地就近集中处理模式示意图

二、城乡一体化处理模式

城乡一体化处理模式是指把农村地区所产生的生活垃圾通过“村收集、乡(镇)转运、县(市)处理”的方式,纳入到县级以上的城镇垃圾无害化处理系统,进行统一集中处理。城乡一体化处理模式示意图如图2.1.2所示。

城乡一体化处理模式优点:①可以最大限度地利用好已有的垃圾处理设施、设备及绝大多数的环境保护措施,从而节约资源和成本;②通常采用的大型处理工艺及设备处理效果好且稳定,不需要在当地建立额外的处理设施,土地资源占用少。

城乡一体化处理模式缺点:生活垃圾运输成本高,通常可达全部处理成本的60%,甚至更高。

城乡一体化处理模式适用范围:离城镇地区距离较近(小

于20千米)、道路交通发达的近郊村落以及位于环境敏感区的村庄。由于城乡一体化处理模式节约土地资源,中国东部地区以及一些经济相对发达的农村多采用这种模式,效果较好。

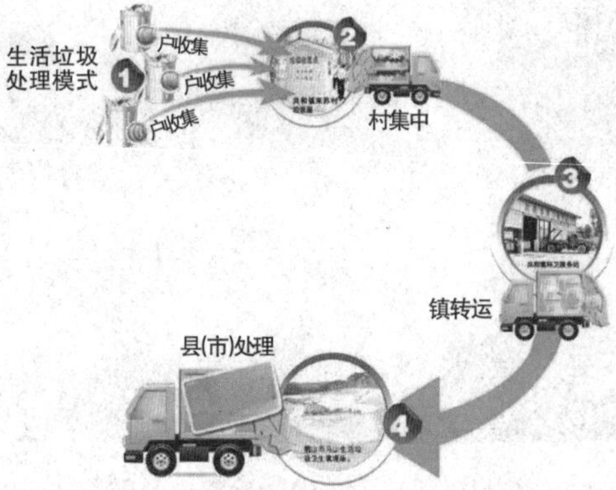

图2.1.2　乡村生活垃圾城乡一体化处理模式示意图

三、分散式家庭处理模式

分散式家庭处理模式是指以家庭为单位,将产生的生活垃圾进行分类。其中,可回收垃圾经分拣后综合利用或送到回收站再利用,有机垃圾进行堆肥或沼气发酵,建筑垃圾及灰石渣土用于铺垫农村道路,其余垃圾就地做简易填埋处理。分散式家庭处理模式示意图如图2.1.3所示。

分散式家庭处理模式缺点:由于垃圾并未经过无害化处理,堆肥时间较长或难以确保其质量时,有可能产生二次污染问题。

分散式家庭处理模式适用范围:布局分散、规模较小、经济不发达的偏远农村。

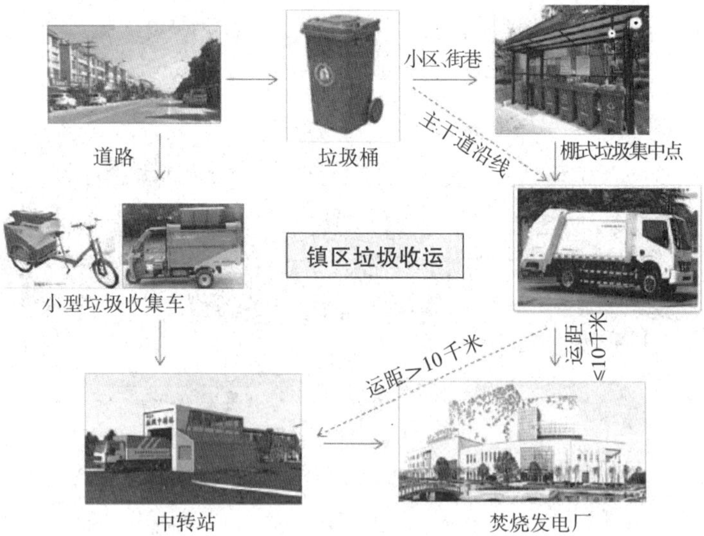

图2.1.3　乡村生活垃圾分散式家庭处理模式示意图

四、分散+城乡一体化处理模式

分散+城乡一体化处理模式是指生活垃圾在“在户分类”的基础上，将分类后的有机垃圾就近就地堆肥或沼气发酵处理，其余垃圾通过“村收集、乡(镇)转运、县(市)处理”方式，纳入到城镇垃圾无害化处理系统进行处理，是一种组合式的乡村生活垃圾处理模式。分散+城乡一体化处理模式示意图如图2.1.4所示。

分散+城乡一体化处理模式优点：①实现了生活垃圾的源头减量，降低了运输成本；②有机垃圾就地处理，可降低转运环节中产生二次污染的风险。

分散+城乡一体化处理模式适用范围：一些经济发达、群众性垃圾分类工作开展较好的农村地区(如浙江诸暨)。

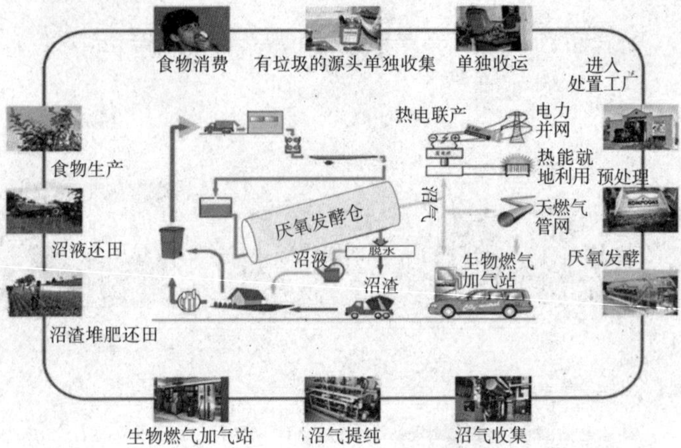

图2.1.4　乡村生活垃圾分散+城乡一体化处理模式示意图

第二节　乡村生活垃圾处理技术

一、填埋法

填埋法包括简易填埋和卫生填埋。

简易填埋是一种粗放型垃圾处理方式，其特征是基本不采用工程措施，或仅采用部分工程措施就直接将垃圾填埋。该方式早些年在中国绝大多数农村地区沿用，这种简易垃圾填埋场(点)大多都会对周围环境造成严重污染。

随着国家对农村生态环境的不断重视，采用简易填埋技术的地区越来越少，许多已有的简易填埋场(点)也开始逐步被改造或淘汰。

卫生填埋是采取了底部防渗、沼气导排、渗滤液处理、严格覆盖、压实处理等一系列工程措施的垃圾填埋方法。该技术开始于20世纪90年代中期，随着技术的发展逐渐成熟，已成为乡村生活垃圾最重要的主流技术和最终处置方式。卫生填埋工艺流程如图2.2.1所示。

卫生填埋法优点：可以防止垃圾中污染物质的迁移和扩散，避免垃圾降解产生的渗滤液对环境造成二次污染，产生的沼气可以收集利用。

卫生填埋法缺点：填埋场占地面积大，垃圾填埋处理周期长，其产生的渗滤液、温室气体和异味等副产物的污染负荷较高，处理难度大。

卫生填埋法适用范围：适用于土地资源丰富、低廉，水文地质条件适合的山地和丘陵地区。

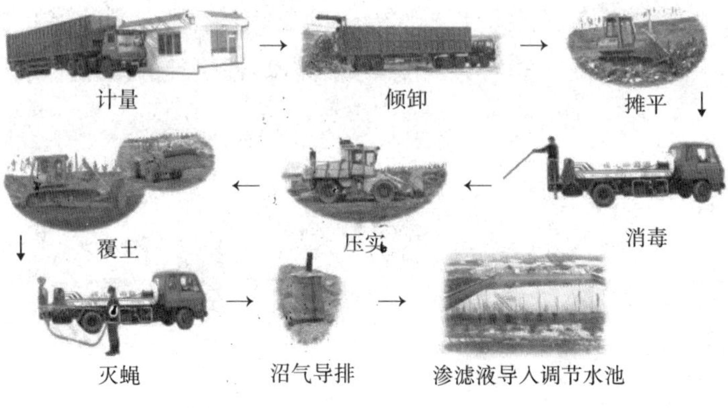

图2.2.1　生活垃圾卫生填埋工艺流程图

二、焚烧法

焚烧法是一种高温热处理技术，即以一定量的空气与被处理的有机废物在焚烧炉内进行氧化燃烧反应,垃圾中的有毒有害物质在8000~12000摄氏度高温下氧化、热解而被破坏。

焚烧法早在20世纪就被许多发达国家广泛应用于生活垃圾无害化处理,并取得了不错的经济、环境和社会效益。焚烧工艺流程如图2.2.2所示。

焚烧法优点:①垃圾焚烧炉内温度控制在高于850摄氏度,焚烧后体积比原来可缩小50%~80%,分类收集的可燃性垃圾经焚烧处理后甚至可缩小90%;②垃圾经过高温焚烧处理后,垃圾中的大量病菌、病毒、寄生虫卵等病原体被彻底消灭;③垃圾焚烧前一般要经过分类和回收等工序,可实现垃圾资源化、减量化处理;④垃圾焚烧可实现能量回收利用。

焚烧法缺点:①垃圾焚烧对设备要求较高,且需配备烟气处理设备,项目投资大,回收周期长;②二次污染,尽管配有除尘和降低有毒有害物质的排放设施,但依然存在微量有害物质的长期排放和积淀,仍然可对地球生物造成慢性的病理伤害。

焚烧法适用范围:适用于经济发达、人口密集、垃圾热值高、土地紧张的地区。

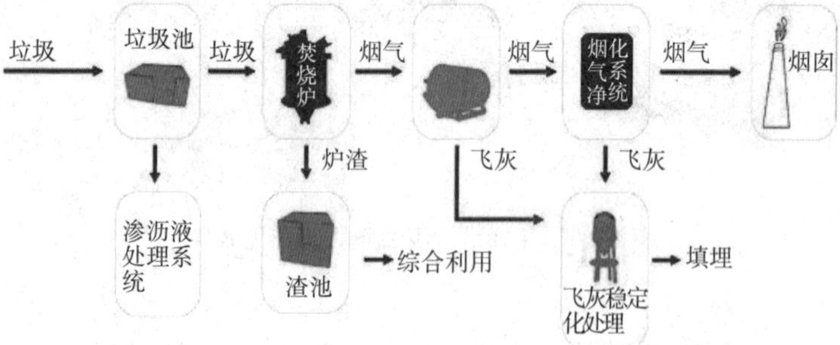

图2.2.2 生活垃圾焚烧工艺流程图

三、堆肥法

堆肥法是凭借微生物的生化作用，在人工控制条件下，将生活垃圾中有机质分解、腐熟、转换成稳定的类似腐殖质土的方法。堆肥处理的原理大致可分为好氧性发酵堆肥和厌氧性发酵堆肥两种。

（一）好氧性发酵堆肥

好氧性发酵堆肥是在有氧条件下，通过好氧微生物分泌的酶将垃圾中的固态有机物分解为可溶性有机物，这些可溶性有机物再被微生物新陈代谢，吸收利用，使[illegible]机物转化为腐殖质，成为有机肥料。好氧性发酵堆肥流程如图2.2.3所示。

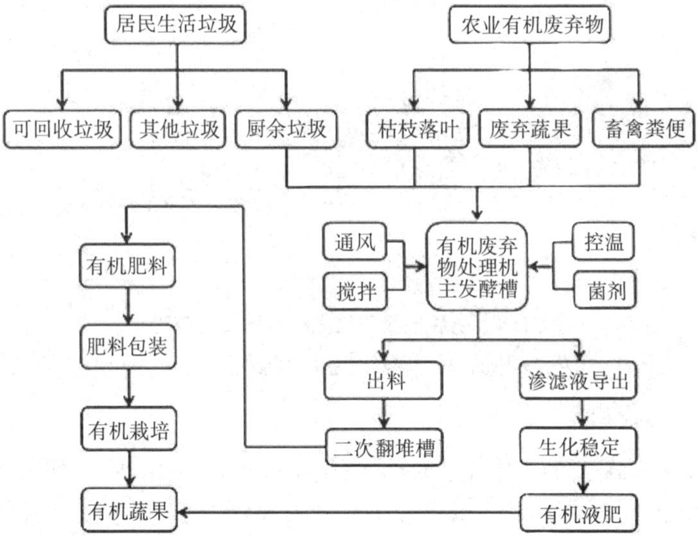

图2.2.3　生活垃圾好氧发酵堆肥工艺流程图

好氧性发酵堆肥技术优点：①工艺较简单，物料分解彻底，病原菌消杀彻底；②生产周期较短，建设和运行成本较低；③堆肥产品可用于改良土壤，实现农村有机生活垃圾—堆肥—农业生产的循环、资源化利用。

好氧性发酵堆肥技术缺点：①堆肥场占地较多，造成选址困难；②进料、分选、堆沤等环节恶臭释放量大，成分复杂，臭味难控制，存在渗滤液和臭气二次污染的潜在风险。

好氧性发酵堆肥适用范围：用于经分类后有机质含量较高、肥料化利用可能性高的有机垃圾。

(二)厌氧性发酵堆肥

厌氧性发酵堆肥是将有机生活垃圾作为发酵原料，在厌氧条件下经水解、酸化、产氢产乙酸、产甲烷4个阶段，以沼气作为最终产物的一种生物处理技术。厌氧性发酵堆肥工艺流程如图2.2.4所示。

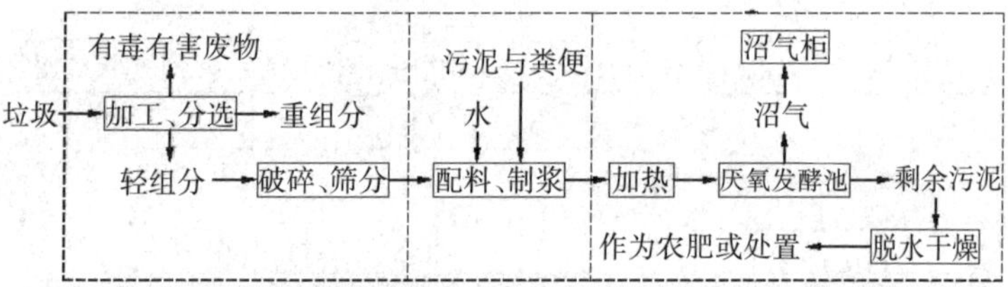

图2.2.4　生活垃圾厌氧发酵堆肥工艺流程图

厌氧性发酵堆肥技术优点：占地较少，工艺简单，操作简便，建设和运行成本较低。

厌氧性发酵堆肥技术缺点：处理效果易受环境温度变化的影响，最终产品——沼气属于易燃易爆物，如管理不当有引发安全事故的风险，沼渣沼液若就地不能消纳，有可能会引起二次污染。

厌氧性发酵堆肥技术适用范围：用于分类后有机生活垃圾的分散处理，可就地就近实现农村生活垃圾的减量化、资源化和无害化。

四、热解气化法

热解气化法是利用垃圾中有机物的热不稳定性，在无氧或缺氧条件下对其进行加热蒸馏，使有机物产生裂解，经冷凝后形成各种新的气体、液体和固体，从中提取燃料油、可燃气的过程。

热解气化工艺包括预处理、热解和三废处理及排放等过程。其中，预处理过程包括分选、破碎、干燥等，主要目的是使物料的理化特性满足后续热解过程的要求；热解过程在热解器内完成，第一热解室的温度一般保持在600~800摄氏度，垃圾中大部分的有机物在此分解；第二热解室的温度一般在1000摄氏度以上，主要是将烟气中的二噁英以及一些有机物大分子进行分解、去除。热解处理工艺流程如图2.2.5所示。

热解气化技术优点：①在热解过程中废弃物的有机物成分能转化成可利用能量形式，其经济性更好；②热解产生的燃气视其热值的高低可直接燃烧或和其他高热值燃料混合燃烧，反应过程产生焦油视其性质可制成燃料或提取化工原料；③热解焚烧系统的二次污染小，可简化污染控制问题，使环境更加安全；④热解法产生的烟气量比直接焚烧法少，特别是烟气中重金属、二噁英类等污染物的含量较少，有利于烟气的净化，降低了二次污染物的排放水平，因而是一种安全的垃圾处理方法。

热解气化技术缺点：①投资额高，运行不稳定；②操作控制要求较高，烟气、焦油如处理不当，造成二次污染的风险较高；③灰渣和热解炭的回收利用途径比较受限。

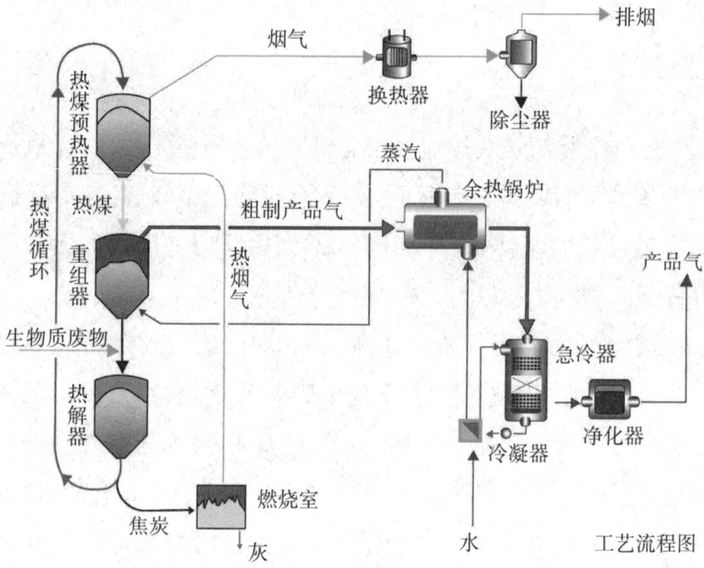

图2.2.5　生活垃圾热解处理工艺流程图

五、焚烧发电法

焚烧发电法是将生活垃圾在高温下燃烧，使生活垃圾中的可燃废物转变为二氧化碳和水等，产生的余热用于发电，产生的废气、灰渣进行无害化处理。

焚烧发电工艺流程由垃圾接收输送系统、垃圾焚烧炉系统、余热回收系统、汽轮发电机及热力系统、烟气净化系统、灰渣处理系统、垃圾渗滤液处理系统。

焚烧发电工艺流程：生活垃圾由密闭式环卫车辆转运至焚烧厂，经自动汽车秤称重后，通过卸料平台送入封闭式的垃圾仓,垃圾在垃圾仓内堆放5~7天后,操作人员在垃圾吊控制室通过远程操作,将垃圾抓入给料斗,经推料炉排推入焚烧炉燃烧。垃圾仓内的有害臭气由锅炉蒸汽预热器送入炉内,在850摄氏度以上的温度条件下,分解成无臭气体。垃圾仓内一直保持负压状态,臭气不外溢。垃圾在炉排式焚烧炉内经过推进器、干燥段、燃烧段和燃烬段所构成的炉房有效进行焚化。炉内的温度一般控制在850~1050摄氏度,而产生的烟气则要求在炉膛内至少停留2秒,才经锅炉排出,彻底焚毁所产生的微量二噁英。垃圾焚烧处理过程中产生的高温烟气经过余热锅炉产生高温高压蒸汽,推动汽轮发电机发电,实现能源回收,尾端进入烟气净化系统。焚烧发电工艺流程如图2.2.6所示。

焚烧发电技术优点:①项目用地省,同样的垃圾处理量,垃圾焚烧厂需要的用地面积只是垃圾卫生填埋场的1/20~1/15;②处理速度快,垃圾在卫生填埋场中的分解时间通常需要7~30年,而焚烧处理只要2小时左右就能处理完毕;③减量效果好,同等量的垃圾,通过填埋约可减量30%,而通过焚烧约可减量90%;④污染控制好,采用现代先进的焚烧工艺技术,按照国家标准建设和运行,实现渗滤液和生产污废水的零排放,烟气经过严格的净化处理达标排放;⑤能源利用高,每吨垃圾可焚烧发电300多千瓦时,大约每5个人产生的生活垃圾,通过焚烧发电可满足1个人的日常用电需求。

焚烧发电技术缺点:①设备投资大,技术集成度高,管理保障水平要求也高;②焚烧对垃圾的热值有一定要求,限制了它的应用范围;③焚烧过程中也可能产生较为严重的二噁英问题,必须要对烟气投入很大的资金进行处理。

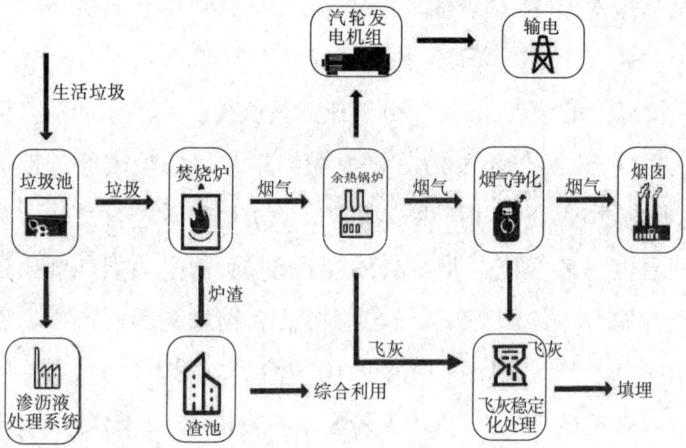

图2.2.6　生活垃圾焚烧发电工艺流程图

第三章　乡村生活污水处理技术

第一节　乡村生活污水处理模式

一、纳管式处理模式

纳管式处理模式指将乡村生活污水接入污水收集管网系统统一管理的模式。纳管后污水交由城镇污水处理厂一并处理，具有良好的污水处理效果以及运行管理保障。纳管式污水处理示意图如图3.1.1所示。

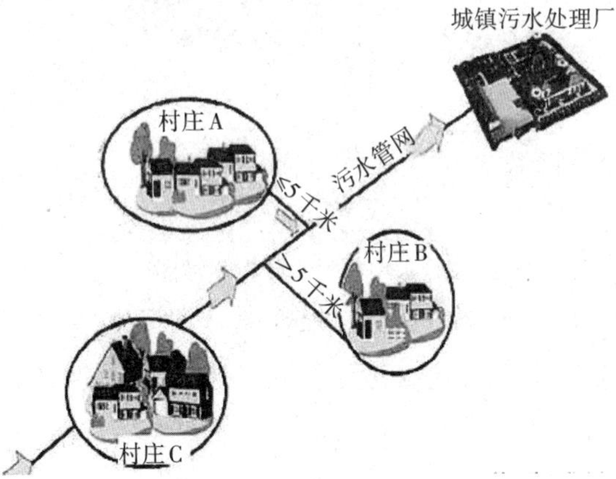

图3.1.1　纳管式污水处理示意图

纳管式处理模式优点：治污彻底、见效快、统一管理方便。

纳管式处理模式缺点：管网建设受地形条件限制较大。

纳管式处理模式适用范围：距离市政污水管网和城镇污水处理厂较近、符合高程接入要求且具备施工条件的乡村。

二、集中式污水处理模式

集中式污水处理模式指建设配套污水管网收集系统，将居民生活污水进行集中收集，统一建设污水处理设施治理的模式。集中式污水处理示意图如图3.1.2所示。

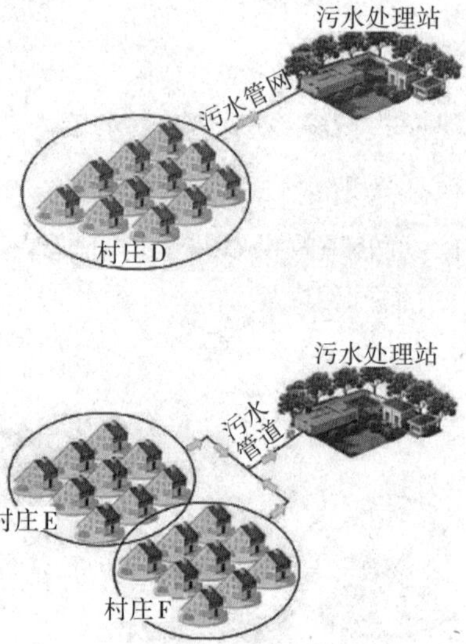

图3.1.2　集中式污水处理示意图

集中式污水处理模式优点：投资少、处理效率高、周期短、便于统一管理，可有效提高污水的处理效率，也为污水处理厂稳定运行奠定了基础。

集中式污水处理模式缺点：管网投资较大，运维成本较高，实际使用中常与分散式处理相结合。

集中式污水处理模式适用范围：布局相对密集、规模较大且具有一定人口数量的中心村、集居区或连片分布自然村的污水处理，其生活污水处理设施设计规模一般大于20立方米/天。

三、分散式污水处理

分散式污水处理模式是指采用小型污水处理设备（如净化槽）或自然生态处理（如人工湿地）等形式将单户或几户的污水在住户的房前屋后原地处理或利用。分散式污水处理示意图如图3.1.3所示。

图3.1.3　分散式污水处理示意图

分散式污水处理模式优点：分散式处理工艺建设方式较为灵活、管网投资少、运维成本低。

分散式污水处理模式缺点：①总运行成本较高，总占地面积较大；②设在居民区附近，可能导致卫生条件较差；③各个分散的污水处理设备各自为主，容易引起环境问题纠纷，不利于彻底解决水体污染问题。

分散式污水处理模式适用范围：人口规模较小，居住较为分散，地形地貌复杂的村庄。

第二节　乡村生活污水处理技术

一、好氧生物处理技术

好氧生物处理技术是通过生物化学接触滤池氧化改良法来处理污水，是利用生物接触滤池中的微生物膜对污染物进行好氧处理的一种方法。好氧生物处理法可分为天然好氧处理和人工好氧处理两大类。氧化塘处理系统典型工艺流程如图3.2.1所示。

（一）天然好氧生物处理法

天然好氧生物处理法是利用天然的水体和土壤中的微生物来净化废水的方法，亦称自然生物处理法，主要有水体净化和土壤净化两种。前者主要有氧化塘（好氧塘、兼性塘、厌氧塘）和生活塘等；后者主要有土地处理（慢速渗滤、快速法滤、地面漫流）和人工湿地等。

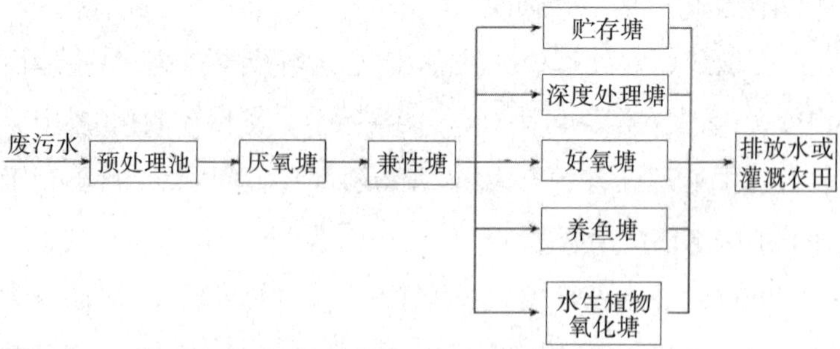

图3.2.1　氧化塘处理系统典型工艺流程

1.氧化塘法

污水通过沟渠进行收集,在进入氧化塘前通过简易人工格栅去除漂浮物,而后进入氧化塘,在氧化塘内通过塘藻—菌—原生动物的生态系统降解污水中的有机物,达到农田灌溉水质标准后用于农灌。经过氧化塘处理的生活污水,基本可以达到城镇污水处理的一级B标准。作为生物处理法之一,氧化塘在所有农村污水处理工艺中占比是比较小的,容易受到温度、进水等多重因素制约。

2.人工湿地法

通过人工建造和控制来运行与沼泽地类似的地面,将污水有控制地投配到湿地上,使污水在湿地土壤缝隙和表面沿一定方向流动的过程中,利用土壤、人工介质、植物、微生物的物理、化学、生物三重协同作用,对污水进行处理的一种技术。人工湿地作为一种新型生态污水处理技术具有投资和运行费用低、抗冲击负荷能力强、处理效果稳定、出水水质好、水生植物有一定经济价值等诸多优点。用于农村生活污水处理的主要是潜流人工湿地。人工湿地处理工艺流程如图3.2.2所示。

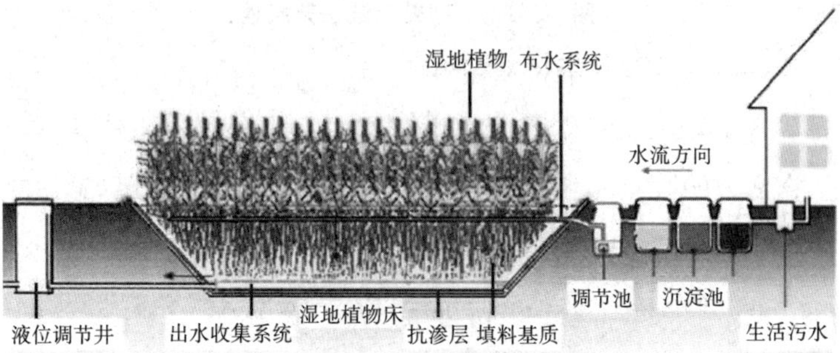

图3.2.2　人工湿地法处理工艺流程

3. 土地处理法

将污水投配到土壤表面具有一定构造的渗滤沟中，污染物通过物理、化学、微生物的降解和植物的吸收利用得到处理和净化。此技术对悬浮物、有机物、氨氮、总磷和大肠杆菌的去除率均较高，一般可达70%~90%，污水土地处理技术对生物耗氧量（Biochemical Oxygen Demand，BOD），化学需氧量（Chemical Oxygen Demand，COD）、氨氮、总氮和总磷有着较高的去除率，并且投资省，运行费用低，管理简单，维护方便，有净化污水、美化绿化环境和节约水资源的综合效果，适用于中国中部地区广大农村的污水处理。土地处理法工艺流程如图3.2.3所示。

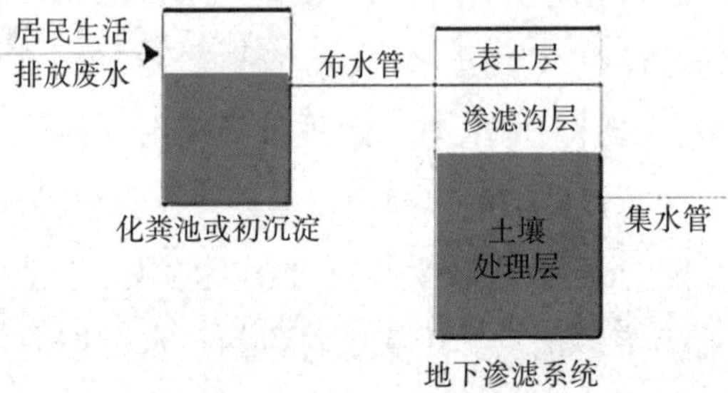

图3.2.3　土地处理法工艺流程

（二）人工好氧生物处理法

人工好氧生物处理法是采取人工强化供氧以提高好氧微生物活力的废水处理方法。该方法主要有活性污泥法、生物滤池、生物转盘、生物接触氧化法、序批式活性污泥法（Sequencing Batch Reactor Activared Sludge Process，SBR）、厌氧/好氧（A/O）及氧化沟法等。

1.活性污泥法

典型的活性污泥法是由曝气池、沉淀池、污泥回流系统和剩余污泥排除系统组成。污水和回流的活性污泥一起进入曝气池形成混合液。从空气压缩机站送来的压缩空气,通过铺设在曝气池底部的空气扩散装置,以细小气泡的形式进入污水中,目的是增加污水中的溶解氧含量,还使混合液处于剧烈搅动的状态,呈悬浮状态。溶解氧、活性污泥与污水互相混合、充分接触,使活性污泥反应得以正常进行。活性污泥处理工艺流程如图3.2.4所示。

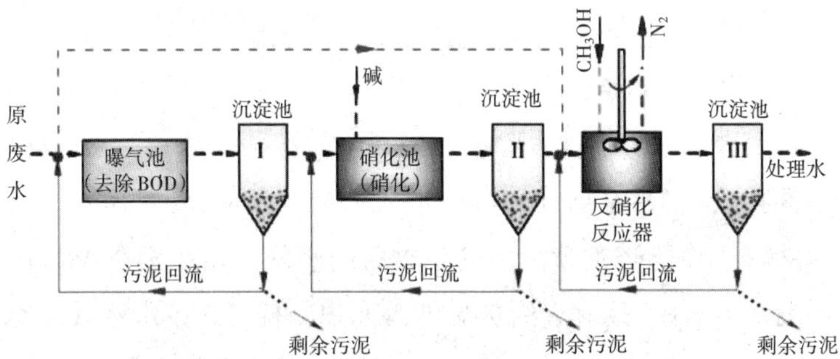

图3.2.4　传统活性污泥法处理工艺流程

2.生物滤池法

废水进入初沉池进行初步处理后,进入生物滤池,通过生物滤池上部的旋转式布水器喷射后,自上而下地从滤料空隙间流过,再进入二次沉淀池,与滤料表面的生物膜充分接触,废水中的有机污染物得到降解,使废水得到净化,当出现进水浓度过高等特殊情况下,还会将二次沉淀池出水进行回流,从而加强和提高生物滤池的水力负荷。生物滤池法处理工艺流程如

图3.2.5所示。

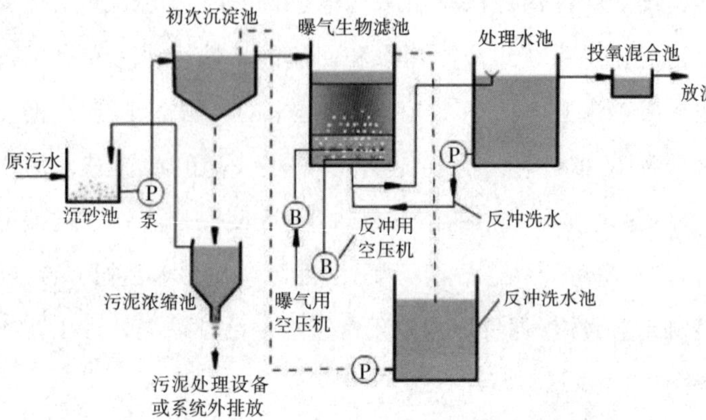

图3.2.5 生物滤池法处理工艺流程

3.生物转盘法

污水进入沉沙池去除废水中混杂的各种砂砾、沙子以及粗悬浮物质，当污水离开初沉池进入生物转盘部分的时候，污水中的有机物能够被盘片上的生物膜所吸附。由于圆盘40%被淹没在废水中，故有大约95%的表面积交替浸入废水然后暴露在液体上方的空气中。当圆盘通过转动进入空气中之后，空气中的氧气会在微生物的作用下氧化分解有机物。每转动1圈，圆盘就会进行1次吸附—吸氧—氧化分解的过程。在转动的过程中，老化的生物膜也会脱落，新的生物膜会重新生长，圆盘的生物膜随着污水处理的进程不断更新。通过生物转盘的污水中的有机物能够得到充分的处理，出水再进行后续处置。生物转盘法处理工艺流程如图3.2.6所示。

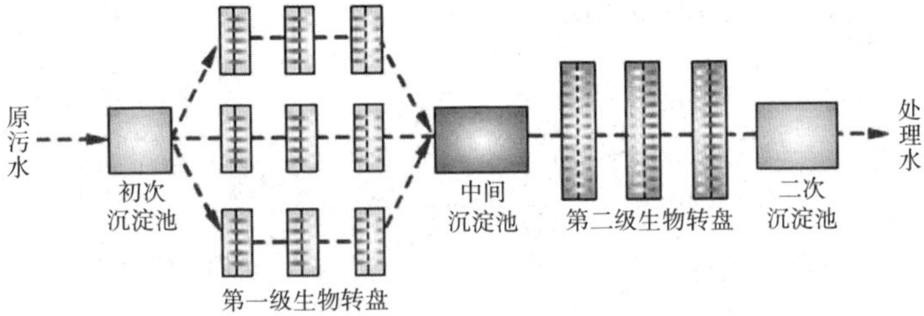

图3.2.6 生物转盘法处理工艺流程

4.生物接触氧化法

该工艺主要由池体、填充剂、布水系统和曝气系统组成，进水经初沉池预处理后，进入生物接触氧化池，随后出水进入二沉池，这是一种介于活性污泥法与生物滤池之间的生物膜法处理工艺，也称为淹没式生物滤池。生物接触氧化法处理工艺流程如图3.2.7所示。

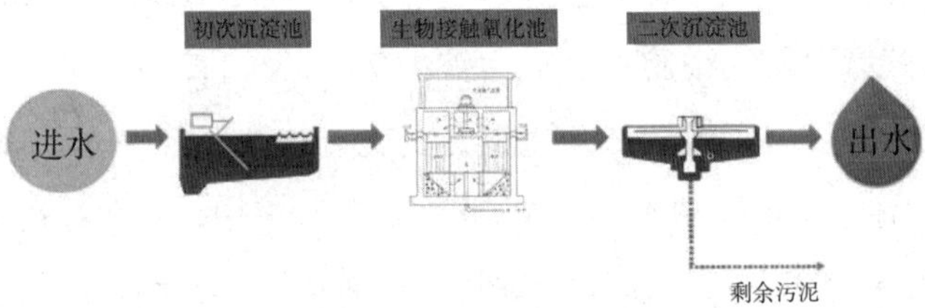

图3.2.7 生物接触氧化法处理工艺流程

5.序批式活性污泥法(SBR)

一种按间歇曝气方式来运行的活性污泥污水处理技术。主要特征是在运行上的有序和间歇操作，SBR技术的核心是SBR反应池，该池集均化、初沉、生物降解、二沉等功能于一池，无污泥回流系统。尤其适用于建设空间不足，间歇排放和流量变化较大的场合，在国内有广泛的应用。序批式活性污泥法处理工艺流程如图3.2.8所示。

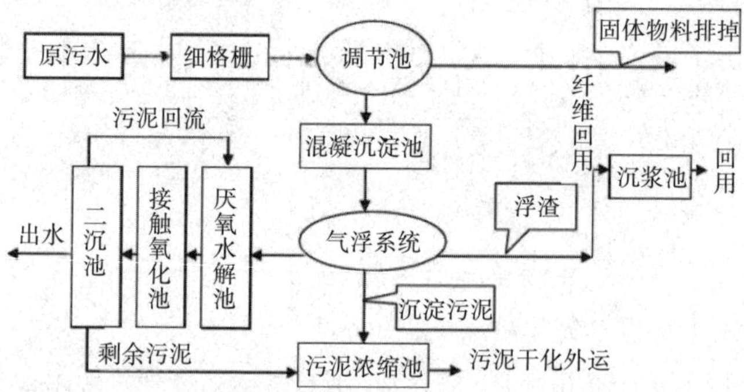

图3.2.8　序批式活性污泥法(SBR)处理工艺流程

6.厌氧/好氧(A/O)

首段厌氧池，流入原污水及同步进入的从二沉池回流的含磷污泥，本池主要功能为释放磷，使污水中磷的浓度升高，溶解性有机物被微生物细胞吸收而使污水中的BOD_5浓度下降；另外，氨氮含量因细胞的合成而被去除一部分，使污水中的氨氮浓度下降，但硝酸盐氮含量没有变化。在缺氧池中，反硝化菌利用污水中的有机物作碳源，将回流混合液中带入大量的硝酸盐氮和亚硝酸盐氮还原为氮气释放至空气，因此BOD_5浓度下降，硝酸盐氮浓度大幅度下降，而磷的变化很小。在好氧池中，有机物被微生物生化降解，而继续下降；有机氮被氨化继而被硝化，使氨氮浓度显著下降，但随着硝化过程使硝酸盐氮的浓度增加，磷随着聚磷菌的过量摄取，也以较快的速度下降。A/O工艺可以同时完成有机物的去除、硝化脱氮、磷的过量摄取而被去除等功能，脱氮的前提是氮素应完全硝化，好氧池能完成这一功能，缺氧池则完成脱氮功能。厌氧池和好氧池联合完成除磷功能。A/O处理工艺流程如图3.2.9所示。

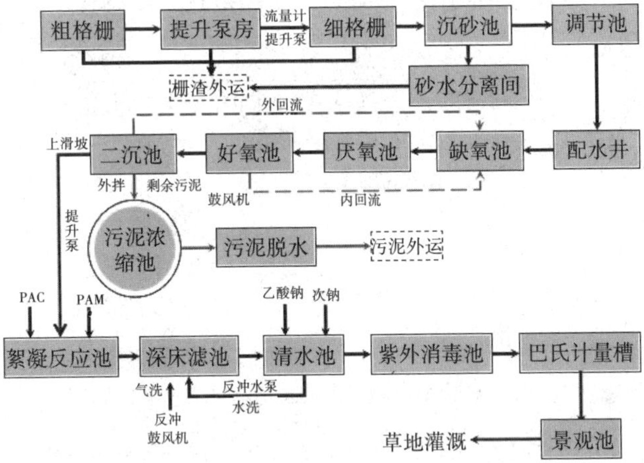

图3.2.9　厌氧/好氧(A/O)处理工艺流程

7.氧化沟法

又称为连续循环式反应器,是活性污泥法的一种变型,属于延时曝气活性污泥法。该工艺通过一种定向控制的曝气和搅动装置,向混合液传递水平速度,从而使被搅动的混合液在氧化沟封闭渠道内循环流动,具有特殊的水力学流态和独特的优点。氧化沟法处理工艺流程如图3.2.10所示。

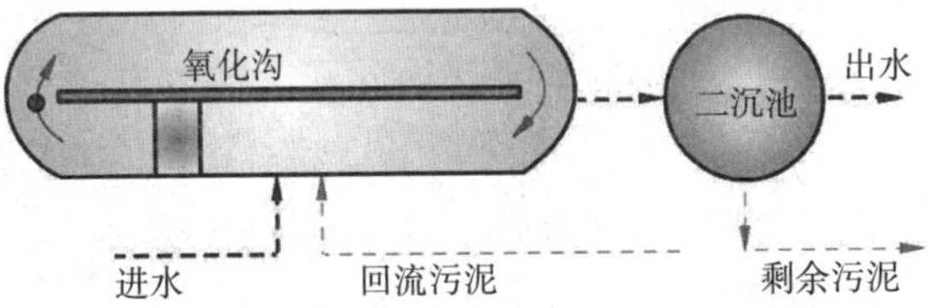

图3.2.10　氧化沟法处理工艺流程

主要的好氧生物处理方法优缺点对比如表3.2.1所示。

表3.2.1　主要的好氧生物处理方法优缺点一览表

方 法	优 点	缺 点
氧化塘法	设备简单、操作容易、管理维护工作量小、运行费用低、适应废水浓度的变化	占地面积大、处理效率低、易产生臭气、滋长害虫
传统曝气	处理效果好、适用范围广、处理水量大、运行费用低	基建成本高、操作有一定要求、否则易发生污泥膨胀、需污泥回流
AB法(吸附-氧化法)	处理效果好,投资、占地面积大、运行费用均比传统曝气低	操作要求较高、需污泥回流
A-BF法(活性污泥+生物塔)	同AB法相比,占地面积大、运转费用更低	投资较AB法大、需污泥回流
SBR法(序批式活性污泥法)	流程简单、占地面积小、运行费用低、可调性强、无需调节池、二沉池	操作要求较高、需污泥回流
生物法——膜过滤	处理效果好、占地面积小、运行费用低、流程简单、无需二沉池	投资大、膜费用高
曝气生物滤池	操作简单、耐冲击负荷、处理时间短、占地面积小、无需二沉池	填充剂要求较高
生物转盘	效果稳定、操作方便、不易堵塞、动力消耗低、耐冲击负荷	占地大、散发气味、投资大
生物接触氧化法	容积负荷高、运行管理方便、不必污泥回流、耐冲击负荷	投资较大、对填充剂品种有一定要求
A/O法(厌氧水解酸化—好氧生物处理)	具有脱氮除磷效果、提高了有机物的可降解性、剩余污泥少、运行费用低、耐冲击负荷	污泥需回流、水力停留时间较长

二、厌氧生物处理技术

厌氧生物处理技术是在厌氧条件下,由多种微生物共同作用,利用厌氧微生物将污水或污泥中的有机物分解并生成甲烷和二氧化碳等最终产物的过程。在不充氧的条件下,厌氧细菌和兼性细菌降解有机污染物,又称为厌氧消化或发酵,分解的产物主要是沼气和少量污泥。

厌氧反应过程是对复杂物质(指高分子有机物以悬浮物和胶体形式存在于水中)生物降解的复杂的生态系统。厌氧生物处理工艺流程如图3.2.11所示。其反应过程可分为4个阶段:

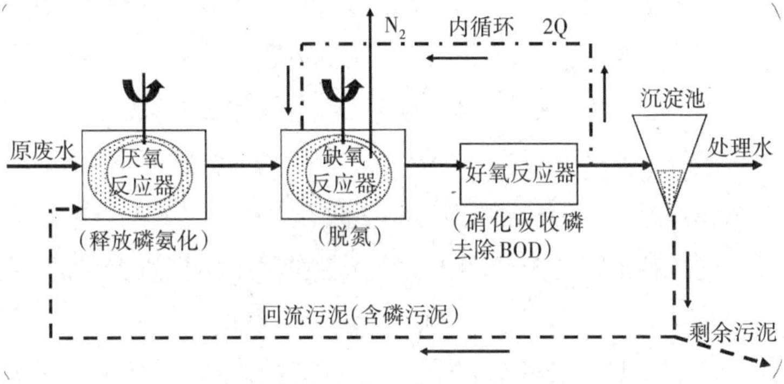

图3.2.11　厌氧生物处理工艺流程

1.水解阶段

被细菌胞外酶分解成小分子。例如:纤维素被纤维酶水解为纤维二糖和葡萄糖,淀粉被淀粉酶分解为麦芽糖和葡萄糖,蛋白质被蛋白酶水解为短肽和氨基酸等,这些小分子的水解产物能被溶解于水,并透过细胞为细胞所利用。

2.酸化阶段

小分子的化合物在发酵菌(即酸化菌)的细胞内转化为更为简单的化合物,并分泌到细胞外。这一阶段主要产物为挥发性脂肪酸(VFA)醇类、乳酸、二氧化碳、氢、氨、硫化氢等。

3.乙酸产生阶段

上一阶段的产物进一步被转化成乙酸、碳酸、氢气以及新的细胞物质。

4.甲烷产生阶段

在这一阶段乙酸、氢、碳酸、甲酸和甲醇等被转化为甲烷、二氧化碳和新细胞物质。

厌氧生物处理优点:①应用范围广;②能耗大大降低,而且还可以回收生物能(沼气),但处理负荷高、占地少,反应器体积小;③污泥产量很低,且其浓缩性、脱水性能良好;④对营养物需求量小,其BOD_5:N:P=800:5:1;⑤厌氧处理过程有一定的杀菌作用,可以杀死废水和污泥中的寄生虫卵、病毒等;⑥厌氧方法的菌种沉降性能好,生物活性保存期长,中止营养条件下可保留1年以上;密闭系统,臭味对环境影响小。

厌氧生物处理缺点:①厌氧生物处理启动时间较长;②厌氧生物处理后的废水不能达到排放标准;③厌氧微生物对有毒物质较为敏感;④厌氧生物处理可能造成二次污染。

厌氧生物处理适用范围:适用于处理高浓度有机污水和好氧生物处理后的污泥。

第四章　乡村种植业废弃物资源化利用技术

第一节　秸秆饲料化利用技术

一、玉米秸秆青贮技术

玉米秸秆青贮是把青绿多汁的玉米秸秆，在适当含水量和含糖量条件下密封于容器中，在厌氧环境下利用乳酸菌的发酵作用产生乳酸，从而抑制各种杂菌的繁殖和生长，使玉米秸秆能够长期保存，并能最大限度地保持青绿饲料的营养物质，提高饲料饲用价值的加工方法。玉米秸秆青贮过程示意图如图4.1.1所示。

（一）玉米秸秆青贮主要方法

（1）全株玉米青贮，即在籽实达到了蜡熟期，籽粒尚未变硬时，将全株玉米青刈后，进行青贮。

（2）秸秆青贮，即掰过玉米棒、收获玉米籽实后，将青绿的玉米秸秆立即刈割进行青贮。

（3）玉米秸秆青贮优点：产量高，营养丰富，适口性强。

图4.1.1　玉米秸秆青贮过程示意图

(二)青贮设施

1.窖池青贮

指将玉米秸秆收割后,分层装填窖池,压实、封窖,从而创造一个厌氧的发酵环境,最终完成乳酸发酵的过程。

窖池青贮设施主要有地上式、地下式(或半地下式)青贮窖(池)、地面堆贮场。

青贮设施应选择在地势高、干燥、排水好、土质坚硬、避风向阳,距离畜舍较近,远离堆粪场的地方。

青贮窖(池)底应高于地下水位1米,地下水位低的地方可采用地下式;地下水位高的地方可采用地上式或半地下式、地面堆贮场。

青贮窖(池)的容积根据所饲养家畜的数量及青贮原料的多少来确定,形状根据容积的大小来确定。青贮窖(池)建筑结构选择砖水泥结构、石块水泥结构、混凝土结构或土质结构，青贮窖（池）每立方米青贮玉米的量随玉米秸秆收获期的不同而异。通常收获籽实后的玉米秸秆为每立方米450~500千克。全株青贮玉米秸秆为每立方米650~750千克。

长方形青贮窖（池）深度以2~3米为宜，长度根据原料多少而定，窖（池）壁应光滑，尽量做到不透水、不透气，四角应做成弧形，底部应做成锅底形或平面形，并留渗水孔。规模养殖户可根据养畜情况建二联池。标准青贮窖如图4.1.2所示。

图4.1.2　标准青贮窖

2.裹包青贮

指将玉米秸秆收割后，用打捆机进行高密度压实打捆，然后通过裹包机用青贮专用拉伸膜裹包起来，从而创造一个厌氧的发酵环境，最终完成乳酸发酵的过程。裹包青贮如图4.1.3所示。

裹包青贮做法：

（1）打捆。将已处理的原料压实打捆，压实密度每立方米500~650千克。打捆后采用青贮专用塑料膜迅速裹膜。

（2）存放。存放于避光、凉爽、干燥处，堆放2~3层的高度。

存放过程中，定期检查密封状态，防止漏水和透气。

（3）取用。经过30~45天发酵，即可取用。建议最佳发酵时间60天，青贮饲料微生物群落结构稳定，对外界污染的缓冲力强，对饲料开包后2~3天有较好保存效果。

图4.1.3　裹包青贮

（三）窖池原料准备

1. 清选

将带有泥沙和腐烂变质的秸秆、地膜剔除。

2. 切碎

青贮玉米秸秆应先用铡草机等机械揉丝、切碎，切碎长度不宜超过2厘米，籽粒破碎度大于90%。

3. 调整湿度

青贮玉米秸的湿度应在60%~70%，以手捏紧切碎的玉米秸手指缝有液体渗出但不滴水为宜。湿度不够，可在切碎的玉米秸秆中加适量的水或与其他多水分饲草混贮，如甜菜叶、甜菜渣等。湿度过大，可将玉米秸秆适当晾晒或加入一些粉碎的干料，如麸皮、草粉等。

4.添加剂的使用

为提高青贮玉米秸秆的营养,改善适口性,青贮时可添加微生物添加剂、酶制剂。

(四)窖池青贮方法

1.装填

青贮前在池壁衬青贮隔氧膜,防止青贮饲料霉变。青贮时原料分层装填,每装20~30厘米时迅速用装载机、拖拉机等机械反复碾压,尤其要将四周及四角压实,装填密度每立方米600~650千克,装填和压实同步进行。根据原料水分含量对添加剂进行浓度配比稀释,在压实的同时喷洒添加剂,调节青贮饲料水量含量。要求连续装填,尽快完成,如果当天窖池内未装满,可盖上塑料薄膜,第二天揭开继续工作。

2.封窖池

装填至高出窖池上沿80~100厘米,立即封窖池。装填的最后一层厚度10~20厘米,使其中间高、周边低,呈现弧形屋脊状,压实,用青贮隔氧膜覆盖,2片隔氧膜的连接处应至少重叠1米。在隔氧膜连接处上面铺10~20厘米厚细沙或土,青贮池(窖)顶及四周的隔氧膜要压紧压严,最后再放置废旧轮胎等重物镇压。

3.管理

窖池边挖好排水沟。封窖池后1~2周应不断对青贮窖池上的遮盖物进行调整,尽量减少缝隙,避免覆盖的隔氧膜破损和积水。贮存期间定期检查,做好防漏气、漏水及防虫鼠工作。

4.取用

(1)经过30~45天发酵,即可取用。

(2)建议最佳发酵时间60天,青贮饲料微生物群落结构稳定,对外界污染的缓冲力强,对饲料开窖池后2~3天有较好保存效果。

(3)开窖池取料应从一端开始,根据喂料需要从上到下、由外及里逐段取用。

(4)每次取出量应以当天喂完为宜,每次取料后立即将口封严,避免青贮饲料暴露在空气中或雨水浸入引起二次发酵。

(四)品质评价

玉米秸秆青贮饲料的现场评价按色泽、气味、质地及含水量分为优质、良好、合格和不合格四个等级。玉米秸秆青贮饲料现场评价指标如表4.1.1所示。

(五)饲喂

1.只有合格以上等级的青贮饲料才能饲喂牲畜,不合格青贮饲料禁喂。

2.初喂时,应从少到多并与精料或其他习惯性饲料掺喂,如出现拉稀时可酌减喂量或暂停数日后再喂。

3.牛羊青贮玉米秸秆喂量

成年牛每100千克体重日喂青贮量:泌乳牛5~7千克,育肥牛4~5千克;绵羊每100千克体重日喂青贮量:成年羊4~5千克,羔羊0.4~0.6千克。

饲喂奶牛应在挤奶后进行,切忌在挤奶房中堆放青贮饲料,以免影响牛奶气味。

表4.1.1　玉米秸秆青贮饲料现场评价指标

项目	优质	良好	合格	不合格
色泽	黄绿色或黄色	黄褐色	褐黄色	黑褐色
气味	怡人酸香味	酒香味	酸味	腐败霉烂味
质地	松软柔然	松软不黏性	略带黏性	发黏结块
含水量	紧压,湿润但不形成水滴	紧压,可形成水滴	紧压,有水分流出	干燥或抓握见水

二、玉米秸秆加工调制新技术

(一)秸秆微(黄)贮技术

玉米秸秆微(黄)贮是玉米籽实收获后,将玉米秸秆切碎装入青贮窖中,经过密闭厌氧微生物发酵,分解秸秆中的半纤维素、纤维素等,调制成具有酸香味、适口性好、可长时间贮存的粗饲料。

玉米秸秆微(黄)贮技术优点:节省贮存空间,有效提高秸秆利用率,避免火险隐患和焚烧造成的环境污染;对改善秸秆的营养价值、提高粗蛋白含量有定效果,可降低饲养成本,解决部分地区饲草料不足问题,增加养殖效益。与直接饲喂干秸秆相比,同等饲养管理条件下,育肥肉牛日增重可增加300克,效益显著。

1.玉米秸秆微(黄)贮

工艺流程图如图4.1.4所示。

(1)菌种复活

在处理秸秆前,先按说明书将发酵活干菌加入水中充分溶解,然后在常温下放置1~2小时。为提高菌种的活化率,可在加入菌种前的水中加适量白糖、玉米面。活化好的菌液应在当天用完，不可隔夜使用。

(2)菌液稀释

将复活好的菌种加入充分溶解的0.8%~1%的食盐水中拌匀稀释，菌液量的稀释倍数在50倍以上。

(3)装入窖池

①在青贮窖池壁的四周，衬隔氧膜，将秸秆揉丝切碎，长度以2厘米为宜，装入窖池中，每20~30厘米厚为1层；②在秸秆上均匀喷洒菌液水，同时要逐层均匀补充水分，使其水分达到65%~70%，即用手将压实后的草团紧握，指间有水但不滴为宜；③为提高秸秆微(黄)贮糖分含量，保证乳酸菌正常繁殖，改善饲草品质，可添加0.5%左右麸皮或玉米面；④在最上层均匀撒上食盐，食盐用量为每立方米250克。

(4)压实

装填过程中要层层压实，充分排出空气。可以用拖拉机、装载机等机械反复碾压，尤其要将四周及四角压实。

(5)密封

①原料装填至高出窖(池)口上沿80~100厘米，立即用青贮隔氧膜覆盖，封窖池，将四周压实封严，上部用废旧轮胎或土镇压密封；②封顶后要1~2周内要勤检查，发现下陷、裂缝、破损等，要及时填补，防止漏气；③封窖后40~50天，可开窖池使用。

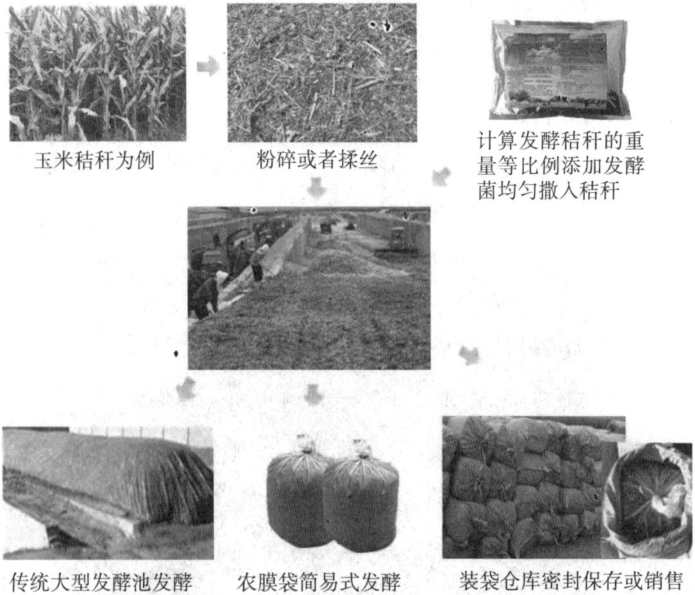

图4.1.4　玉米秸秆微(黄)贮工艺流程

(二)秸秆压块加工技术

秸秆压块加工技术是指将秸秆经机械铡切或揉丝粉碎后,配混合必要的营养物质,经挤压而成的高密度块状饲料或颗粒饲料。秸秆压块加工工艺流程如图4.1.5所示。

秸秆压块加工技术优点:压块体积小,密度大,不易变质,适口性好,采食率高,饲喂方便,便于长期保存,便于长途运输。

图4.1.5　秸秆压块加工工艺流程

（三）秸秆挤压膨化技术

秸秆挤压膨化技术是将秸秆输入膨化机的挤压腔，依靠秸秆与挤压腔中螺套壁及螺杆之间相互挤压、摩擦作用，产生热量和压力，当秸秆被挤出喷嘴后，压力骤然下降，从而使秸秆体积膨大。秸秆挤压膨化饲料如图4.1.6所示。

图4.1.6 秸秆挤压膨化饲料

秸秆挤压膨化技术优点：可提高采食量和吸收率，延长贮存期，经裹包后保质期可达2年以上。

（四）秸秆汽爆技术

秸秆汽爆技术是将秸秆装入汽爆罐中，向罐体中充入高温水蒸气，逐渐加压至1.5~2兆帕，将半纤维素降解成醛酸，并破坏纤维素结构中的酯键；在瞬间泄压的过程中，物料通过喷料口时，会因瞬时压力变化，产生剪切作用，从而破坏秸秆中的纤维素结构，提高秸秆的消化率，秸秆汽爆技术工艺流程如图

4.1.7所示。

秸秆汽爆技术优点:①可以降低木质素和中性洗涤纤维的含量,提高纤维素利用率;②减少原料中霉菌毒素的含量,进一步提高饲料的安全性;③在进行接种乳酸菌后,可以迅速进行厌氧发酵,有利于秸秆长期保存。

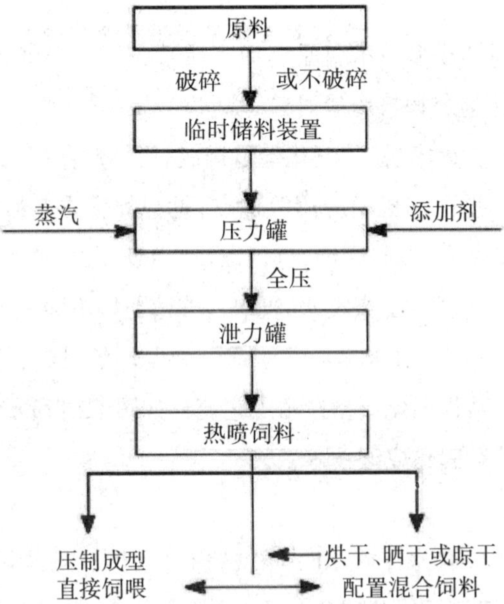

图4.1.7　秸秆汽爆技术工艺流程

第二节　秸秆生物质燃料利用技术

一、秸秆固化成型技术

秸秆固体成型技术就是利用木质素充当黏合剂将松散的秸秆等农林剩余物挤压成颗粒、块状和棒状等成型燃料，具有高效、洁净、点火容易、二氧化碳零排放、便于贮存和运输、易于实现产业化生产和规模应用等优点，是一种优质燃料，可为农村居民提供炊事、取暖用能，也可以作为农产品加工业（粮食烘干、蔬菜、烟叶等）、设施农业（温室）、养殖业等不同规模的区域供热燃料，另外也可以作为工业锅炉和电厂的燃料，替代煤等化石能源。秸秆固化成型技术工艺流程如图4.2.1所示。

（一）秸秆固化成型技术工艺

1. 干燥

生物质的含水率在20%~40%，通过自然晾晒或烘干方法进行干燥，滚筒干燥机进行烘干，将原料的含水率降低至8%~10%。原料太干，压缩过程中颗粒表面的炭化和龟裂有可能会引起自燃；而原料水分过高时，加热过程中产生的水蒸气就不能顺利排出，会增加体积，降低机械强度。

2. 粉碎

秸秆类原料需通过粉碎机进行粉碎处理，通常使用锤片式粉碎机，粉碎的粒度由成型燃料的尺寸和成型工艺所决定。

3.调湿

加入一定量的水分后,可以使原料表面覆盖薄薄的一层液体,增加黏结力,便于固体成型。

4.成型

生物质通过固体成型,一般不使用添加剂,此时木质素充当了黏合剂。

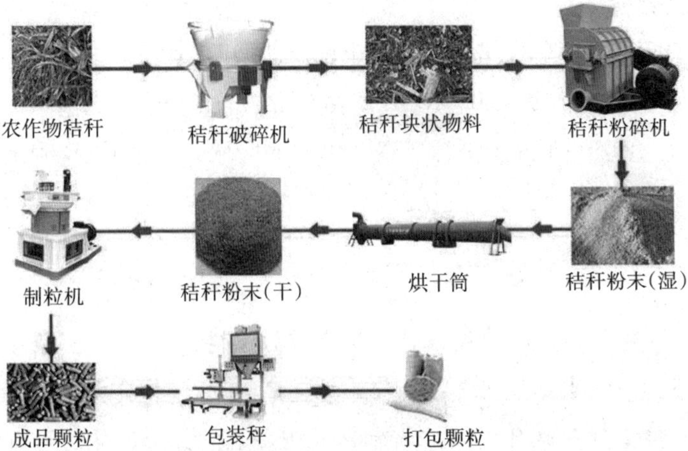

图4.2.1　秸秆固化成型技术工艺流程

秸秆固化成型技术缺点:①与煤相比,生物质具有较高的挥发分含量:农作物秸秆中的挥发分一般在76%~86%,其存储了超过2/3的热量,且一般在200~300摄氏度时开始析出,如果此时无法提供足够的助燃空气,则未燃尽的挥发分被气流带出,形成黑烟;②灰分含量高:由于秸秆类生物质中的灰分含量通常较高,因此,颗粒燃料的灰分沉积速度一般大大超过煤的燃烧,有的甚至超出煤炭大约一个数量级;③结渣现象严重:在秸秆生长过程中,会吸收包含了一定含量的碱金属元素,其以盐或者氧化物的形式存在于生物质机体内部或者灰分等杂质中，当秸秆类生物质固体成型燃料燃烧时达到的温度远远高于灰熔点温度范围，导致炉底的秸秆灰在800~900摄氏度时就开始软化，温度过高时灰分会全部或者部分发生熔化，导致结渣率较高；④NO_x排放量较高：生物质燃烧设备产生的NO_x主要是由燃料中的N元素氧化产生的，既来自气相燃烧也来自固定碳燃烧过程。

秸秆固化成型技术适用范围：适用于粮食主产区或农产品加工厂附近，即农作物秸秆或农产品加工废弃物资源量大的区域。此外，亦可用于林业资源丰富的区域，木材加工厂附近区域等。

二、秸秆热解气化技术

秸秆热解气化技术是以生物质为原料，以氧气（空气、富氧或纯氧）、水蒸气或氢气等作为气化剂（或称气化介质），在高温条件下通过热化学反应将生物质中可燃的部分转化为可燃气的过程。生物质气化时产生的气体，主要有效成分为一氧化碳、氢气和甲烷等，称为生物质燃气。秸秆热解气化技术工艺流程如图4.2.2所示。

秸秆热解气化技术工艺如下：

（1）秸秆类原料首先用切碎机进行前处理，然后通过上料机构送入气化炉中。

（2）秸秆在气化炉中发生气化反应，产生粗煤气，由净化系统去除其中的灰分、炭颗粒、焦油和水分等杂质，并冷却至室温。

(3)经净化的生物质燃气通过燃气输送机被送至储气柜，储气柜的作用是贮存一定容量的生物质燃气，以便调整炊事高峰时用气，并保持恒定压力，使用户燃气灶稳定地进行工作。

(4)储气柜中生物质燃气通过管网分配到各家各户，管网由埋于地下的主、干及支管路组成，为保证管网的安全稳定地运行，需要安装阀门、阻火器和集水器等附属设备。

(5)用户的燃气系统包括室内燃气管道、阀门、燃气计量表和燃气灶，因生物质燃气的特性不同，需配备专用的燃气灶具。

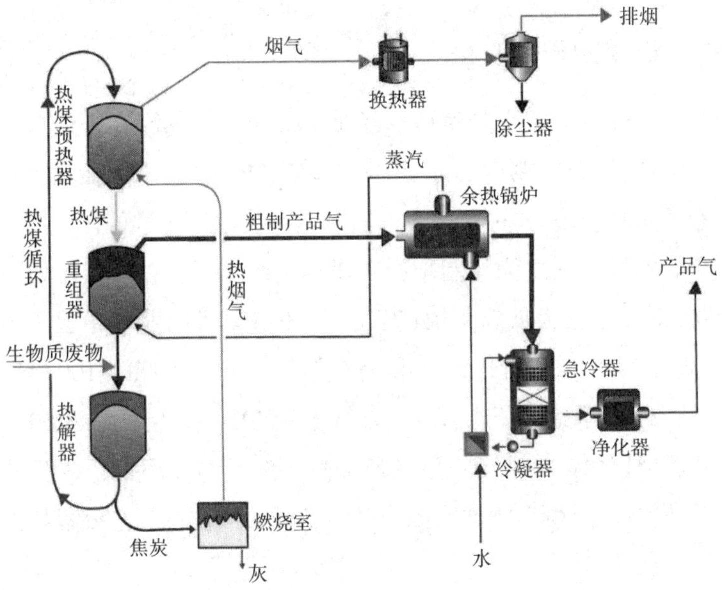

图4.2.2　秸秆热解气化技术工艺流程

秸秆热解气化技术缺点：①CO中毒，秸秆气化CO含量约20%，需要注意安全隐患；②二次污染问题，粗燃气含有焦油等有害杂质，采用水洗法净化过程中会产生大量含有焦油的废水,如果随意倾倒,就会造成对周围土壤和地下水的局部污染。如何处理好这些污染物,不使这些污染物对环境造成更为严重的二次污染,是秸秆气化集中供气系统所面临的突出问题;③减少燃气中的焦油含量,由于系统的规模较小,对生物质燃气中焦油净化得并不完全,已净化燃气中的焦油含量比较高,在实际使用过程中,给系统长期稳定运行和用户使用带来了问题。

秸秆热解气化技术适用范围:适用于秸秆资源丰富地区,以自然村为单位为农村居民提供炊事用能。

三、秸秆干馏技术

秸秆干馏技术是将秸秆经烘干或晒干、粉碎,在干馏釜中隔绝空气加热,制取乙酸、甲醇、木焦油抗聚剂、木馏油和木炭等产品的方法,亦称秸秆炭气油多联产技术。通过秸秆干馏生产的木炭可称之为机制秸秆木炭或机制木炭。根据温度的不同,干馏可分为低温干馏(温度为500~580摄氏度)、中温干馏(温度为660~750摄氏度)和高温干馏(温度为900~1100摄氏度)。100千克秸秆能够产生秸秆木炭30千克、秸秆醋液50千克、秸秆气体18千克。生物质的热裂解及气化还可产生生物炭,同时可获得生物油及混合气。秸秆干馏技术工艺流程如图4.2.3所示。

秸秆干馏技术工艺如下:

(1)原料准备。根据秸秆炭化要求贮备原料。如果以固化秸秆为原料,必须配备必要的秸秆固化设备,并按照工艺对秸秆进行固化。生产1吨木炭需要固化成型秸秆3吨,原秸秆4吨。

(2)切碎。粒度较小的秸秆经筛选后可直接使用。对于较长的秸秆,要利用铡切机切成长短适中的原料。

(3)干燥。秸秆直接炭化,可对原料进行自然干燥、人工干燥或烘干,一般要求原料的含水率低于20%。烘干的热源可利用秸秆炭化过程中产生的煤气(又称秸秆气)。

(4)包装入库。木炭贮存切记防火、防潮、防水。

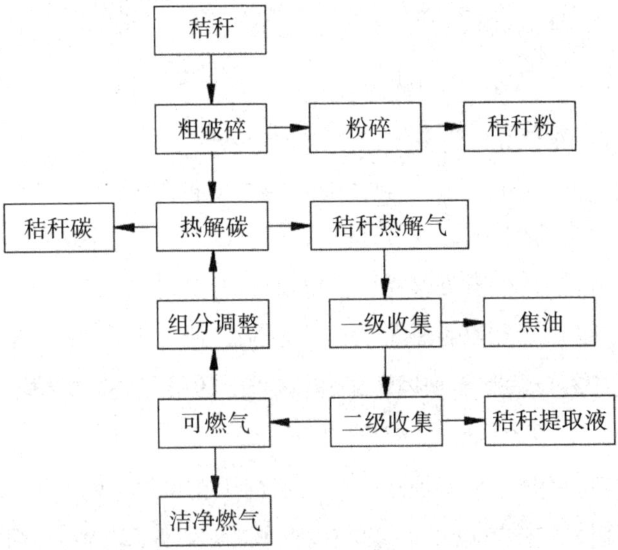

图4.2.3　秸秆干馏技术工艺流程

秸秆干馏技术缺点:日处理原料多、规模不能过大,原料收集半径大,收集成本高,须与秸秆打捆收集设备配套使用。

秸秆干馏技术适用范围:适用于秸秆资源丰富的地区,以小规模、多网点建设,集中深加工的方式发展。

四、户用秸秆沼气生产技术

户用秸秆沼气生产技术是一种以现有农村户用沼气池为发酵载体，以农作物秸秆为主要发酵原料的厌氧发酵沼气生产技术。工艺流程如图4.2.4所示。

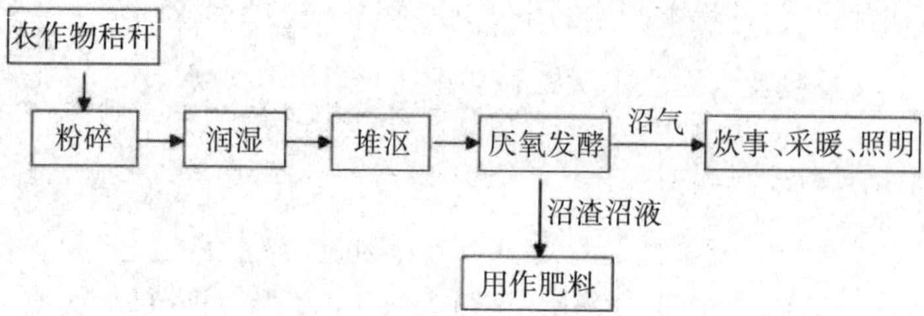

图4.2.4　户用秸秆沼气生产技术工艺流程

户用秸秆沼气生产技术工艺如下：

(1)秸秆收集与粉碎。户用秸秆沼气的原料主要为玉米秸秆、小麦秸秆和水稻秸秆等。将所需秸秆收集后，堆积在开阔区域让其自然晾晒和风干，随后对风干的秸秆进行机械粉碎或铡切，秸秆长度控制在5厘米以下。

(2)润湿与堆沤处理。粉碎后的干秸秆，须先进行润湿处理。通过堆沤可以初步破坏秸秆的纤维—木质结构，有利于后期厌氧发酵过程中被厌氧菌消化分解。堆沤时间一般为：夏季3天，春、秋季4~5天，冬季6~7天，可根据气温适当进行调整，以秸秆表面长满白色菌丝为宜。

(3)进料准备。为使秸秆沼气池启动更为顺利，原料中可添加适量畜禽粪便(粪便可不用堆沤)，将堆沤好的秸秆和畜禽粪便混匀后一起投入池内。

(4)进料。秸秆沼气池进料时,应添加相应的接种物,接种物可以是沼渣或活性污泥。如果没有接种物,也可将畜禽粪便加水浸透后,覆盖薄膜进行堆沤后作为接种物。接种物的总量控制在1000~2000千克,在进料时采取分层加入的方式,即边进料边加入接种物,也可与发酵原料混匀后一起投入到池内。

(5)启动。密封沼气池池口。连续放气1~3天,当沼气压力表的压力达到2千帕以上时开始试火,直至能点燃且火苗稳定,此时表明沼气池已启动成功,生产的沼气可正常使用。

户用秸秆沼气生产技术适用范围:适合全国各粮食产区。总的来说,北方地区以玉米秸秆和小麦秸秆为主要发酵原料,南方地区以稻草为主要发酵原料。可根据农作物秸秆的种类和特性,选择不同的发酵工艺。

五、大型秸秆沼气生产技术

大型秸秆沼气生产技术是指以农作物秸秆(玉米秸秆、小麦秸秆、水稻秸秆等)为主要发酵原料,单个厌氧发酵装置容积在300立方米以上的沼气生产技术,大型秸秆沼气生产技术工艺流程如图4.2.5所示。

大型秸秆沼气生产技术工艺如下:

(1)秸秆贮存。农作物秸秆贮存设施的容积应根据秸秆特性、收获次数、消耗量等因素确定,通常以秸秆收获周期内需要消耗的秸秆量进行设计和贮存,以保证原料供应。秸秆沼气工程场区内或附近应设置秸秆短期堆放场所,可根据需要设置长期堆放场所,以满足工程长期连续运行的原料需求。自然堆放秸秆水分含量应小于18%,青贮秸秆水分含量控制在65%~75%。

(2)秸秆预处理。秸秆原料的预处理有物理、化学和生物等方法。其中：

物理预处理，主要是利用机械、热等方法来改变秸秆的外部形态或内部组织结构，如机械剪切或破碎处理、蒸汽爆破、膨化等。

化学预处理，使用酸、碱、有机溶剂等作用于秸秆，破坏细胞壁中半•纤维素与木质素形成的共价键，破坏纤维素的结晶结构，打破木质素与纤维素的连接，达到提高秸秆消化率的目的，如酸处理、碱处理、氨处理和氧化还原试剂处理等。

生物预处理，在人工控制下，利用一些细菌、真菌等微生物的发酵作用来处理秸秆，如青贮、白腐菌处理等。

(3)沼气生产。大中型秸秆沼气工程选用的工艺需根据原料特性及工艺特点，经技术经济分析比较后确定，要能适应两种或以上秸秆的物料特性及发酵要求。

(4)日常运行维护。定期监测厌氧发酵装置内料液pH值、总碱度、温度、沼气成分、产气量、物料高度、罐内压力等参数，并根据监测数据及时调整发酵装置运行工况或采取相应措施。主要参数应满足：沼气中甲烷含量大于50%；pH为6.8~7.5；总碱度(以重碳酸盐计算)大于每升2000毫克；厌氧发酵装置内每天的温度变化应控制在设计范围以内。

(5)出料。按工艺设计要求定期排出沼液沼渣。厌氧发酵装置放空清理时，需停止进料，并打开厌氧发酵装置顶部检修人孔，强制通风24小时；人员进入厌氧发酵装置清理前，应先进行气体成分检测和活动物试验，测试合格后方可进入，且须佩戴防毒面具；同时发酵装置外部必须有人进行安全保护，防止意外发生。

(6)发酵剩余物处理利用。大型秸秆沼气工程的发酵剩余物宜先固液分离，沼液尽量回流利用，沼渣可加工成固体有机肥或作为有机基质。场区内发酵剩余物贮存调节设施的有效容积应不小于5天平均出料量。

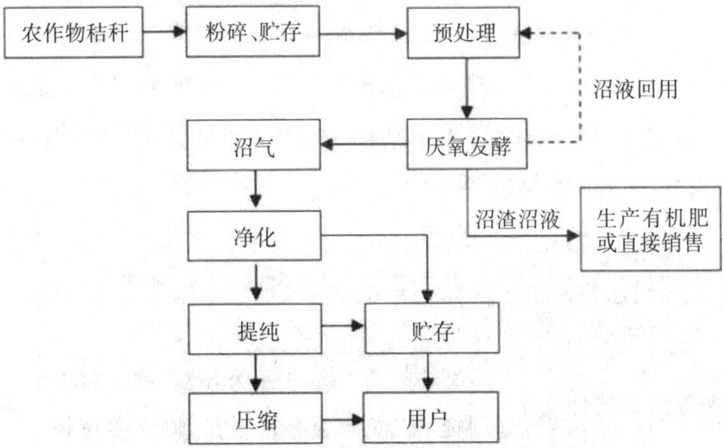

图4.2.5　大型秸秆沼气生产技术工艺流程

大中型秸秆沼气生产技术适用范围：适合全国广大农村地区。可根据收集的农作物秸秆种类和特性，选择适宜的发酵工艺。

第三节　尾菜还田利用技术

一、日光温室尾菜直接还田技术

日光温室尾菜直接还田技术如图4.3.1所示，是将日光温室蔬菜收获后，推动尾菜还田利用，通过堆沤腐熟、机械粉碎、直接还田等方式改善土壤结构，提高耕地地力，减少化肥使用量。

日光温室尾菜直接还田技术工艺如下：

(1)捡拾地膜。将日光温室内覆膜拾到棚外堆放，待回收。

(2)放线取绳。解开吊秧绳将作物放平，吊绳高挂以不影响拖拉机耕作为准。

(3)尾菜粉碎。用灭茬旋耕多用机将日光温室内尾菜打碎还田，旋耕深度10~15厘米为宜，可提前施入农家肥、玉米秸秆等提高土壤有机质含量。

(4)播施菌种。将腐解菌剂与细沙(或麸皮)掺匀，或用水稀释100~200倍兑成母液，均匀施于棚地后再旋耕一遍。

(5)高温闷棚。旋耕后南北方向每隔3米起垄，沟灌透水，3~5天后覆膜，高温闷棚20天。

(6)晾地耕种。闷棚结束后揭膜晾地，施入底肥后再次旋耕，定植下茬。

图4.3.1　尾菜直接还田

日光温室尾菜直接还田技术适用范围：适用于大白菜、莴笋、青菜、儿菜等规模化种植的新型农业经营主体。

日光温室尾菜直接还田技术注意事项：①浇水后覆膜时，地膜不需铺严，周边适当留换气口；②因闷棚地温较高，务必浇透水，定植前揭膜晾地，防止土温过高烫伤秧苗。

二、尾菜沤肥技术

尾菜沤肥技术是指蔬菜废弃物在一定的温度条件下沤制，添加一定量的腐熟剂，通过厌氧微生物发酵的作用，使尾菜堆料中的有机物快速腐熟，成为一种含氮量丰富的腐殖质。

尾菜沤肥技术工艺如下：

(1)场地选择。选择向阳、地势较高、运输方便、离水源较近、平坦的空地或田间地头。

(2)尾菜处理。将蔬菜尾菜剁(铡)碎，长度约为10厘米的段，并捡净其中不能腐解的有机无机杂质。

(3)沤肥坑制作。在所选的沤肥场地上,就地开挖沤肥池,一般挖长2~3米、宽1.5~2米、深1~1.5米的方土坑,或者挖深1米左右,长宽根据尾菜量的多少决定的土坑,铺上塑料棚膜制成简易沤肥坑。

(4)沤制过程。在所挖的沤肥池中,池底垫入30厘米的干土(含水量为10%~20%,粒径小于0.5厘米,下同)。将蔬菜尾菜填入50厘米摊平,撒入碳酸氢铵4~6千克/立方米,普通过磷酸钙4~6千克/立方米,加10厘米干土,均匀覆盖、踏实,重复以上过程直至高于沤肥池40~60厘米为止。

(5)表面处理。在沤肥坑上的尾菜上覆5~10厘米厚的干土,踏实,尤其要踏实边缘,然后用塑料膜密封发酵。沤肥是一种厌氧发酵处理。整个腐熟期约45~75天,才能达到腐熟,腐熟的沤肥有害生物被杀灭,是一种有机质较高的偏酸性有机肥,对改良碱性土壤有良好作用,尾菜沤肥如图4.3.2所示。

图4.3.2 尾菜沤肥

(6)腐熟判断。沤肥池中间的沤肥颜色呈黑褐色或黑色,有臭味，无原料形态特征，则沤肥成功。

尾菜沤肥技术优点：①简单易行，适宜推广；②生产成本低，沤肥养分高，营养全面；③能够产生沼气，可用于发电和供热。

尾菜沤肥技术缺点：①工艺复杂，生产周期较长；②滋生蚊蝇，产生恶臭，氮损失严重；③病原微生物去除率低，降解不完全时存在生物毒性。

三、尾菜堆肥技术

尾菜堆肥技术是利用自然界微生物或商业腐熟菌剂，有控制地将菜有机物向稳定腐殖质转化的过程。堆肥的腐熟过程是有机物分解和再合成的过程，同时又是一个无害化处理的过程，如图4.3.3所示。

图4.3.3 尾菜堆肥

尾菜堆肥技术工艺：

（1）堆肥场选择。选择通风、向阳、地势较高、运输方便、较平坦的空地或田间地头。

（2）尾菜前处理。分为尾菜处理和堆肥厂处理。尾菜处理，将蔬菜尾菜剁碎，约为5厘米的段，控制菜叶的含水率为65%~75%，并捡净其中不能腐解的有机、无机杂质。堆肥场处理，在所选的堆肥场地上，以直径为3~3.5米画一个圆圈，也可堆成堆底宽不小于2.5~3米，长度视堆肥材料的多少而定的长方形，在圆内或长方形内覆上一层厚为5~10厘米的干土（含水率为10%~20%，粒径小于0.5厘米，下同），以吸收堆肥过程中产生的汁液。

（3）堆制过程

①在所处理的场地上，均匀地铺上一层20~30厘米厚（1000~1500千克）的蔬菜尾菜；②均匀撒上0.1~0.5千克的菌剂；③覆盖一层厚5~10厘米的干土；④如此重复操作5次，使堆体近似呈圆锥状，高度达到1.5~2米（也可按前述方法堆成堆底宽不小于2.5~3米、上底宽不小于1米、高1.5~2米的梯形堆）。

（4）堆体表面处理

堆体表面覆一层5厘米左右的细干土，覆塑料膜以密封保湿增温，并防止堆制过程中挥发性成分损失。

每堆堆制尾菜的量为5000~7500千克。堆与堆之间要保持一定的距离，约3米，以方便操作。

（5）翻堆。堆后7~15天，堆内温度达50摄氏度以上，保持5~10天，当堆体温度下降时，翻堆1次。均匀混合各层，需增加磷素时，每堆可均匀撒普通过磷酸钙10~50千克，并保持原有的堆体形状，堆体最外层继续用塑料膜覆好。如果气温低，堆肥温度达不到50摄氏度以上，保持时间不少于5天，可进行第二次翻堆。

(6)腐熟判断。堆体中间的堆肥颜色呈黑褐色或黑色，略带有土壤的霉味，无刺激和难闻的恶臭，不吸引蚊蝇，质地松散，多团粒结构，出现白色或灰白色菌丝，具有保水性、透气性及渗水性，则堆肥成功。

尾菜堆肥技术优点：①堆体温度高，可以最大限度地消灭病原菌，有机物的分解速率较快；②堆肥周期较短，所需设备比较简单，堆肥营养全面。

尾菜堆肥技术缺点：①尾菜堆肥后氮、磷、钾含量相对较少；②产生臭气、含水量高、含有大量致病微生物；③占地面积相对较大。

第五章　乡村养殖业废弃物资源化利用技术

第一节　畜禽粪污肥料化利用技术

一、干清粪+堆肥发酵+农田利用技术

干清粪+堆肥发酵+农田利用技术采用机械或人工铲粪，粪便通过收集、清扫，运至储粪棚堆肥发酵，尿液或冲洗污水收集后在储存池暂存，粪便和尿液直接农田利用，工艺流程如图5.1.1所示。

干清粪+堆肥发酵+农田利用关键技术如下：

（1）干清粪。要求粪便日产日清。可采用人工清粪或机械清粪。清出的粪便及时运至储粪棚。场区做到雨污分流，净污道分开，防止粪便运输过程中污染场区环境。

（2）尿液或污水收集。每栋畜舍设1个尿液或污水收集池，上部密封，容积1~2立方米。畜舍内的尿液或污水先流入收集池，再汇集至储存池。粪尿沟应设在舍内，舍外部分要加盖盖板，防止雨水流入。

（3）粪便处理。粪便在储粪棚内堆肥发酵1个月（冬春季

气温低时应当延长发酵时间)，确保粪肥完全腐熟。粪便过稀不便于堆肥时，可以与秸秆混合堆肥，秸秆的添加比例一般为10%~20%。储粪棚通风良好，防雨、防渗、防溢出。储粪棚所需容积：每10头猪(出栏)1立方米；每头肉牛(出栏)或每2头奶牛(存栏)1立方米；每2000只肉鸡(出栏)或每500只蛋鸡(存栏)1立方米。

(4)尿液或污水储存。储存池要防雨、防渗，周围高于地面，防止雨水倒流。尿液在储存池存放6个月后才能使用。储存池所需容积：猪(出栏)不少于每头0.1立方米，肉牛和奶牛可以按照相应关系换算，每头肉牛或2头奶牛相当于10头猪。

(5)农业利用。粪便和尿液直接还田利用。每亩[①]土地年消纳尿液量不能超过5头猪(出栏)、0.2头肉牛(出栏)、0.4头奶牛(存栏)的产生量。每亩土地年消纳粪便量不超过5头猪(出栏)、200只肉鸡(出栏)、50只蛋鸡(存栏)、0.2头肉牛(出栏)、0.4头奶牛(存栏)的产生量。

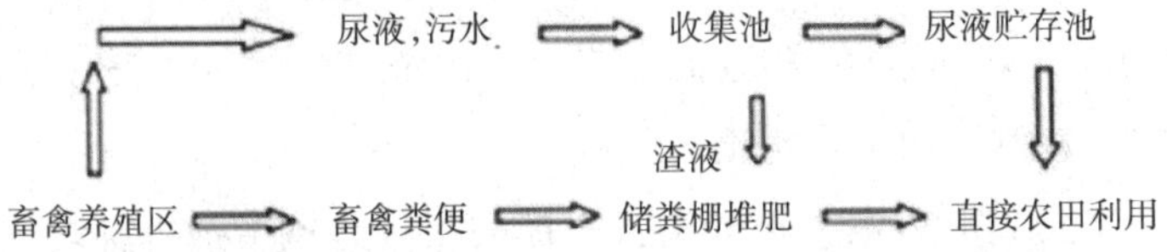

图5.1.1　干清粪+堆肥发酵+农田利用技术工艺流程

干清粪+堆肥发酵+农田利用技术优点：①工艺简单，便于操作，能及时清除舍内粪便、尿液，保持舍内环境卫生，不用建设复杂的粪污处理设施；②减少粪污处理用水、用电，资金投入少，运行成本低。

1亩≈666.67平方米。

干清粪+堆肥发酵+农田利用技术适用范围：本方法比较适合年出栏1万头以下猪场，存栏500头以下肉牛场，存栏300头以下奶牛场，年出栏10万只以下肉鸡或存栏5万只以下蛋鸡场使用。

二、尿泡粪+干湿分离+农田利用技术

尿泡粪+干湿分离+农田利用技术是采用漏缝地板收集粪尿，然后进行干湿分离，分离出的固体堆肥；液体进入储存池暂存。类似于“干清粪+堆肥发酵+农田利用”方法，区别在于，一个是干清粪，粪尿分开收集，分别处理；另一个是尿泡粪，粪尿混合收集，通过干湿分离后再分别处理，工艺流程如图5.1.2所示。

尿泡粪+干湿分离+农田利用关键技术如下：

（1）粪污收集。采用尿泡粪工艺。猪舍地面铺设漏缝地板，下面建排粪沟，粪沟深150厘米以上，安装有管道式或间隔式通风系统。首次在排粪沟中注入20~30厘米深的水（以后不需要），粪尿通过缝隙地板排放到粪沟中，储存3~5个月，打开出口的闸门，将粪水排出。

（2）固液分离。从粪沟排出的粪污进入调节池搅拌均匀，然后用管道输送到干湿分离机进行固液分离。干湿分离出的固体含水量在50%以内。

（3）固体堆肥发酵。分离出的固体物质通过1个月堆肥发酵后直接出售或生产有机肥。堆肥要有储存棚，要求防雨、防渗。储粪棚所需容积按每10头猪（出栏）不少于0.5立方米。

（4）液体储存。分离出的液体直接进入储存池暂存，一般

存放180天后使用。储存池为露天水池，周围高出地面50厘米以上，下面用聚乙烯薄膜铺底，防止渗漏。每头猪(出栏)须建0.1立方米储存池。

(5)农业利用。固态有机肥作为农田积肥，液态有机肥直接还田利用。每亩土地年消纳液体量不能超过5头猪(出栏)。

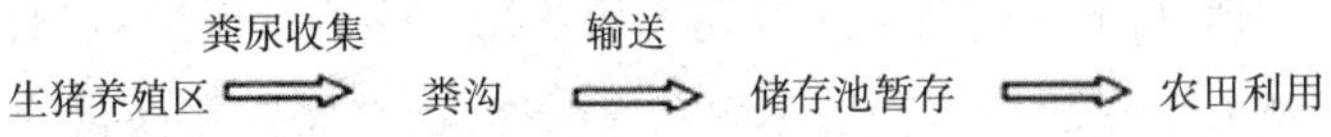

图5.1.2　尿泡粪+干湿分离+农田利用技术工艺流程

尿泡粪+干湿分离+农田利用技术优点：①大幅降低了粪水中的COD、BOD等含量；②比水冲粪工艺节省用水，工艺技术不复杂，不受气候变化影响；③干粪直接分离，养分损失小，肥料价值高。

尿泡粪+干湿分离+农田利用技术适用范围：本方法比较适合年出栏5000头以下的规模猪场使用。

三、鸡粪有机肥堆肥技术

鸡粪有机肥堆肥技术是利用生物发酵技术结合加工工艺，对鸡粪进行资源化利用，生产有机肥，减少或消除粪便对环境污染的方法，工艺流程如图5.1.3所示。

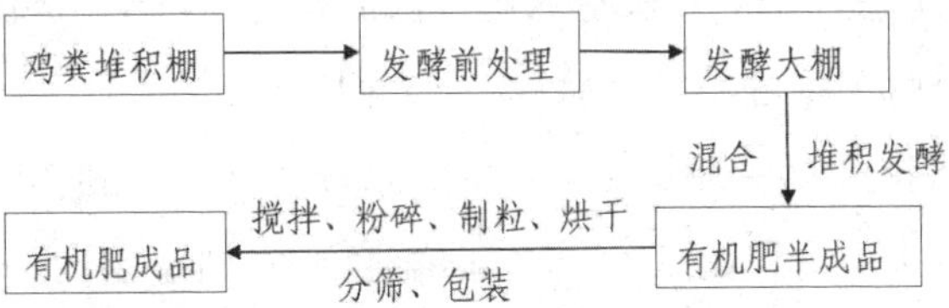

图5.1.3　鸡粪有机肥堆肥技术工艺流程

鸡粪有机肥堆肥关键技术如下：

(1)鸡粪清理。将鸡粪及漏水通过机械刮粪板，清理到舍端的粪污收集池，暂存1~3天。粪污收集池长度一般与鸡舍等宽，宽1米、深1~1.5米。采用砖混结构，上加盖顶棚，防渗漏、防雨水。

(2)鸡粪堆积棚。将鸡粪集中运输到积粪棚堆积储存。堆粪棚大小一般按每平方米500只鸡建设，地面要作硬化处理，以防渗漏，加盖顶棚防雨水，四周设1米高围墙，留出口。

(3)发酵前处理。当鸡粪在堆积棚达到一定量时，将辅料谷壳粉碎或皮糠，按40%~60%比例与鸡粪混合，并加入发酵菌剂混合均匀，形成发酵物料。一般每吨物料加发酵菌剂5千克左右(提前按每千克兑30千克清水稀释)。物料含水量控制在60%左右，以手握成团，指缝见水但不滴水为好。

(4)发酵大棚。可采用塑料大棚形式。建议1万只蛋鸡建设总面积不少于250平方米，棚宽8米左右、高4.5米，长度根据需要设定。

(5)堆积发酵。将发酵预处理的物料运入发酵棚，铺开成行，成长垛状。根据发酵棚的宽度和翻抛机的长度，每垛宽2.5米左右，厚度1米。3~4天后，物料内部温度可升至50摄氏度以上，这时每天用翻抛机翻抛1~2个来回，以增加透气，加快好氧发酵。棚内温度一般以25~35摄氏度为宜，一般发酵10天左右(夏季5天，冬季10天)，当物料温度下降到室温时，即发酵完成。

(6)有机肥半成品。将发酵完成的物料与黏土按1∶1比例混合，形成有机肥半成品。在半成品车间堆积1米以上，进行进一步腐熟干燥，时间20天左右，形成成品。半成品车间面积建议每1万只蛋鸡不少于100平方米。

(7)有机肥成品。将腐熟后物料运入成品车间加工，经过搅拌、粉碎、制粒、烘干、分筛、包装等工艺流程，形成最终产品出售。成品加工车间面积建议每1万只蛋鸡不少于100平方米。

鸡粪有机肥堆肥技术优点：①操作简单、发酵产物安全高效；②产品应用前景好，给养殖场创造二次收益，符合当前发展生态有机农业的大趋势。

鸡粪有机肥堆肥技术适用范围：适用于1万只以上大型蛋鸡养殖场。对中型蛋鸡场也可根据生产规模比例和需要进行投资建设。

第二节　畜禽粪污沼气化利用技术

一、干清粪+堆肥发酵+沼气处理+农田利用技术

干清粪+堆肥发酵+沼气处理+农田利用技术是将粪便与污水分开处理，粪便及时铲出后经自然干化、异位堆肥发酵、高温曝气等工艺，利用生物学特性结合机械化技术，通过自然微生物或接种微生物将粪便完全腐熟，生产有机肥。污水经厌氧发酵产生沼气用于发电，沼液经暂存净化后用于农田，工艺流程

如图5.2.1所示。

干清粪+堆肥发酵+沼气处理+农田利用关键技术如下：

1.粪便处理

(1)粪便清除。利用工人或机械将干清粪直接从栏舍铲除。

(2)粪便堆积。将粪便集中运输到储粪棚堆积储存,经1~3天的自然发酵干化备用。储粪棚大小一般按10头猪1平方米或每头牛1平方米建设,地面要硬化处理,以防渗漏,加盖顶棚防雨水,四周设1米高围墙,留出口。

(3)车间发酵。将粪便集中运输到发酵车间,进行发酵。车间按1万头猪场设计,建设面积300平方米左右,长50~60米、宽5~6米,高5~6米,内建2个并联式宽2~3米(以翻抛机宽度设计)、高度1.5米的水泥发酵槽。内设道轨式翻抛机1台,通过轨道从入口端移到出口端,完整地翻抛物料,并把物料向出口端推移,再返回。车间四面墙体为砖混结构,盖顶选用阳光板,以便加快发酵物料起始温度的提高。

(4)发酵前预处理。将粪便、辅料(回头料、木屑、谷壳等)和发酵菌种按比例混合均匀,一般粪便占85%~90%、辅料10%~15%、菌种0.01%比例。控制物料水分在60%左右。

(5)堆积发酵。将混匀的物料输送到发酵槽进行堆积发酵,厚度不低于1米。

(6)高温发酵腐熟。3~4天后物料温度可达50~65摄氏度,中心温度可达80~85摄氏度。用翻抛机每天翻抛1~2次(夏季1天1次、冬春季2天1次),在槽边架设鼓风系统进行曝气,以控温增氧，使温度控制在55~65摄氏度。此阶段可将畜禽粪便中的寄生虫和病原菌杀死，粪便初步达到腐熟，腐殖质开始形成。高温发酵后，再经中低温发酵、后熟，一般需要20~30天，出料端物料呈干粉状，含水率25%~30%，成为有机肥。

(7)出料去向。一部分出售给有机肥厂，生产有机肥；一部分可以作为肥料直接施入农田；一部分可作为再发酵辅料回收，以减少锯末、谷壳的购买数量和微生物菌种的添加量。

2.尿液或污水处理

(1)污水集水池。栏舍污水由沟渠流经粗格栅、细格栅过滤后，进入集水池，对污水进入沼气前水量调节和稳定。集水池可按每头猪0.1立方米、每头牛1立方米建设，其有效容积最小不少于日产污水量的50%。

(2)沼气池。用于厌氧降解污水中的有机物，产生沼气。沼气池有效容积可按每头猪0.1立方米、每头牛1立方米建设。可采用PE膜替代厌氧发生器，下层为发酵主体，上层用PE膜覆盖，用于收集沼气。

(3)沼液暂存池。用于对厌氧发酵处理出水进行暂存处理，一定时间的自然氧化、微生物降解、植物吸附可净化沼液。暂存池有效容积可按每头猪1立方米、每头牛10立方米建设，深度一般2米以上。经净化后的沼液经稀释后可用作肥料施于农田。

(4)沼气发电。沼气收集后可用于发电和沼气锅炉。日产沼气100立方米，宜配备10千瓦左右的发电机组。

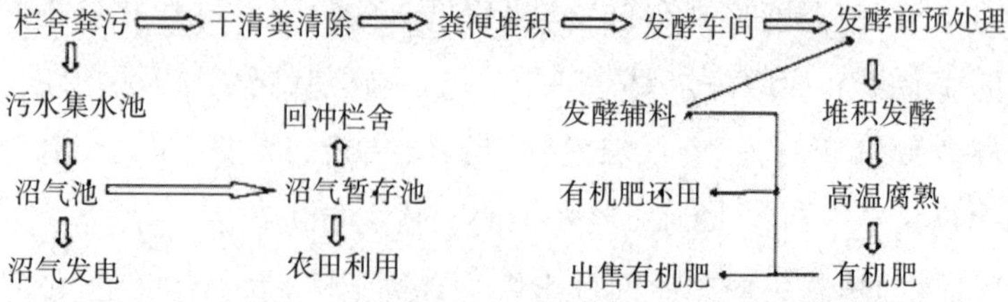

图5.2.1　干清粪+堆肥发酵+沼气处理+农田利用技术工艺流程

干清粪+堆肥发酵+沼气处理+农田利用技术优点：运行费用低、处理量大、无二次污染。

干清粪+堆肥发酵+沼气处理+农田利用技术适用范围：一般适用于较大规模的养猪场或养牛场。中型规模养猪场或养牛场可根据实际情况，参照上述比例参数设计建设。

二、尿泡粪+沼气处理+农田利用技术

尿泡粪+沼气处理+农田利用技术采用水泡粪工艺，粪尿混合收集后，全部进入沼气池进行处理，产生沼气用作生活燃料或发电，沼液和沼渣农田利用，工艺流程如图5.2.2所示。

（一）尿泡粪+沼气处理+农田利用关键技术

（1）粪污收集。猪舍地面铺设漏缝地板，下面建排粪沟，粪沟深80~150厘米，安装有管道式或间隔式通风系统。首次使用，在排粪沟中注入20~30厘米深的水（以后不需要），粪尿通过缝隙地板排放到粪沟中，储存15~30天，打开出口的闸门，将粪水排出。

（2）沼气处理。从粪沟排出的粪水流入主干沟，通过管道进入沼气发酵罐进行厌氧发酵，发酵时间不少于30天，发酵产生的沼液进入储存池暂存，用于发电。发酵罐容积为每头猪

(出栏)0.2立方米。

(3)沼液储存。产生的沼液在储存池暂存。储存池使用PE膜铺底,不漏水为标准,沼液在储存池存放3个月以上即可使用。每头猪(出栏)需建储存池0.1立方米。

(4)农业利用。产生沼渣用作基肥,沼液浇灌农田。土地消纳标准,大田种植:每亩土地可以消纳5头猪产生沼液量;种植果树、蔬菜,每亩可消纳10头猪的产生沼液量。

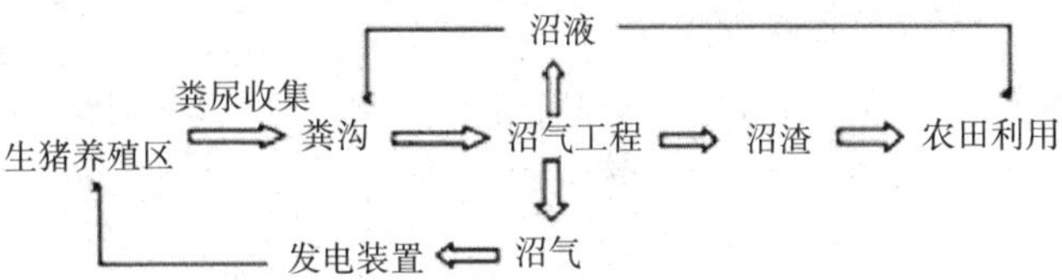

图5.2.2　尿泡粪+沼气处理+农田利用技术工艺流程

尿泡粪+沼气处理+农田利用技术优点:不需要清粪,不进行干湿分离,粪尿全部沼气处理,可减少养殖场劳动用工,便于规模化生产。

尿泡粪+沼气处理+农田利用技术适用范围:适用于年出栏1万头以上的规模猪场。

三、尿泡粪+干湿分离+沼气处理+农田利用技术

尿泡粪+干湿分离+沼气处理+农田利用技术粪尿通过漏缝地板自动掉入粪沟,粪尿混合收集,再进行干湿分离,分离出的固体堆肥,液体进行沼气处理。这种方法采用漏缝地板工艺,不用清粪,减少用工;改水泡粪为尿泡粪,从源头上降低了污水产生量;通过固、液分别处理,实现粪污减量化、无害化和资源化利用,工艺流程如图5.2.3所示。

尿泡粪+干湿分离+沼气处理+农田利用关键技术如下：采用尿泡粪猪舍内地面除走道外2/3以上或全部铺设漏缝地板，舍内装有通风系统和感应装置，当有害气体超标，换气扇自动运转，通风换气。从粪沟排出的粪污进入调节池搅拌均匀，然后用管道输送到干湿分离机进行干湿分离，分离出的固体物质通过5~6个月堆肥发酵后直接出售或生产有机肥；分离出的液体进入沼气池进行厌氧发酵产气。沼液储存池150天后使用，可部分沼液冲洗粪沟。

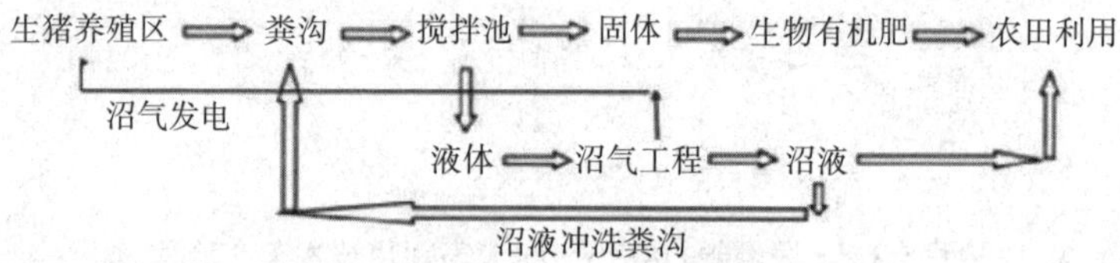

图5.2.3　尿泡粪+干湿分离+沼气处理+农田利用技术工艺流程

尿泡粪+干湿分离+沼气处理+农田利用技术优点：不需要清粪，不进行干湿分离，粪尿全部沼气处理，可减少养殖场劳动用工，便于规模化生产。

尿泡粪+干湿分离+沼气处理+农田利用技术适用范围：适用于年出栏1万头以上的规模猪场。

第三节　牛粪循环利用技术

牛粪循环利用技术是将奶牛场粪污经浓度调节处理后，送入发酵系统进行厌氧发酵，发酵料经固液分离和二次挤压降低水分后，使用卧床抛料车回填于牛舍内的卧床，用于补充牛舍卧床垫料，实现资源化利用，工艺如图5.3.1所示。

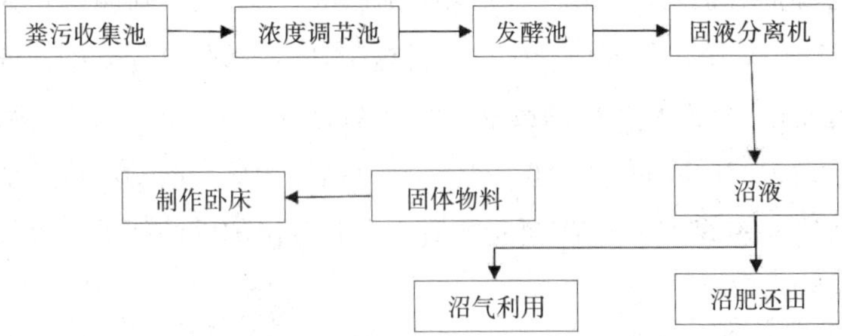

图5.3.1　牛粪循环利用技术工艺流程

牛粪循环利用技术工艺如下：

(1)粪污收集。牛舍粪污经机械刮粪进入粪沟，通过安装在粪沟前端的沼液回收系统，用沼液冲洗到收集池。粪沟与收集池之间设一定坡度，硬化处理，以防渗漏。粪污收集池容积可按每头牛1立方米比例建设。

(2)浓度调节。将收集的粪污，泵入浓度调节池，与回收沼液一起用匀浆机均匀混合，干物质浓度调节至8%~10%。浓度调节池容积可按每头牛1立方米比例建设。

(3)厌氧发酵。经调节后的粪污用电磁流量计计量，采用半地下进料推流式分配到发酵池或泵入发酵池，进行厌氧发酵。料液在发酵池内发酵温度控制在35~38摄氏度，可采用盘管换热方式加热，加温热源为发电机组余热。经20~25天发酵完成。发酵池容积可按每头牛1立方米的比例建设，发酵池底层主体要硬化处理，防渗漏；上层料质可用PE膜覆盖，用于收集所产沼气，上下层容积可按1:1配套设计，实行沼气产储一体化。

(4)固液分离。发酵后的出料进入混合搅拌池,经搅拌泵打碎混合均匀后,输送到一次分筛固液分离机,其筛网孔径为0.3毫米,筛出的固体纤维物由传送带转送至螺旋挤压设备,进行脱水;一次筛分后的废液由二次筛分进料泵,输送到二次筛分设备,其筛网孔径为0.1毫米,筛分出的固体纤维物由传送带转送至螺旋挤压设备,进行再脱水。筛分出的固体纤维物含水量约占70%。

(5)牛床垫料。被分筛脱水后的固体纤维物料,经好氧堆积发酵后,可使其含水率降至30%,直接用于补充牛舍卧床垫料。

(6)沼液处理。分离后的沼液进入暂储池,用于栏舍粪污冲洗和调节池调节粪污浓度,也可通过管道输送实现农田利用。沼液暂储池容积每头牛不少于10立方米。

(7)沼气利用。厌氧发酵产生的沼气,经设备净化处理后,用于发电机组和沼气锅炉使用。

牛粪循环利用技术优点:该技术不仅保护了生态环境,实现资源的循环利用,而且还节约垫料成本,改善了牛舍卧床环境,其杀菌效果、舒适度远远优于其他垫料。

牛粪循环利用技术适用范围:该技术在国内外大型奶牛场普遍得到推广应用。

第四节　病死畜无害化处理技术

一、焚烧法

焚烧法是指在焚烧容器内，使动物尸体及相关动物产品在富氧或无氧条件下进行氧化反应或热解反应的方法。

（一）直接焚烧法

直接焚烧法是将病死畜禽投入焚烧炉燃烧室中，通过氧化、热解等进行充分燃烧，之后排除燃烧炉渣，工艺流程如图5.4.1所示。

1.直接焚烧法技术工艺

（1）可视情况对动物尸体及相关动物产品进行破碎预处理。

（2）将动物尸体及相关动物产品或破碎产物，投至焚烧炉本体燃烧室，经充分氧化、热解，产生的高温烟气进入二燃室继续燃烧，产生的炉渣经出渣机排出。燃烧室温度应不低于850摄氏度。

（3）二燃室出口烟气经余热利用系统、烟气净化系统处理后达标排放。

（4）焚烧炉渣与除尘设备收集的焚烧飞灰应分别收集、贮存和运输。焚烧炉渣按一般固体废物处理；焚烧飞灰和其他净化装置收集的固体废物如属于危险废物，则按危险废物处理。

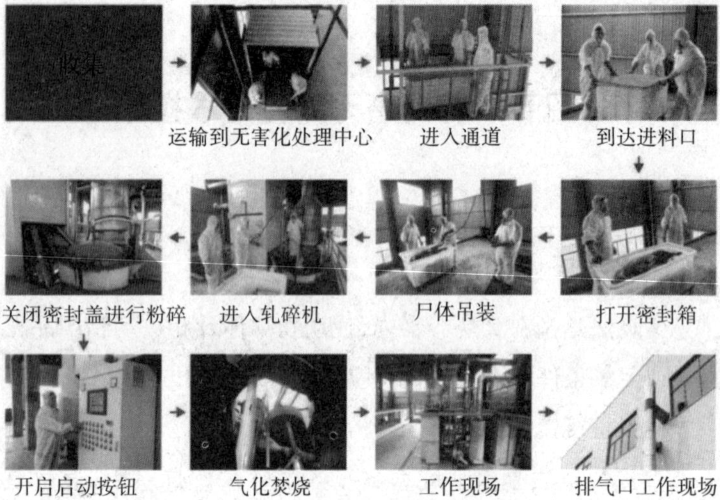

图5.4.1　气化焚烧法技术工艺流程

2. 直接焚烧法操作注意事项

（1）严格控制焚烧进料频率和重量，使物料能够充分与空气接触，保证完全燃烧。

（2）燃烧室内应保持负压状态，避免焚烧过程中发生烟气泄漏。

（3）燃烧所产生的烟气从最后的助燃空气喷射口或燃烧器出口到换热面或烟道冷风引射口之间的停留时间应不少于2秒。

（4）二燃室顶部设紧急排放烟囱，在应急时开启。

（5）应配备充分的烟气净化系统，包括喷淋塔、活性炭喷射吸附、除尘器、冷却塔、引风机和烟囱等，焚烧炉出口烟气中氧含量应为6%~10%。

(二)炭化焚烧法

炭化焚烧法是将病死畜禽尸体投入炭化室中,在无氧状态下进行充分热解,燃烧阶段产生的烟气进入二次燃烧炉充分燃烧,燃烧结束后产生较多炭化残渣,热解后从炭化室中排出,并尽量减少新的污染物产生,避免造成二次污染,工艺流程如图5.4.2所示。

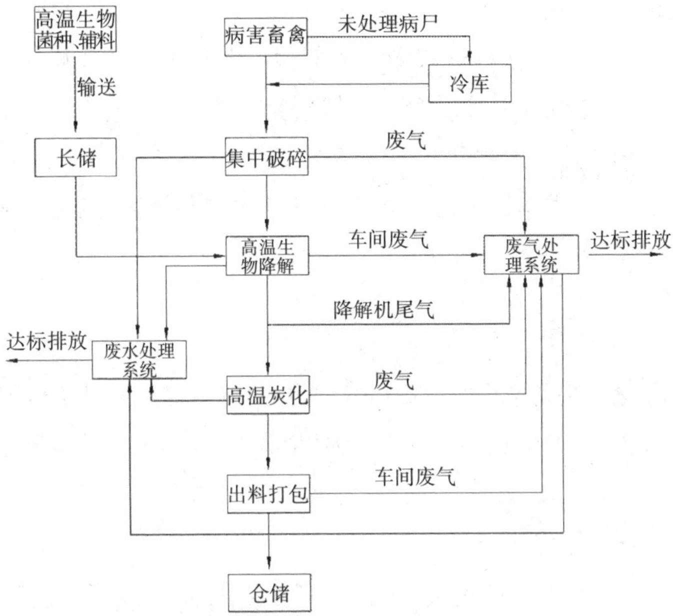

图5.4.2 炭化焚烧法技术工艺流程

1.炭化焚烧法技术工艺

(1)将动物尸体及相关动物产品投至热解炭化室,在无氧情况下经充分热解,产生的热解烟气进入燃烧(二燃)室继续燃烧,产生的固体炭化物残渣经热解炭化室排出。热解温度应不低于600摄氏度,燃烧(二燃)室温度不低于1100摄氏度,焚烧后烟气在1100摄氏度以上停留时间不少于2秒。

(2)烟气经过热解炭化室热能回收后,降至600摄氏度左右进入排烟管道。烟气经过湿式冷却塔进行“急冷”和“脱酸”后进入活性炭吸附和除尘器,最后达标后排放。

2. 炭化焚烧法操作注意事项

(1)应检查热解炭化系统炉门密封性,以保证热解炭化室的隔氧状态。

(2)应定期检查和清理热解气输出管道,以免发生阻塞。

(3)热解炭化室顶部需设置与大气相连的防爆口,热解炭化室内压力过大时可自动开启泄压。

(4)应根据处理物种类、体积等严格控制热解的温度、升温速度及物料在热解炭化室里的停留时间。

二、化制法

化制法是指在密闭高压容器内,通过向容器夹层或容器通入高温饱和蒸汽,在干热、压力或高温、压力作用下,处理动物尸体及相关动物的方法,工艺流程如图5.4.3所示。

(一)干化法

干化法是在密闭高压容器中,朝容器夹层输入适量高温饱和蒸汽,蒸汽不能与畜禽尸体接触,在压力以及干热环境中对畜禽尸体进行综合处理。

1. 干化法技术工艺

(1)可视情况对动物尸体及相关动物产品进行破碎预处理。

(2)将动物尸体及相关动物产品或破碎产物送入高温高压

容器。

(3)处理物中心温度不低于135摄氏度,压力不低于0.25兆帕(绝对压力),时间不少于30分钟(具体处理时间随需处理动物尸体及相关动物产品或破碎产物种类和体积大小而设定)。

(4)加热烘干产生的热蒸汽经废气处理系统处理后排出。

(5)加热烘干产生的动物尸体残渣传输至压榨系统处理。

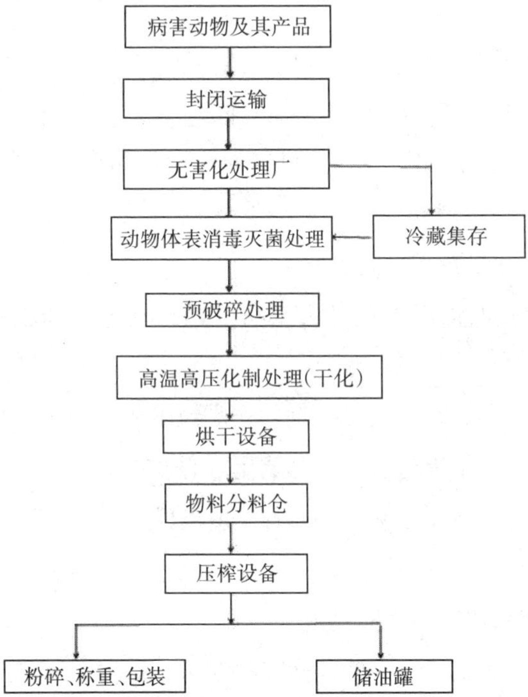

图5.4.3　干化法技术工艺流程

2. 干化法操作注意事项

(1)搅拌系统的工作时间应以烘干剩余物基本不含水分为

宜，根据处理物量的多少，适当延长或缩短搅拌时间。

(2)应使用合理的污水处理系统，有效去除有机物、氨氮，达到国家规定的排放要求。

(3)应使用合理的废气处理系统，有效吸收处理过程中动物尸体腐败产生的恶臭气体，使废气排放符合国家相关标准。

(4)高温高压容器操作人员应符合相关专业要求。

(5)处理结束后，须对墙面、地面及其相关工具进行彻底清洗消毒。

(二)湿化法

湿化法是指利用高压、蒸汽等方式进行处理的方法，当蒸汽遇到肉尸而凝结为水时，可使油脂溶化和蛋白质凝固，得到油脂与固体物料。

1.湿化法技术工艺

(1)可视情况对动物尸体及相关动物产品进行破碎预处理。

(2)将动物尸体及相关动物产品或破碎产物送入高温高压容器，总质量不得超过容器总承受力的4/5。

(3)处理物中心温度不低于160摄氏度，压力不低于0.6兆帕(绝对压力)，处理时间不少于4小时(具体处理时间随需处理物种类和体积大小而设定)。

(4)高温高压结束后，对处理物进行初次固液分离。

(5)固体物经破碎处理后，送入烘干系统；液体部分送入油水分离系统处理。

2.湿化法操作注意事项

(1)高温高压容器操作人员应符合相关专业要求。

(2)处理结束后,须对墙面、地面及其相关工具进行彻底清洗消毒。

(3)冷凝排放水应冷却后排放,产生的废水应经污水处理系统处理达标后排放。

(4)处理车间废气应通过安装自动喷淋消毒系统、排风系统和高效微粒空气过滤器(HEPA过滤器)等进行处理,达标后排放。

三、深埋法

深埋法是指通过掩埋的方法将病死畜禽尸体及产品等相关物品进行处理,利用土壤的自净作用使其无害化。包括直接掩埋法和化尸窖。

(一)直接掩埋法

直接掩埋技术是对病死畜禽尸体进行收集、堆放,之后做好开挖坑体以及消毒操作。投放畜禽病死尸体,做好坑体环境消毒,定期组织技术人员进行巡查维护。

1.直接掩埋法技术工艺

(1)掩埋坑体容积以实际处理动物尸体及相关动物产品数量确定。

(2)掩埋坑底应高出地下水位1.5米以上,要防渗、防漏。

(3)坑底撒一层厚度为0.68~42.5厘米的生石灰或漂白粉等消毒药。

(4)将动物尸体及相关动物产品投入坑内,最上层距离地

表1.5米以上。

(5)用生石灰或漂白粉等消毒药消毒。

(6)覆盖距地表20~30厘米,厚度不少于1~1.2米的覆土。

2.直接掩埋法选址要求

(1)应选择地势高且干燥,处于下风向的地点。

(2)应远离动物饲养场(饲养小区)、动物屠宰加工场所、动物隔离场所、动物诊疗场所、动物和动物产品集贸市场、生活饮用水源地等。

(3)应远离城镇居民区、文化教育科研等人口集中区域、主要河流及公路、铁路等主要交通干线。

3.直接掩埋法操作注意事项

(1)掩埋覆土不要太实,以免腐败产气造成气泡冒出和液体渗漏。

(2)掩埋后,在掩埋处设置警示标识。

(3)掩埋后,第一周内应每日巡查1次,第二周起应每周巡查1次,连续巡查3个月,掩埋坑塌陷处应及时加盖覆土。

(4)掩埋后,立即用氯制剂、漂白粉或生石灰等消毒药对掩埋场所进行1次彻底消毒。第一周内应每日消毒1次,第二周起应每周消毒1次,连续消毒3周以上。

(二)化尸窖

化尸窖法,是指按照《畜禽养殖业污染防治技术规范》(HJ/T 81—2001)要求,地面挖坑后,采用砖和混凝土结构施工建设的密封池,并沉积动物尸体,让其自然腐烂降解的方法,如图5.4.4所示。

1.化尸窖技术工艺

（1）化尸窖应为砖和混凝土，或者钢筋和混凝土密封结构，应防渗、防漏。

（2）在顶部设置投置口，加盖密封并加双锁；设置异味吸附、过滤等除味装置。

（3）投放前，应在化尸窖底部铺撒一定量的生石灰或消毒液。

（4）投放后，投置口密封加盖加锁，并对投置口、化尸窖及周边环境进行消毒。

（5）当化尸窖内动物尸体达到容积的3/4时，应停止使用并密封。

图5.4.4　化尸窖法

2.化尸窖选址要求

（1）畜禽养殖场的化尸窖应结合本场地形特点，宜建在下风向。

(2)乡镇、村的化尸窖选址应选择地势较高,处于下风向的地点。应远离动物饲养场(饲养小区)、动物屠宰加工场所、动物隔离场所、动物诊疗场所、动物和动物产品集贸市场、泄洪区、生活饮用水源地;应远离居民区、公共场所,以及主要河流、公路、铁路等主要交通干线。

3.化尸窖操作注意事项

(1)化尸窖周围应设置围栏、设立醒目警示标志以及专业管理人员姓名和联系电话公示牌,实行专人管理。

(2)应注意化尸窖维护,发现化尸窖破损、渗漏应及时处理。

(3)当封闭化尸窖内的动物尸体完全分解后,应当对残留物进行清理,清理出的残留物进行焚烧或者掩埋处理,化尸窖池进行彻底消毒后,方可重新启用。

四、发酵法

发酵法是指将动物尸体及相关动物产品与稻糠、木屑等辅料按要求摆放,利用动物尸体及相关动物产品产生的生物热或加入特定生物制剂,发酵或分解动物尸体及相关动物产品的方法,工艺流程如图5.4.5所示。

1.发酵法技术工艺

(1)发酵堆体结构形式主要分为条垛式和发酵池式。

(2)处理前,在指定场地或发酵池底铺设1.7米厚辅料。

(3)辅料上平铺动物尸体或相关动物产品,厚度不高于1.7米。

(4)覆盖1.7米辅料,确保动物尸体或相关动物产品全部被覆盖。堆体厚度随需处理动物尸体和相关动物产品数量而定，一般控制在2~3米。

（5）堆肥发酵堆内部温度不低于54摄氏度，1周后翻堆，3周后完成。

（6）辅料为稻糠、木屑、秸秆、玉米芯等混合物，或为在稻糠、木屑等混合物中加入特定生物制剂预发酵后产物。

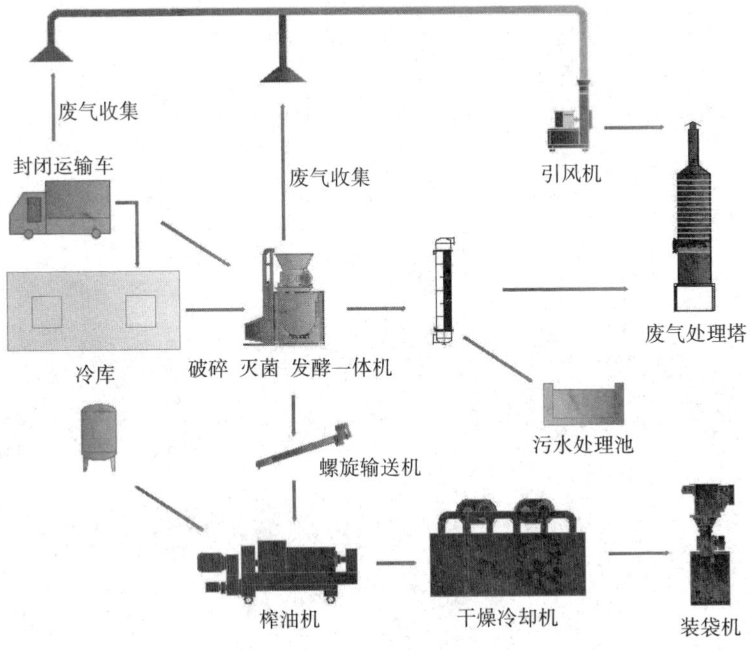

图5.4.5　发酵法处理工艺流程

2. 发酵法操作注意事项

（1）因重大动物疫病及人畜共患病死亡的动物尸体和相关动物产品不得使用此种方式进行处理。

（2）发酵过程中，应做好防雨措施。

（3）条垛式堆肥发酵应选择平整、防渗地面。

（4）应使用合理的废气处理系统，有效吸收处理过程中动物尸体和相关动物产品腐败产生的恶臭气体，使废气排放符合国家相关标准。

第六章　乡村生态振兴环保实用技术典型案例

第一节　废弃物资源化利用典型案例

一、反应器堆肥技术模式

反应器堆肥是将易腐垃圾、人畜粪便、农作物秸秆等有机废弃物，置入一体化密闭反应器进行好氧发酵。常见的有箱式反应器、立式筒仓反应器、卧式滚筒反应器等。原料经除杂、粉碎、混合等预处理后，调节含水率至45%~65%，置入反应器进行高温堆肥。反应器堆肥发酵温度达到55摄氏度以上的时间应不少于5天，以达到病原菌灭活效果，工艺流程示意图如图6.1.1所示。

该技术模式自动化水平较高，便于臭气、渗滤液等污染物收集处理，但相比于简易堆沤还田建设成本较高。

1.典型案例：浙江省衢州市衢江区反应器堆肥技术模式

该案例覆盖4个村，约1.1万人。2019年投入运行，主要处理厨余垃圾等有机废弃物，设计处理能力为每天5吨，预留了一定拓展空间，目前实际处理有机废弃物每天1.2吨。

在投资建设方面，政府投资270万元，建设易腐垃圾处理站，主要包括厂房、堆肥反应器、垃圾分选及储存设施、制肥设备、渗滤液处理设备、除臭设备等，占地面积2530平方米。

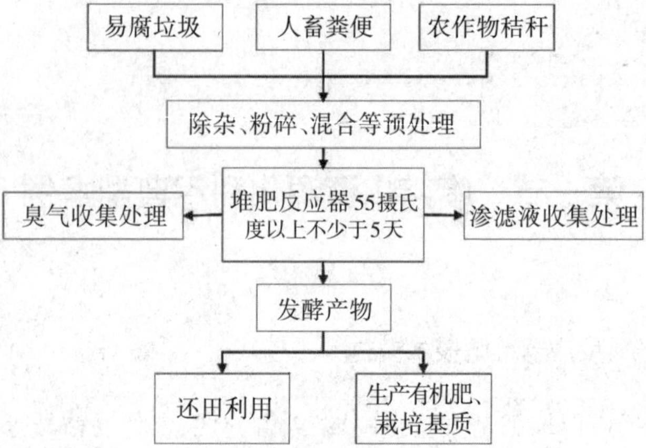

图6.1.1　反应器堆肥技术模式示意图

在运营管理方面，保洁员引导村民进行垃圾分类，将易腐垃圾投放至暂存点，由清运员收集后运至处理站。第三方负责处理站运维管护，费用由政府承担，用工2人，综合运行成本约每吨220元。

在资源化利用方面，年可产有机肥约140吨，用于周边园林绿化，渗滤液处理达标后排入市政管网。

2.典型案例：广东省珠海市斗门区反应器堆肥技术模式

该案例覆盖6个村，约4000人。2019年投入运行，主要处理厨余垃圾、农作物秸秆等有机废弃物，设计处理能力为每天0.5吨，目前实际处理有机废弃物每天0.3吨。

在投资建设方面，政府投资58万元，建设厨余垃圾处理站，购置堆肥反应器、匀质搅拌设备等，占地面积91平方米。

在运营管理方面，采用积分制引导村民进行垃圾分类，垃圾分类督导员指导垃圾分类、收集厨余垃圾并运至处理站。厨余垃圾经分拣、粉碎、脱水预处理后置入反应器进行堆肥。第三方负责处理站运维管护，费用由政府承担，用工1人，综合运行成本约每吨330元。

在资源化利用方面，年可产有机肥、栽培基质约25吨，主要用于周边花卉苗木施肥等。

二、堆沤还田技术模式

堆沤还田是将易腐垃圾、农作物秸秆、人畜粪便等有机废弃物，通过静态堆沤处理后科学还田利用。发酵时间一般不少于90天。主要设施为堆沤池或堆沤设备，应具有防雨、防渗等功能，工艺流程如图6.1.2所示。

该技术模式操作简单、建设和运行成本较低，但发酵周期较长，需采取臭气和蚊蝇控制措施。

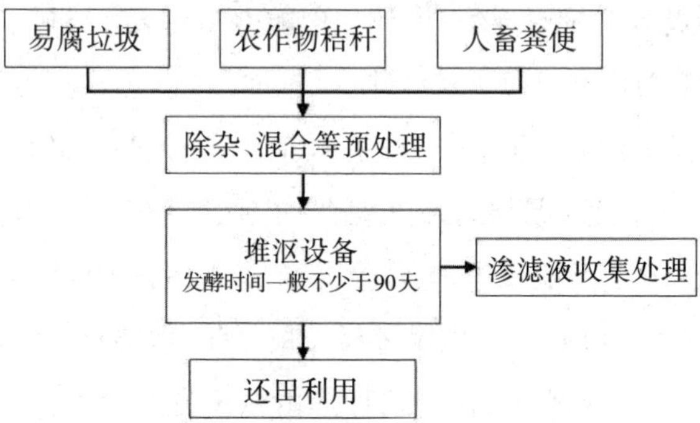

图6.1.2　堆沤还田技术模式工艺流程图

1.典型案例:福建省南平市光泽县堆沤还田技术模式

该案例覆盖1个村,约1100人。2016年投入运行,主要处理厨余垃圾、农作物秸秆、蘑菇渣等有机废弃物,设计处理能力为每天0.18吨,目前实际处理有机废弃物每天0.13吨。

在投资建设方面,村集体投资2.7万元,建设固液分离平台、分层发酵池、渗滤液发酵池、遮雨棚等,占地面积60平方米。

在运营管理方面,村民进行垃圾分类,将厨余垃圾投放至村内收集点,再由保洁员运至处理站。厨余垃圾经除杂和固液分离后,与其他有机废弃物混合,置入分层发酵池,添加微生物菌剂,并定期转动驱动装置,实现发酵池内物料的搅动和换层。村集体负责处理站运维管护,用工1人,综合运行成本约215元/吨。

在资源化利用方面,年可产有机肥约24吨,主要供周边农户免费使用,渗滤液贮存发酵后还田利用。

2.典型案例:山东省日照市东港区堆沤还田技术模式

该案例覆盖1个村,约350人。2019年投入运行,主要处理厨余垃圾等有机废弃物,设计处理能力为每天0.15吨,目前实际处理有机废弃物每天0.11吨。

在投资建设方面,通过村集体自筹、企业赞助、政府补助等投资5万元,建设易腐垃圾处理站,主要包括预处理设施、腐化仓、渗滤液贮存池、收集车、粉碎机等,占地面积450平方米。

在运营管理方面,村民进行垃圾分类,保洁员定时收集转运厨余垃圾,尾菜、农作物秸秆等由村民自行投送至处理站。有机废弃物经分拣、破碎、混合等预处理后,黄土封堆,堆沤。

第三方负责运维管护，费用由政府承担，用工1人，综合运行成本约每吨130元。

在资源化利用方面，产出物经筛分后运至田头进一步腐熟，年可产"土杂肥"约20吨，用于蔬菜、水果种植。

三、厌氧发酵协同处理技术模式

厌氧发酵协同处理是将人畜粪污、农作物秸秆、易腐垃圾、尾菜等有机废弃物，经过粉碎、除杂、调质等预处理后，置入厌氧发酵罐进行处理，可产生沼气和沼肥，工艺流程示意图如图6.1.3所示。

该技术模式需配套原料预处理设施、进料设备、厌氧发酵罐、储气柜、沼肥贮存设施等。

该技术模式资源化利用率较高，但对稳定运行、安全管理等技术要求较高，适宜原料供应充足、清洁能源需求大、农田消纳能力强的地区。

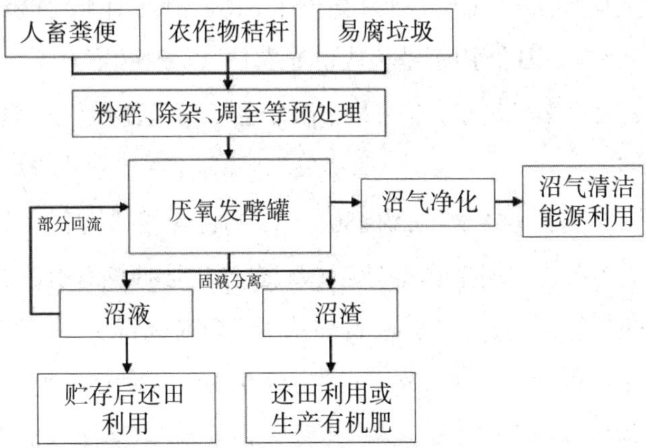

图6.1.3　厌氧发酵协同处理技术模式示意图

1.典型案例:甘肃省武威市凉州区厌氧发酵协同处理技术模式

该案例覆盖全区17个乡镇,约8万人。2016年投入运行,以处理畜禽粪污为主,协同处理易腐垃圾、厕所粪污、尾菜、农作物秸秆等有机废弃物,设计处理能力为每天820吨,目前实际处理有机废弃物每天350吨。

在投资建设方面,采用企业自筹、政府补助等方式投资9100万元,在全区建设5个站点,厌氧罐总容积2.2万立方米,主要包括半地下式一体化厌氧发酵罐、全封闭式干湿双进料系统、沼渣沼液处理系统等,占地面积5.3万平方米。

在运营管理方面,企业负责收集处理站周边15千米范围内的养殖场粪污、农村易腐垃圾、农作物秸秆、尾菜等,对原料预处理后投入发酵罐进行处理。用工10人,综合运行成本约180元/吨。

在资源化利用方面,年可产沼气约1350万立方米,其中通过管网向周边供气约145万立方米,其余沼气用于发电;年可产沼肥约12万吨,用于销售或引导农户"以废换肥"。

2.典型案例:江苏省徐州市睢宁县厌氧发酵协同处理技术模式

该案例覆盖1个村,约4800人。2017年投入运行,以处理畜禽粪污为主,协同处理易腐垃圾、农作物秸秆等有机废弃物,设计处理能力为每天34吨,目前基本满负荷运行。

在投资建设方面,政府投资590万元,建设太阳能厌氧发酵罐、贮气柜、沼气净化系统、沼气入户管网、沼液储存池等,占地面积6530平方米。

在运营管理方面，建立原料收集—日常管护—燃气供应"三位一体"运维管护体系，易腐垃圾由保洁员分类收集后，送至处理站；畜禽粪污由第三方收集运输。第三方负责处理站运维管护，用工3人，综合运行成本约每吨110元。

在资源化利用方面，年可产沼气约50万立方米，为周边1200户住户供应燃气；年可产沼渣约1750吨、沼液约9400吨，用于周边蔬菜、果树种植。

四、养殖蚯蚓处理技术模式

养殖蚯蚓处理是将畜禽粪污、易腐垃圾、农作物秸秆等有机废弃物，按一定比例混合、高温发酵预处理后，经蚯蚓过腹消化，实现高值化利用的技术。蚯蚓粪可用于生产有机肥或还田利用，成品蚯蚓可用于提取蚯蚓活性蛋白等，工艺流程如图6.1.4所示。

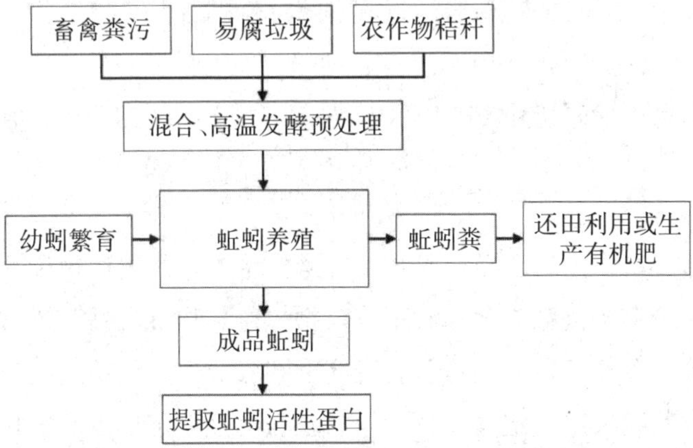

图6.1.4　蚯蚓养殖处理有机废弃物技术模式示意图

该技术模式需配套原料预处理设备、幼蚓繁育设施、养殖场地等，并采取污染物防控措施，对养殖技术、管理水平、气候条件要求较高。

该技术模式资源化利用率较高、经济效益较好。

典型案例：天津市静海区养殖蚯蚓处理有机废弃物技术模式

该案例覆盖34个村，约3万人。2011年投入运行，主要处理畜禽粪污、农作物秸秆、尾菜、厨余垃圾等有机废弃物，设计处理能力为每天140吨，目前实际处理有机废弃物每天110吨。

在投资建设方面，合作社投资310万元，建设蚯蚓养殖生产车间，配套购置粉碎机、蚯蚓收获机、电动喷雾器等，占地面积560平方米。同时，流转600亩林木基地用于林下蚯蚓养殖。

在运营管理方面，周边养殖场将畜禽粪污运送至处理站并支付一定费用，农村易腐垃圾和散养粪污委托社会化服务组织收集运送，农作物秸秆等辅料采用协议收购。合作社负责运维管护，用工30人，综合运行成本约每吨75元。

在资源化利用方面，年可产蚯蚓粪肥约1万吨，作为肥料销售；年可产鲜体蚯蚓约150吨，用于垂钓和蚯蚓产品深加工。

五、农药包装废弃物回收处置技术模式

农药包装废弃物回收处置是指将农药使用后被废弃的与农药直接接触或含有农药残余物的包装物，包括瓶、罐、桶、袋等。该技术是将农药包装废弃物和农业生产使用后废弃的塑料薄膜采用一定方式、方法收集后，运至特定地点无害化处置的技术模式，如图6.1.5所示。

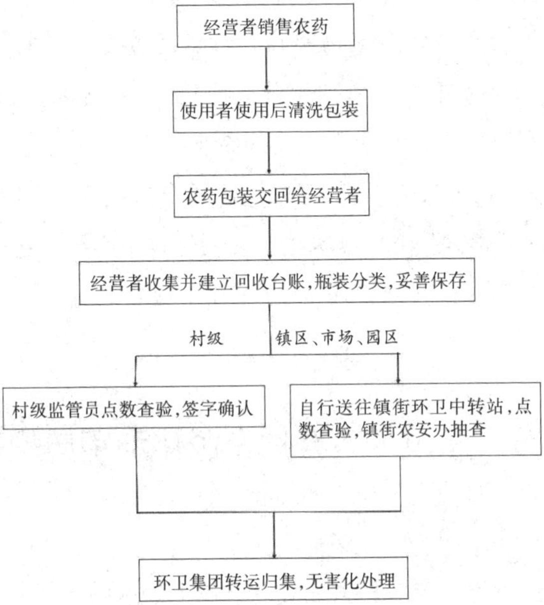

图6.1.5　农药包装废弃物回收处置技术模式工艺流程图

典型案例：兰州市榆中县保护农田生态环境

该案例覆盖榆中县全县，主要开展农药包装废弃物回收，建立农药包装废弃物回收点160家，建立县级农药包装废物集中点1家，累计回收农药包装废弃物11.5吨，全部进行了无害化处理。

责任落实方面，榆中县按照“谁销售谁收回、谁使用谁交回”的原则，积极开展回收农药包装废弃物工作，并建立相关废弃物台账，做到回收有责，数量清晰。

宣传动员方面，紧盯“长远长效”，累计发放《致全县农民朋友关于做好农药包装废弃物回收处理工作的一封信》9.2万份，在各村社醒目位置张贴《农药包装废弃物安全处置宣传挂图》2000份、《农药包装废弃物回收处理管理办法宣传挂图》2000份，大大提高了群众对农药包装废弃物处理工作的知晓率，营造了良好工作氛围，促进群众共同参与。

在废弃物处理方面，对集中回收的农药包装废弃物进行规范分装，打包整理，由甘肃省危险废物处置中心统一运输，进行专业化处置，为建设绿色榆中、生态榆中保驾护航。

第二节　凉州区废弃物资源化利用典型案例

一、畜禽养殖与农村人厕粪污一体化处理模式

畜禽养殖与农村人厕粪污一体化处理是以规模养殖场为基础、区域性粪污处理中心为纽带、粪污还田为主要利用方式，与农村厕所粪污处理有机结合，一体化推进农村畜禽粪污和厕所粪污无害化处理、资源化利用。

典型案例：甘肃省武威市凉州区双城镇小果园村粪肥处理还田

该案例覆盖凉州区双城镇小果园村，主要建设联户沼气供气项目，新建隧道式厌氧发酵池290立方米、预处理调配池50立方米、沼液储存池100立方米、日光温室大棚200平方米、储气房（包括增压净化间）42平方米；安装贮气袋70立方米、安装阻燃装置1套、搅拌装置2台、脱硫脱水装置各2套，铺设输气

管网1880米，安装了供气增压、智能沼气计量表等输配系统，实现对周边100户农户进行集中供气，年可处理畜禽粪污、户厕粪污2000吨。

1.基本情况

凉州区双城镇小果园村联户沼气供气项目总投资59.4万元，其中中央补助24万元，企业业主自筹35.4万元。新建隧道式厌氧发酵池290立方米、预处理调配池50立方米、沼液储存池100立方米、日光温室大棚200平方米、储气房（包括增压净化间）42平方米；安装贮气袋70立方米、安装阻燃装置1套、搅拌装置2台、脱硫脱水装置各2套，铺设输气管网1880米，安装了供气增压、智能沼气计量表等输配系统。目前该工程已经实现对周边100户农户进行集中供气，年可处理畜禽粪污、户厕粪污2000吨。

该案例能够取得显著成效的关键在于，一是周边养殖户年出栏肉牛规模达到500头以上，双城镇有户用卫生厕所3366座；二是业主有实力，除国家补助资金外，业主具备自筹资金的能力，并愿意投入；三是农户有需求，农村无条件安装天然气，但农户有使用清洁能源的需求，使用联户沼气供气的愿望强烈，参与配合的积极性高、热情大。

联户沼气项目的建设，既解决了农户使用清洁能源的需求，又解决了周边养殖场、农民户用厕所污水粪便对农村环境的污染问题。同时，沼渣沼液在日光温室的综合利用，改善了土壤结构，提高了农作物品质和产量，为农业增效、农民增收发挥了重要作用。

2. 主要经验做法

采用农户粪污—集中收集—清运—暂存—发酵—沼肥返田的模式，贯彻国家循环农业理念，切实做好粪污处理与绿色生态农业发展有机结合，建立了乡镇户厕粪污运管处理机制。

在粪污清运管理上，设立专门的服务电话，有专人值守，做好来电记录和及时安排；清运过程注意保持周围环境卫生，装车完毕并清理完现场方可离开；吸污车在农户联系吸污后3天内进行清运；清运过程注意爱护现场的所有公共设施，对公司所配置的清运工具责任到人，管理人员做好清运记录。在吸污车辆日常管理上，公司配备12立方米的粪污抽吸运输车1台，8立方米粪污抽吸运输车1台；农户户厕化粪池满后，可联系吸污车进行有偿清污。清运人员及时运到指定地点进行无害化处理。

在粪污沼气化利用上，户厕粪污在沼气池经过20天左右发酵处理，产生的沼气为周边100多户农户提供生活用能。在沼肥综合利用上，发酵产生的沼液肥，是优质的有机肥。

收费标准为1.5立方米化粪池每户每次吸污服务费30元，沼气每立方米收费2元，沼肥每立方米40元。

二、城乡有机废弃物资源化利用模式

社会化服务组织的参与是构建农村有机废弃物市场机制的关键环节。通过建立“以废换肥，以废换气”惠农助农机制，引导农户参与，扩大推广使用面。建立由政府引导、社会参与、企业运营的专业化、社会化、市场化区域处理机制。能够加快农业农村有机废物资源化利用工作的步伐。

典型案例:“一站多能”模式

该模式覆盖武威市凉州区17个乡镇,主要组建“一站多能”农村有机废弃物资源化处理第三方服务站点,建设半地下式一体化不锈钢厌氧发酵罐、全封闭式干湿双进料系统、38摄氏度自动控温系统、远程智能控制系统,实现代替县域及农村散煤2.82万吨以上,减排二氧化碳5.16万吨以上、二氧化硫17i.6吨以上、氮氧化物151.68吨以上。年可减排秸秆直接焚烧释放的PM2.5约138.36吨以上;年均处理畜禽粪污量18万吨以上。厌氧发酵副产物沼渣沼液可用于生产有机肥料,年可减少化肥使用3万吨以上,站点年可形成国家核证自愿减排量(Chinese Certifed Emission Reduction,CCER)4万吨,形成了循环产业新业态。

1.基本情况

凉州区区域城乡有机废弃物第三方资源化集中处理中心由黄羊站、韩佐站、东区站、大柳站及羊下坝站组成。是根据凉州区2020年国家畜禽粪污资源化利用整县推进项目发展思路,按照“城乡互补”模式组建的“一站多能”农村有机废弃物资源化处理第三方服务站点,总投资约9100万元,服务范围覆盖17个乡镇。

“一站多能”模式下的农村有机废弃物第三方资源化处理站建设有半地下式一体化不锈钢厌氧发酵罐、全封闭式干湿双进料系统、38摄氏度自动控温系统、远程智能控制系统。一方面,通过技术革新实现了处理功能的“一站多能”,既解决了以畜禽粪污、尾菜、厕改废水为重点的农业废弃物处理问题,又实现了市政污泥、餐厨垃圾等城镇废弃物处理难点。通过处理业务整合,避免了同质项目的重复投资,节约了公共资源,有效降低了运营成本。另一方面,通过前后端业务拓展,实现了资源化利用链条的"一站多能",形成了处理站即加气站、处理站即发电站、处理站即加肥站的循环产业新业态。

2. 主要经验做法

(1)城乡互补,以城带乡的补贴收费模式。"城乡互补"就是通过对城乡有机废弃物综合收费处理,先期以城镇有机废弃物处理收益补偿补贴农村有机废弃物处理能力的不足,保障农村有机废弃物处理业务正常健康持续开展,逐步培育农村有机废弃物市场化处理机制,形成"以工促农、以城带乡"的有机废弃物城乡协同发展机制体制。

(2)助农惠农,前后端利益联动机制。站点配套建立了测土配方实验室和实验大田,通过建立"以废换肥"惠农模式,实现沼肥的推广和全量消纳。"以废换肥"就是面向农户构建有机废弃物处理前后端利益联动机制,通过与农户建立有机废弃物换肥料、能源燃料的合作互利模式,实现价值传递和普惠延伸。此外,处理站点通过引入"沼液肥经纪人"这一概念,沼液肥经纪人就是专业提供沼液肥收运和喷施还田服务的第三方市场化主体,通过收取沼液收运费及施肥服务费获取相应的利润。"经纪人"解决了区域种植业、养殖业规模化、专业化发展趋势下种养难以有机结合的难题。该模式打破了传统种养一体的束缚,在专业种植户、养殖户间搭建"种养结合"的桥梁,实现资源价值的转换。

(3)收益补贴,为沼肥消纳提供可靠保障。“宜气则气、宜电则电”是处理站点后端沼气消纳的原则。以黄羊处理站为例,年可生产沼气300万~500万立方米,在黄羊镇镇区铺设了15千米的供气管网,已阶段性实现了1200余户居民、5家工业企业、2所学校、40多家商户的沼气供应,日均供量4000~6000立方米。2020年7月,以凉州区城乡有机废弃物集中处理中心五站为实施基础,兰州新融环境能源工程技术有限公司获得了甘肃省首个沼气发电项目的核准,上网电价每千瓦时0.438元,总装机容量3兆瓦,全额发电并网,可实现年发电量2410万千瓦时,为站点沼气消纳提供了稳定的渠道,也为沼肥推广提供了更为可靠的经济保障。

(4)科学管理,规范化运营。一是建立各类有机废弃物到场管理制度,有机废弃物到场管理,以废弃物产生业主负责各类废弃物运输到场为主,辅以一定规模的有偿拉运服务;废弃物到场进行称重、类型确认和台账登记。二是建立调度机制,废弃物到场不做暂存,直接入罐处理,根据到场废弃物的类型和数量,现场调度处理罐进料顺序(该站点设有6套独立进料系统,对应6个处理罐)。三是建立处理过程管理制度,对处理过程中的各项指标定时进行记录和管理。四是后端产品管理,依托物联网系统建立后端沼气、沼肥的生产和消纳登记管理体系,明晰后端产量、产能和应用情况。

三、生活垃圾焚烧发电一体化处理模式

生活垃圾焚烧发电一体化处理模式包含生活垃圾焚烧处理、餐厨垃圾处理、医疗废弃物处理、生活垃圾填埋等子项目,

以及城乡一体化收转运服务项目。项目采用城市垃圾焚烧发电技术，通过资源—产品—再生资源闭环经济模式，使各种垃圾变废为宝、循环利用，真正实现了“环保+民生”的双赢。

典型案例：甘肃省武威市凉州区城乡环卫一体化垃圾处理

该案例覆盖凉州区全区，建成凉州区静脉产业园，建立垃圾焚烧、餐厨垃圾资源化利用、再生资源回收利用、有害垃圾处置于一体的生活垃圾处置体系，建立长效运营机制和一体化循环经济模式，实现了垃圾减量化、资源化。每年处理生活垃圾约29万吨、医疗垃圾约0.3万吨、餐厨垃圾2.9万吨，年产生绿色电力约1.1亿千瓦时，上网约0.8亿千瓦时。

1.基本情况

随着凉州区经济快速发展，城市规模不断扩大，城乡垃圾与日俱增，原有的城乡垃圾处理设施不能满足垃圾处理需求。2019年9月，凉州区与中国光大环境（集团）有限公司全资子公司武威光大环保能源有限公司签署了《武威市凉州区静脉产业园PPP项目特许经营合同》，由武威光大环保能源有限公司负责投资建成了凉州区静脉产业园，建立垃圾焚烧、餐厨垃圾资源化利用、再生资源回收利用、有害垃圾处置于一体的生活垃圾处置体系。通过城乡环卫保洁清运各种垃圾，末端建设管理一体化外包市场化运营方式，建立长效运营机制和一体化循环经济模式，通过信息化管理对垃圾处理实施精细化、标准化管理。

该项目配置机械炉排焚烧炉和发电机组，餐厨垃圾、医疗垃圾与生活垃圾焚烧发电协同处理，对城乡垃圾一体化处理，实现了垃圾减量化、资源化。每年处理生活垃圾约29万吨、医疗垃圾约0.3万吨、餐厨垃圾2.9万吨，年产生绿色电力约1.1亿千瓦时，上网约0.8亿千瓦时。

2. 主要经验做法

2021年1月1日，凉州区与武威光大环保能源有限公司签订了城乡环卫一体化服务合同。实现了城乡生活垃圾基础设施建设全方位、无缝隙、全覆盖管理和资源化利用。服务范围包括建成区主次干道（含人行道），背街小巷的保洁（含洒水降尘、冬春季除雪）和转运工作，凉州城区公厕的保洁清扫、日常维护等管理工作，凉州区下辖的37个镇及2个指挥部的镇政府、指挥部、村委会办公场所等公共服务场所、主次干道、通村、通组道路（巷道除外）等地区的保洁（含洒水降尘、冬春季除雪）及垃圾转运工作。

区属国有企业环资公司负责城乡环境前端清扫保洁，1558万元/年。武威光大集团负责城乡生活垃圾收转运工作，服务费每年6450万元。同时，光大公司又投入276万元对垃圾中转站进行升级改造，改造成规范的封闭式压缩转运站。做到生活垃圾密闭运输，日产日清，实现了清运率100%的工作目标。

建立"统一收集、统一清运、集中处理、资源化利用"的城乡环卫一体化处理新体系，把传统的"资源—产品—废弃物"的线性经济模式，改造为"资源—产品—再生资源"的闭环经济模式，实现生活垃圾变废为宝、循环利用。从根本上改善城市环境质量、提升城市生活品质，为建设生态武威、宜居城市助力，是一种值得推荐的整治提升农村人居环境的有效模式。

四、设施蔬菜秸秆尾菜直接还田模式

设施蔬菜秸秆尾菜直接还田既增加了土壤养分、优化了土壤微生物群落、对下茬番茄根结线虫病具有较好的抑制作用，而且还免去了拔秧和拉运出棚环节，节省了时间和劳力，种植户认可度、接受度普遍较高，是一套成熟度高、推广性强的日光温室蔬菜秸秆资源化利用技术。

典型案例:"机械破碎+生物菌剂+高温闷棚"集成技术

该案例覆盖凉州区全区，通过推广日光温室蔬菜秸秆直接还田技术，至2021年示范推广处理1980座日光温室尾菜，处理利用尾菜5940吨，该技术的推广利用，取得良好的经济效益、生态效益和社会效益。

1.基本情况

凉州区日光温室蔬菜种植面积12万亩，年产生尾菜约30万吨，各镇、村在农村人居环境整治行动中，仅拉运蔬菜秸秆就耗费大量资金，却仍未从根本上解决环境污染问题。

2.主要经验做法

凉州区采取"财政补助一半菌剂+农户承担机耕费和一半菌剂费"的方式，积极推广"机械破碎+生物菌剂+高温闷棚"的日光温室蔬菜秸秆直接还田利用技术，引导农户对日光温室蔬菜秸秆就地还田肥料化利用。

2018年，利用省级尾菜处理利用项目联合天鸿农资农民专业合作社从辽宁省引进该技术，示范处理400多座日光温室的蔬菜秸秆1000多吨。

2019年，在总结上年试验示范成效的基础上，在日光温室蔬菜种植重点镇开展了14场次现场演示培训，培训农民1100多人次，并以武南镇、羊下坝镇、下双镇为主打造日光温室蔬菜秸秆处理利用示范区，示范推广2000多座日光温室，共处理利用蔬菜秸秆5000多吨。

五、功能型精准湿地技术模式

功能型精准湿地技术通过人工设计、改造而成的生态型污水处理系统。它利用自然生态系统中的物理、化学和生物的三重协同作用，通过过滤、吸附、离子交换、植物吸收和微生物分解来实现对污水的高效净化。

典型案例：甘肃省武威市凉州区金山镇崖湾社区生活污水景观化处理

该案例覆盖金山镇崖湾社区，主要建设人工湿地、配套污水输送管网、检查井、泵站，实现了在污水处理站出水水质稳定达标的同时，还解决了没有市政管网的农村社区生活污水处理难的问题和干旱缺水农村社区（小区）景观绿化带的用水问题，增加了绿化面积，营造了绿色景观。

1.基本情况

金山镇崖湾社区一期共建175户住宅，均为一层带院民房，可容纳688人居住。社区内道路全部硬化，绿化比较完善，但社区不具备市政污水管网接入条件，生活污水处理是一大难题。2019年，由武威市环保局立项批复，北京森淼天成环保科技有限公司设计功能型精准湿地技术进行处理。在崖湾社区实施生活污水景观化处理项目，该项目采用功能型精准湿地技术，达到污水处理目的的同时还能营造良好的居住环境，增添景观化效果，节约并且有效循环利用水资源。

2. 主要经验做法

项目设计在崖湾社区设计建设占地面积1539平方米，人工湿地有效面积444平方米，配套修建将化粪池内污水输送至污水处理站的管网、检查井和泵站，污水处理工艺采用丹麦的功能型精准湿地技术，通过物理、化学和生物的三重协同作用，高效降解和吸附污水中的污染物质，实现污水净化。同时，湿地内种植芦苇、藨草，有效增加了区域绿化面积，营造绿色景观。

崖湾社区出户化粪池距污水景观化处理设施约600米，配套修建将化粪池内污水输送至污水处理站的管网和泵站及检查井。前端建有容量为40立方米现浇混凝土三级隔离池；中段主要是两级人工湿地造型，抗渗材料铺设，专用处理填料以及专用植物种植；末端建有容积为10立方米的清水池和回用设施。

生活污水进入出户化粪池初步沉淀后，通过污水管网进入污水处理站预处理设施，污水处理站预处理设施包括格栅池、隔油池、沉淀池、调节池四部分，污水先进入格栅池通过格栅把污水中大颗粒的杂质进行去除，然后进入隔油池去除生活污水中漂浮的油脂等，再进入沉淀池对污水中可沉淀去除的悬浮物进行去除，然后进入调节池进行水质水量调节后，由池内提升泵将预处理后生活污水提升至一级人工湿地布水管。污水经一级人工湿地布水管先后通过80厘米厚的低渗透填料（水洗中粗沙，内置生物电极）和20厘米的高渗透填料（1~2厘米水洗石子），污水通过物理、化学和生物的三重协同作用处理后，进入一级人工湿地集水管，经过水位调节阀后，进入二级人工湿地布水管。污水进入二级人工湿地后先后经过30厘米厚的水洗中粗沙、10厘米厚的1厘米左右大小的水洗碎石子和10厘米厚的3厘米左右大小的水洗石子后，经过物理、化学和生物的三重协同作用处理后，进入二级人工湿地集水管，经过水位调节阀后进入清水池用于绿化。

生活污水景观化处理服务人口800人，生活污水日处理量40立方米，出水水质到达《城镇污水处理厂污染物排放标准》（GB 18918—2002）一级A标准。

六、寒旱地区农村卫生厕所技术模式

寒旱地区农村卫生厕所采用的“三格化粪池+储水桶+潜水泵冲水+硅胶防臭器（防臭弯头）”的农户改厕技术，将三格化粪池、储水桶深埋于冻土层以下，利用小型潜水泵抽水冲厕，从根本上解决厕所臭味大、干旱缺水地区冬季冻结无法正常使用的问题。

典型案例：农村卫生厕所“凉州模式”

该案例试点于凉州区清水镇苏邓沟村，推广覆盖凉州区全区，主要采用“三格化粪池+储水桶+潜水泵冲水+硅胶防臭器（防臭弯头）”的农户改厕技术，创造性地解决了农村厕所防冻、防臭和建设标准过低的问题，是农村厕所粪污处理的最佳选择。截至2021年底，全区累计改造农户旱厕92326座，总量位居全省县（区）首位，占应改厕农户数的88.68%，442个村全部已实现整村推进。

（1）基本情况

凉州区清水镇苏邓沟村位于凉州区城东10千米处，辖12个村民小组，643户2618人，耕地面积3942亩，人均1.5亩，有日光温室673座，957亩，支柱产业以日光温室蔬菜种植为主。在改厕之前，绝大多数农户都使用或建在巷道或建在后院的旱厕，使用极不方便，粪污无法有效处理，极易造成疾病传播，尤其到夏天，蚊蝇到处飞绕、臭气遍布，对农村人居环境的改善和人民生活健康水平提升带来严重影响，实施旱厕改造十分必要而紧迫。2018年以来，凉州区清水镇苏邓沟村先行先试，形成了“三格化粪池+储水桶+潜水泵冲水+硅胶防臭器（防臭弯头）”的农户改厕模式，创造性地解决了农村厕所防冻、防臭和建设标准过低的问题。之后，全区扩大了改厕试点，逐步全面推开，截至2021年底，全区累计改造农户旱厕92326座，占应改厕农户数的88.68%。

（2）主要经验做法

建立农厕管护服务站，确保改厕服务“有人干”。制定出台《凉州区加强农户改厕长效管护工作实施方案》，以建立农厕管护服务站为抓手，构建改厕管护服务体系。指导全区37个镇和2个生态建设指挥部，按照标准、规范建设镇农厕管护服务站，具体组织实施农村户厕和乡村公共厕所管护工作。制定《镇农厕管护服务站建设标准》《镇农厕管护服务站制度》，明确职能职责，确保发挥作用。

建立维修服务体系，确保厕具损坏“有人修”。坚持中标单位质保维修，对厕具产品政府采购和改厕工程施工一律约定质保期，在质保期内，凡出现产品质量或施工质量问题的，由业主单位或镇农厕管护服务站督促中标单位予以及时维修。坚持乡土工匠就地就近维修，依托农村水电工、建筑工、维修工等力量的就地就近服务优势，以镇或村为单位组建改厕维修服务队伍，承担质保期外的农户改厕维修服务或受中标单位委托开展相关服务。

建立清运服务体系，确保粪污满了“有人掏”。建立农户自我清掏就近就地利用和市场化清掏相结合的粪污清淘服务体系。农户自行清掏模式，倡导自己的事情自己办，自家的厕所自家掏。统筹整合改厕奖补资金为各镇配备吸污车307台、吸污泵桶440套，各镇以村为单位或采取与企业、专业合作社（私人）合作承包经营的市场化运营模式，或采取公益性岗位人员自行管理模式，开展粪污清运服务，使农户厕所粪污清掏有了保障。

建立处理利用体系，确保粪污资源“有人用”。建立资源化利用为主、无害化处置为辅的利用处置方式。通过农户自行清掏就近就地发展小菜园、小花园、小果园和依托农民合作社、家庭农场或农业种植大户等回收消纳的方式，建立处理利用体系，基本形成了资源化利用为主、无害化处置为辅的利用处置方式。

建立监督检查体系，确保出现问题“有人管”。将农村改厕管护纳入对农村“厕所革命”考核评价体系，建立区对镇、镇对村两级考核机制。对市场化服务组织购置吸粪车、建设粪液储蓄池等予以适当补助或奖补。镇、村两级组织定期对市场化服务组织予以考核,考核结果与扶持政策兑现直接挂钩。建立农村人居环境舆情互通及监督举报机制,设立区、镇两级农村改厕举报电话,利用农村人居环境随手拍小程序,接受群众监督。

七、作物秸秆、枯树及枝条生物质燃料化利用模式

作物秸秆、枯树及枝条生物质燃料化利用是采用原料收购、原料预处理、中央工厂加工生物质成型燃料,在原料收购与货款结算方式上大胆创新,提高了资源化利用的效率,保障了该模式的可持续发展。

典型案例:圣蓝新能源科技有限公司秸秆燃料化利用

该案例位于武威市凉州工业园区,辐射下双镇、九墩镇,建成年产3万吨生物质成型燃料生产线(原料为55%的秸秆,45%的木质废料),年收储秸秆能力达1.5万吨,主要采用原料收购、原料预处理、中央工厂加工生物质成型燃料技术,在原料收购过程中创造性地引进了“经纪人”模式,还创新了收购结算方式,按吨计价,过磅付款,随时交付、随时付款,通过该模式很好地解决了农村作物秸秆、枯树及枝条的资源化利用技术。截至2021年底,实现年产3万吨生物质燃料。

(1)基本情况

2018年8月,甘肃圣蓝新能源科技有限公司在武威市凉州工业园区投产年产1万吨生物质成型燃料生产线。经2021年和2022年2次扩产后,年收储秸秆能力达1.5万吨,可实现年产3万吨生物质成型燃料,原料为55%的秸秆,45%的木质废料。2018年,在下双镇建设标准化收储点1个,年收储能力达1万吨。2021年,在九墩镇建设标准化收储点1个,年循环收储农

作物秸秆、枯死树木、农林修剪树枝、下放木头量约6000吨。目前可实现年产3万吨生物质燃料，替代散煤2.1万吨以上，减排二氧化碳3.8万吨以上、二氧化硫126吨以上、氮氧化物112吨以上。可减排秸秆/废木材直接焚烧释放的PM2.5约30吨以上；结合国家关于“碳达峰”及“碳中和”相关举措，可形成CCER 3.5万吨。

（2）主要经验做法

该案例所采用的工艺技术路线为：原料收购、原料预处理、中央工厂加工生物质成型燃料。

①原料收集。该公司每个收储点都能覆盖2~3个乡镇，距离收储点不超过3千米的地方，鼓励农户通过自家农用车辆将原料拉运至收储点交付；超过3千米的地方，鼓励农户将原料堆放在田间靠近道路的地方，然后公司运输车辆到堆放点将原料拉运至收储点。同时，该公司引进了“经纪人”模式，与经纪人签订合同，保量保价。合作模式分为两种：一是经纪人自有运输车辆，包括大型四轮平板车或中型卡车，参与原料的收购和交付；二是经纪人购买移动破碎机，成立移动破碎站，哪里有原料，经纪人就往哪里走，将原料收购半径扩大到凉州区周边300千米的范围内。公司还创新了收购结算方式，按吨计价，过磅付款，随时交付随时付款，提升了农户以及经纪人对公司的信任度；公司还制定了原料15%含水率的标准线，超过15%水分的原料，进行扣水结算，既能约束交付原料者、也能保证公司的利益。通过以上原料收购方式，既避免了同质项目的重复投资，节约了公共资源，也有效降低了运营和处理成本，提升了原

料收购量以及质量。

②原料预处理。概括为“分类堆放、风干晒干”和“破碎处理、方便拉运”。

“分类堆放、风干晒干”的目的是对不同水分的原料进行分别处理,使其达到合格的原料。将到场的原料通过“水分含量以及原料种类”两个维度对原料进行分别堆放,针对水分超过15%~30%的原料,将其堆放在下风位,通过1个月的风干,其水分便降至15%~20%,成为合格的上机原料;水分超过30%的原料,将其摊平晾晒,摊平厚度不超20厘米,每隔2天进行翻动,不到1周水分便降至15%~20%,成为合格的上机原料。

“破碎处理、方便拉运”的目的是降低原料往加工厂的转运成本。将收购的秸秆、木质类原料,经过破碎处理(不是粉碎)后,使其变为输送宽高都不超过8厘米的形态,破碎完通过皮带运输机直接输送到运输车内,然后拉运至中央燃料加工厂。需要注意的是该环节不是粉碎,而是破碎;破碎后的原料和粉碎后的原料,同样体积的重量差不多,但粉碎机耗电量大、粉尘大,在农村设置该环节需要配套的变压器及附属设备,投资较大,所以将粉碎工序放到了中央工厂,集中管理,节约投资成本。

③中央工厂加工生物质成型燃料。通过混料、除铁、粉碎、除尘(除灰尘、除土)、风选(除沙、除石)、搅拌、制粒、筛选、冷却、打包、码垛、上垛、装车发货等13个环节,最终将生物质成型燃料交付至客户手中。

八、秸秆、尾菜低碳产业化利用模式

秸秆、尾菜低碳产业化利用模式是采取“政府引导、企业主体、社会参与”的思路，改变了以往以家庭为单位的小循环模式，通过农业资源与农业产品之间的再生循环，减少农村环境污染，提高农村生活质量。

典型案例：甘肃省武威市凉州区农业有机废弃物低碳产业化利用

该案例试点于武威市凉州区，推广至定西市安定区，逐步向全省推广。在凉州区新建农业有机废弃物低碳产业化处理示范基地1个，新建全混合厌氧反应器（Continuous Stirred Tank Reactor，CSTR）罐体基础、进料池、沼液池及操作间，配套建设围墙、大门、绿化、道路硬化、消防水池、室外管网及构筑物等附属工程。形成年处理秸秆、尾菜、畜禽养殖粪污等有机废弃物29.1万吨的能力，年产固态、液态有机肥18万吨，年产沼气2350万立方米、年发电2410万千瓦时。

（1）基本情况

凉州区是全国农业大区，每年产生超过980万吨的畜禽粪污、尾菜秸秆等农业农村有机废弃物，在堆积腐烂过程中造成环境污染，给农业和农村环境保护带来了难题。为解决尾菜等农业废弃物污染环境突出问题，对此，凉州区创新推广以畜禽粪便和秸秆利用为纽带的循环农业技术和模式，突出打造一批循环农业示范样板和亮点，基本实现生产清洁化、废弃物资源化、产业模式生态化。2021年起，甘肃省环境科学设计研究院与凉州区农业生态环境保护管理站、兰州新融环境能源工程技术有限公司共同开展了农业农村有机废弃物污染治理和资源化利用关键技术研究。2022年4月，共同申报的《乡村生态振兴人才队伍培养+碳中和愿景下农业废弃物低碳产业化关键技术研究及基地建设项目》获省委组织部批准立项，并启实施，已取得积极进展和明显成效。

（2）主要经验做法

凉州区、安定区农业有机废弃物低碳产业化利用采用院地合作、产研相结合模式，科研院所与企业共同研发农业有机废弃物低碳产业化利用关键技术，科研院所与地方联合推动关键技术的推广应用。

①开展秸秆、尾菜、畜禽养殖粪污、生活污水和生活垃圾为主要内容的农业废弃物低碳产业化关键技术研究，在武威市凉州区已建成农业有机废弃物低碳产业化处理示范基地1个，已形成年处理秸秆、尾菜、畜禽养殖粪污等有机废弃物29.1万吨的能力，年产固态、液态有机肥18万吨，年产沼气2350万立方米、年发电2410万千瓦时。正在定西市安定区建设示范基地1个，可实现年处理秸秆、尾菜等农业有机废弃物8万吨，年产沼气216万立方米、沼气年发电量432万千瓦时、年产沼渣有机肥0.3万吨。

②开展全省农业有机废弃物低碳产业化关键技术培训，甘肃省环境科学设计研究院采用线上线下相结合的方式，举办全省乡村生态振兴人才队伍建设培训班，就农作物秸秆、尾菜资源化利用等技术对全省14个市（州）、86个县（区）两级生态环境部门和1300多个乡镇、村分管生态环保的负责人和专兼职

1.6万余名工作人员,进行了培训。

③通过对有机废弃物的综合利用,所产生的沼液消纳将以种植业为依托,以有机肥为纽带,以助力生态农业发展为契机,积极引导农户通过“以废换肥”等模式参与项目,将项目发展与农户利益紧密结合。项目依托互惠互利的合作方式,通过肥料化、能源化的利用方式,实现区域内的农业资源循环利用和生态环境平衡。

④根据后端用能情况,处理后产生的烟气采取“宜气则气、宜电则电”的经营模式。部分沼气通过热电联产沼气发电机组进行发电,或通过燃气管网将沼气直接向站点周边进行日常用气的供应,为农户提供清洁能源。

附录 乡村生态振兴相关法律、法规、规范及标准摘编

中华人民共和国乡村振兴促进法(节选)

(2021年4月29日第十三届全国人民代表大会常务委员会第二十八次会议通过)

第一章 总则

第一条 为了全面实施乡村振兴战略,促进农业全面升级、农村全面进步、农民全面发展,加快农业农村现代化,全面建设社会主义现代化国家,制定本法。

第二条 全面实施乡村振兴战略,开展促进乡村产业振兴、人才振兴、文化振兴、生态振兴、组织振兴,推进城乡融合发展等活动,适用本法。

本法所称乡村,是指城市建成区以外具有自然、社会、经济特征和生产、生活、生态、文化等多重功能的地域综合体,包括乡镇和村庄等。

第三条 促进乡村振兴应当按照产业兴旺、生态宜居、乡风文明、治理有效、生活富裕的总要求,统筹推进农村经济建

设、政治建设、文化建设、社会建设、生态文明建设和党的建设，充分发挥乡村在保障农产品供给和粮食安全、保护生态环境、传承发展中华民族优秀传统文化等方面的特有功能。

第四条　全面实施乡村振兴战略，应当坚持中国共产党的领导，贯彻创新、协调、绿色、开放、共享的新发展理念，走中国特色社会主义乡村振兴道路，促进共同富裕，遵循以下原则：

（一）坚持农业农村优先发展，在干部配备上优先考虑，在要素配置上优先满足，在资金投入上优先保障，在公共服务上优先安排；

（二）坚持农民主体地位，充分尊重农民意愿，保障农民民主权利和其他合法权益，调动农民的积极性、主动性、创造性，维护农民根本利益；

（三）坚持人与自然和谐共生，统筹山水林田湖草沙系统治理，推动绿色发展，推进生态文明建设；

（四）坚持改革创新，充分发挥市场在资源配置中的决定性作用，更好发挥政府作用，推进农业供给侧结构性改革和高质量发展，不断解放和发展乡村社会生产力，激发农村发展活力；

（五）坚持因地制宜、规划先行、循序渐进，顺应村庄发展规律，根据乡村的历史文化、发展现状、区位条件、资源禀赋、产业基础分类推进。

第五章　生态保护

第三十四条　国家健全重要生态系统保护制度和生态保护补偿机制，实施重要生态系统保护和修复工程，加强乡村生态保护和环境治理，绿化美化乡村环境，建设美丽乡村。

第三十五条 国家鼓励和支持农业生产者采用节水、节肥、节药、节能等先进的种植养殖技术,推动种养结合、农业资源综合开发,优先发展生态循环农业。

各级人民政府应当采取措施加强农业面源污染防治,推进农业投入品减量化、生产清洁化、废弃物资源化、产业模式生态化,引导全社会形成节约适度、绿色低碳、文明健康的生产生活和消费方式。

第三十六条 各级人民政府应当实施国土综合整治和生态修复,加强森林、草原、湿地等保护修复,开展荒漠化、石漠化、水土流失综合治理,改善乡村生态环境。

第三十七条 各级人民政府应当建立政府、村级组织、企业、农民等各方面参与的共建共管共享机制,综合整治农村水系,因地制宜推广卫生厕所和简便易行的垃圾分类,治理农村垃圾和污水,加强乡村无障碍设施建设,鼓励和支持使用清洁能源、可再生能源,持续改善农村人居环境。

第三十八条 国家建立健全农村住房建设质量安全管理制度和相关技术标准体系,建立农村低收入群体安全住房保障机制。建设农村住房应当避让灾害易发区域,符合抗震、防洪等基本安全要求。

第三十九条 国家对农业投入品实行严格管理,对剧毒、高毒、高残留的农药、兽药采取禁用限用措施。农产品生产经营者不得使用国家禁用的农药、兽药或者其他有毒有害物质,不得违反农产品质量安全标准和国家有关规定超剂量、超范围使用农药、兽药、肥料、饲料添加剂等农业投入品。

第四十条　国家实行耕地养护、修复、休耕和草原森林河流湖泊休养生息制度。县级以上人民政府及其有关部门依法划定江河湖海限捕、禁捕的时间和区域，并可以根据地下水超采情况，划定禁止、限制开采地下水区域。

禁止违法将污染环境、破坏生态的产业、企业向农村转移。禁止违法将城镇垃圾、工业固体废物、未经达标处理的城镇污水等向农业农村转移。禁止向农用地排放重金属或者其他有毒有害物质含量超标的污水、污泥，以及可能造成土壤污染的清淤底泥、尾矿、矿渣等；禁止将有毒有害废物用作肥料或者用于造田和土地复垦。

地方各级人民政府及其有关部门应当采取措施，推进废旧农膜和农药等农业投入品包装废弃物回收处理，推进农作物秸秆、畜禽粪污的资源化利用，严格控制河流湖库、近岸海域投饵网箱养殖。

中华人民共和国环境保护法

（1989年12月26日第七届全国人民代表大会常务委员会第十一次会议通过2014年4月24日第十二届全国人民代表大会常务委员会第八次会议修订）

第一章　总则

第一条　为保护和改善环境，防治污染和其他公害，保障公众健康，推进生态文明建设，促进经济社会可持续发展，制定本法。

第二条 本法所称环境，是指影响人类生存和发展的各种天然的和经过人工改造的自然因素的总体，包括大气、水、海洋、土地、矿藏、森林、草原、湿地、野生生物、自然遗迹、人文遗迹、自然保护区、风景名胜区、城市和乡村等。

第三条 本法适用于中华人民共和国领域和中华人民共和国管辖的其他海域。

第四条 保护环境是国家的基本国策。

国家采取有利于节约和循环利用资源、保护和改善环境、促进人与自然和谐的经济、技术政策和措施，使经济社会发展与环境保护相协调。

第五条 环境保护坚持保护优先、预防为主、综合治理、公众参与、损害担责的原则。

第六条 一切单位和个人都有保护环境的义务。

地方各级人民政府应当对本行政区域的环境质量负责。

企业事业单位和其他生产经营者应当防止、减少环境污染和生态破坏，对所造成的损害依法承担责任。

公民应当增强环境保护意识，采取低碳、节俭的生活方式，自觉履行环境保护义务。

第七条 国家支持环境保护科学技术研究、开发和应用，鼓励环境保护产业发展，促进环境保护信息化建设，提高环境保护科学技术水平。

第八条 各级人民政府应当加大保护和改善环境、防治污染和其他公害的财政投入,提高财政资金的使用效益。

第九条　各级人民政府应当加强环境保护宣传和普及工作,鼓励基层群众性自治组织、社会组织、环境保护志愿者开展环境保护法律法规和环境保护知识的宣传,营造保护环境的良好风气。

教育行政部门、学校应当将环境保护知识纳入学校教育内容,培养学生的环境保护意识。

新闻媒体应当开展环境保护法律法规和环境保护知识的宣传,对环境违法行为进行舆论监督。

第十条　国务院环境保护主管部门,对全国环境保护工作实施统一监督管理;县级以上地方人民政府环境保护主管部门,对本行政区域环境保护工作实施统一监督管理。

县级以上人民政府有关部门和军队环境保护部门,依照有关法律的规定对资源保护和污染防治等环境保护工作实施监督管理。

第十一条　对保护和改善环境有显著成绩的单位和个人,由人民政府给予奖励。

第十二条　每年6月5日为环境日。

第二章　监督管理

第十三条　县级以上人民政府应当将环境保护工作纳入国民经济和社会发展规划。

国务院环境保护主管部门会同有关部门,根据国民经济和社会发展规划编制国家环境保护规划,报国务院批准并公布实施。

县级以上地方人民政府环境保护主管部门会同有关部门，根据国家环境保护规划的要求，编制本行政区域的环境保护规划，报同级人民政府批准并公布实施。

环境保护规划的内容应当包括生态保护和污染防治的目标、任务、保障措施等，并与主体功能区规划、土地利用总体规划和城乡规划等相衔接。

第十四条 国务院有关部门和省、自治区、直辖市人民政府组织制定经济、技术政策，应当充分考虑对环境的影响，听取有关方面和专家的意见。

第十五条 国务院环境保护主管部门制定国家环境质量标准。省、自治区、直辖市人民政府对国家环境质量标准中未作规定的项目，可以制定地方环境质量标准；对国家环境质量标准中已作规定的项目，可以制定严于国家环境质量标准的地方环境质量标准。地方环境质量标准应当报国务院环境保护主管部门备案。

国家鼓励开展环境基准研究。

第十六条 国务院环境保护主管部门根据国家环境质量标准和国家经济、技术条件，制定国家污染物排放标准。

省、自治区、直辖市人民政府对国家污染物排放标准中未作规定的项目，可以制定地方污染物排放标准；对国家污染物排放标准中已作规定的项目，可以制定严于国家污染物排放标准的地方污染物排放标准。地方污染物排放标准应当报国务院环境保护主管部门备案。

第十七条 国家建立、健全环境监测制度。国务院环境保护主管部门制定监测规范，会同有关部门组织监测网络，统一规划国家环境质量监测站（点）的设置，建立监测数据共享机制，加强对环境监测的管理。

有关行业、专业等各类环境质量监测站（点）的设置应当符合法律法规规定和监测规范的要求。

监测机构应当使用符合国家标准的监测设备，遵守监测规范。监测机构及其负责人对监测数据的真实性和准确性负责。

第十八条　省级以上人民政府应当组织有关部门或者委托专业机构，对环境状况进行调查、评价，建立环境资源承载能力监测预警机制。

第十九条　编制有关开发利用规划，建设对环境有影响的项目，应当依法进行环境影响评价。

未依法进行环境影响评价的开发利用规划，不得组织实施；未依法进行环境影响评价的建设项目，不得开工建设。

第二十条　国家建立跨行政区域的重点区域、流域环境污染和生态破坏联合防治协调机制，实行统一规划、统一标准、统一监测、统一的防治措施。

前款规定以外的跨行政区域的环境污染和生态破坏的防治，由上级人民政府协调解决，或者由有关地方人民政府协商解决。

第二十一条　国家采取财政、税收、价格、政府采购等方面的政策和措施，鼓励和支持环境保护技术装备、资源综合利用和环境服务等环境保护产业的发展。

第二十二条　企业事业单位和其他生产经营者，在污染物排放符合法定要求的基础上，进一步减少污染物排放的，人民政府应当依法采取财政、税收、价格、政府采购等方面的政策和措施予以鼓励和支持。

第二十三条 企业事业单位和其他生产经营者，为改善环境，依照有关规定转产、搬迁、关闭的，人民政府应当予以支持。

第二十四条 县级以上人民政府环境保护主管部门及其委托的环境监察机构和其他负有环境保护监督管理职责的部门，有权对排放污染物的企业事业单位和其他生产经营者进行现场检查。被检查者应当如实反映情况，提供必要的资料。实施现场检查的部门、机构及其工作人员应当为被检查者保守商业秘密。

第二十五条 企业事业单位和其他生产经营者违反法律法规规定排放污染物，造成或者可能造成严重污染的，县级以上人民政府环境保护主管部门和其他负有环境保护监督管理职责的部门，可以查封、扣押造成污染物排放的设施、设备。

第二十六条 国家实行环境保护目标责任制和考核评价制度。县级以上人民政府应当将环境保护目标完成情况纳入对本级人民政府负有环境保护监督管理职责的部门及其负责人和下级人民政府及其负责人的考核内容，作为对其考核评价的重要依据。考核结果应当向社会公开。

第二十七条 县级以上人民政府应当每年向本级人民代表大会或者人民代表大会常务委员会报告环境状况和环境保护目标完成情况，对发生的重大环境事件应当及时向本级人民代表大会常务委员会报告，依法接受监督。

第三章　保护和改善环境

第二十八条　地方各级人民政府应当根据环境保护目标和治理任务，采取有效措施，改善环境质量。

未达到国家环境质量标准的重点区域、流域的有关地方人民政府，应当制定限期达标规划，并采取措施按期达标。

第二十九条　国家在重点生态功能区、生态环境敏感区和脆弱区等区域划定生态保护红线，实行严格保护。

各级人民政府对具有代表性的各种类型的自然生态系统区域，珍稀、濒危的野生动植物自然分布区域，重要的水源涵养区域，具有重大科学文化价值的地质构造、著名溶洞和化石分布区、冰川、火山、温泉等自然遗迹，以及人文遗迹、古树名木，应当采取措施予以保护，严禁破坏。

第三十条　开发利用自然资源，应当合理开发，保护生物多样性，保障生态安全，依法制定有关生态保护和恢复治理方案并予以实施。

引进外来物种以及研究、开发和利用生物技术，应当采取措施，防止对生物多样性的破坏。

第三十一条　国家建立、健全生态保护补偿制度。

国家加大对生态保护地区的财政转移支付力度。有关地方人民政府应当落实生态保护补偿资金，确保其用于生态保护补偿。

国家指导受益地区和生态保护地区人民政府通过协商或者按照市场规则进行生态保护补偿。

第三十二条　国家加强对大气、水、土壤等的保护，建立和完善相应的调查、监测、评估和修复制度。

第三十三条 各级人民政府应当加强对农业环境的保护，促进农业环境保护新技术的使用，加强对农业污染源的监测预警，统筹有关部门采取措施，防治土壤污染和土地沙化、盐渍化、贫瘠化、石漠化、地面沉降以及防治植被破坏、水土流失、水体富营养化、水源枯竭、种源灭绝等生态失调现象，推广植物病虫害的综合防治。

县级、乡级人民政府应当提高农村环境保护公共服务水平，推动农村环境综合整治。

第三十四条 国务院和沿海地方各级人民政府应当加强对海洋环境的保护。向海洋排放污染物、倾倒废弃物，进行海岸工程和海洋工程建设，应当符合法律法规规定和有关标准，防止和减少对海洋环境的污染损害。

第三十五条 城乡建设应当结合当地自然环境的特点，保护植被、水域和自然景观，加强城市园林、绿地和风景名胜区的建设与管理。

第三十六条 国家鼓励和引导公民、法人和其他组织使用有利于保护环境的产品和再生产品，减少废弃物的产生。

国家机关和使用财政资金的其他组织应当优先采购和使用节能、节水、节材等有利于保护环境的产品、设备和设施。

第三十七条 地方各级人民政府应当采取措施，组织对生活废弃物的分类处置、回收利用。

第三十八条 公民应当遵守环境保护法律法规，配合实施环境保护措施，按照规定对生活废弃物进行分类放置，减少日常生活对环境造成的损害。

第三十九条　国家建立、健全环境与健康监测、调查和风险评估制度；鼓励和组织开展环境质量对公众健康影响的研究，采取措施预防和控制与环境污染有关的疾病。

第四章　防治污染和其他公害

第四十条　国家促进清洁生产和资源循环利用。

国务院有关部门和地方各级人民政府应当采取措施，推广清洁能源的生产和使用。

企业应当优先使用清洁能源，采用资源利用率高、污染物排放量少的工艺、设备以及废弃物综合利用技术和污染物无害化处理技术，减少污染物的产生。

第四十一条　建设项目中防治污染的设施，应当与主体工程同时设计、同时施工、同时投产使用。防治污染的设施应当符合经批准的环境影响评价文件的要求，不得擅自拆除或者闲置。

第四十二条　排放污染物的企业事业单位和其他生产经营者，应当采取措施，防治在生产建设或者其他活动中产生的废气、废水、废渣、医疗废物、粉尘、恶臭气体、放射性物质以及噪声、振动、光辐射、电磁辐射等对环境的污染和危害。

排放污染物的企业事业单位，应当建立环境保护责任制度，明确单位负责人和相关人员的责任。

重点排污单位应当按照国家有关规定和监测规范安装使用监测设备，保证监测设备正常运行，保存原始监测记录。

严禁通过暗管、渗井、渗坑、灌注或者篡改、伪造监测数据，或者不正常运行防治污染设施等逃避监管的方式违法排放污染物。

第四十三条 排放污染物的企业事业单位和其他生产经营者,应当按照国家有关规定缴纳排污费。排污费应当全部专项用于环境污染防治,任何单位和个人不得截留、挤占或者挪作他用。

依照法律规定征收环境保护税的,不再征收排污费。

第四十四条 国家实行重点污染物排放总量控制制度。重点污染物排放总量控制指标由国务院下达,省、自治区、直辖市人民政府分解落实。企业事业单位在执行国家和地方污染物排放标准的同时,应当遵守分解落实到本单位的重点污染物排放总量控制指标。

对超过国家重点污染物排放总量控制指标或者未完成国家确定的环境质量目标的地区,省级以上人民政府环境保护主管部门应当暂停审批其新增重点污染物排放总量的建设项目环境影响评价文件。

第四十五条 国家依照法律规定实行排污许可管理制度。

实行排污许可管理的企业事业单位和其他生产经营者应当按照排污许可证的要求排放污染物;未取得排污许可证的,不得排放污染物。

第四十六条 国家对严重污染环境的工艺、设备和产品实行淘汰制度。任何单位和个人不得生产、销售或者转移、使用严重污染环境的工艺、设备和产品。

禁止引进不符合我国环境保护规定的技术、设备、材料和产品。

第四十七条　各级人民政府及其有关部门和企业事业单位，应当依照《中华人民共和国突发事件应对法》的规定，做好突发环境事件的风险控制、应急准备、应急处置和事后恢复等工作。

县级以上人民政府应当建立环境污染公共监测预警机制，组织制定预警方案；环境受到污染，可能影响公众健康和环境安全时，依法及时公布预警信息，启动应急措施。

企业事业单位应当按照国家有关规定制定突发环境事件应急预案，报环境保护主管部门和有关部门备案。在发生或者可能发生突发环境事件时，企业事业单位应当立即采取措施处理，及时通报可能受到危害的单位和居民，并向环境保护主管部门和有关部门报告。

突发环境事件应急处置工作结束后，有关人民政府应当立即组织评估事件造成的环境影响和损失，并及时将评估结果向社会公布。

第四十八条　生产、储存、运输、销售、使用、处置化学物品和含有放射性物质的物品，应当遵守国家有关规定，防止污染环境。

第四十九条　各级人民政府及其农业等有关部门和机构应当指导农业生产经营者科学种植和养殖，科学合理施用农药、化肥等农业投入品，科学处置农用薄膜、农作物秸秆等农业废弃物，防止农业面源污染。

禁止将不符合农用标准和环境保护标准的固体废物、废水施入农田。施用农药、化肥等农业投入品及进行灌溉，应当采取措施，防止重金属和其他有毒有害物质污染环境。

畜禽养殖场、养殖小区、定点屠宰企业等的选址、建设和管理应当符合有关法律法规规定。从事畜禽养殖和屠宰的单位和个人应当采取措施，对畜禽粪便、尸体和污水等废弃物进行科学处置，防止污染环境。

县级人民政府负责组织农村生活废弃物的处置工作。

第五十条 各级人民政府应当在财政预算中安排资金，支持农村饮用水水源地保护、生活污水和其他废弃物处理、畜禽养殖和屠宰污染防治、土壤污染防治和农村工矿污染治理等环境保护工作。

第五十一条 各级人民政府应当统筹城乡建设污水处理设施及配套管网，固体废物的收集、运输和处置等环境卫生设施，危险废物集中处置设施、场所以及其他环境保护公共设施，并保障其正常运行。

第五十二条 国家鼓励投保环境污染责任保险。

第五章 信息公开和公众参与

第五十三条 公民、法人和其他组织依法享有获取环境信息、参与和监督环境保护的权利。

各级人民政府环境保护主管部门和其他负有环境保护监督管理职责的部门，应当依法公开环境信息、完善公众参与程序，为公民、法人和其他组织参与和监督环境保护提供便利。

第五十四条 国务院环境保护主管部门统一发布国家环境质量、重点污染源监测信息及其他重大环境信息。省级以上人民政府环境保护主管部门定期发布环境状况公报。

县级以上人民政府环境保护主管部门和其他负有环境保护监督管理职责的部门，应当依法公开环境质量、环境监测、突发环境事件以及环境行政许可、行政处罚、排污费的征收和使用情况等信息。

县级以上地方人民政府环境保护主管部门和其他负有环境保护监督管理职责的部门，应当将企业事业单位和其他生产经营者的环境违法信息记入社会诚信档案，及时向社会公布违法者名单。

第五十五条　重点排污单位应当如实向社会公开其主要污染物的名称、排放方式、排放浓度和总量、超标排放情况，以及防治污染设施的建设和运行情况，接受社会监督。

第五十六条　对依法应当编制环境影响报告书的建设项目，建设单位应当在编制时向可能受影响的公众说明情况，充分征求意见。

负责审批建设项目环境影响评价文件的部门在收到建设项目环境影响报告书后，除涉及国家秘密和商业秘密的事项外，应当全文公开；发现建设项目未充分征求公众意见的，应当责成建设单位征求公众意见。

第五十七条　公民、法人和其他组织发现任何单位和个人有污染环境和破坏生态行为的，有权向环境保护主管部门或者其他负有环境保护监督管理职责的部门举报。

公民、法人和其他组织发现地方各级人民政府、县级以上人民政府环境保护主管部门和其他负有环境保护监督管理职责的部门不依法履行职责的，有权向其上级机关或者监察机关举报。

接受举报的机关应当对举报人的相关信息予以保密，保护举报人的合法权益。

第五十八条 对污染环境、破坏生态，损害社会公共利益的行为，符合下列条件的社会组织可以向人民法院提起诉讼：

（一）依法在设区的市级以上人民政府民政部门登记；

（二）专门从事环境保护公益活动连续五年以上且无违法记录。

符合前款规定的社会组织向人民法院提起诉讼，人民法院应当依法受理。提起诉讼的社会组织不得通过诉讼牟取经济利益。

第六章 法律责任

第五十九条 企业事业单位和其他生产经营者违法排放污染物，受到罚款处罚，被责令改正，拒不改正的，依法作出处罚决定的行政机关可以自责令改正之日的次日起，按照原处罚数额按日连续处罚。

前款规定的罚款处罚，依照有关法律法规按照防治污染设施的运行成本、违法行为造成的直接损失或者违法所得等因素确定的规定执行。

地方性法规可以根据环境保护的实际需要，增加第一款规定的按日连续处罚的违法行为的种类。

第六十条 企业事业单位和其他生产经营者超过污染物排放标准或者超过重点污染物排放总量控制指标排放污染物

的，县级以上人民政府环境保护主管部门可以责令其采取限制生产、停产整治等措施；情节严重的，报经有批准权的人民政府批准，责令停业、关闭。

第六十一条　建设单位未依法提交建设项目环境影响评价文件或者环境影响评价文件未经批准，擅自开工建设的，由负有环境保护监督管理职责的部门责令停止建设，处以罚款，并可以责令恢复原状。

第六十二条　违反本法规定，重点排污单位不公开或者不如实公开环境信息的，由县级以上地方人民政府环境保护主管部门责令公开，处以罚款，并予以公告。

第六十三条　企业事业单位和其他生产经营者有下列行为之一，尚不构成犯罪的，除依照有关法律法规规定予以处罚外，由县级以上人民政府环境保护主管部门或者其他有关部门将案件移送公安机关，对其直接负责的主管人员和其他直接责任人员，处十日以上十五日以下拘留；情节较轻的，处五日以上十日以下拘留：

（一）建设项目未依法进行环境影响评价，被责令停止建设，拒不执行的；

（二）违反法律规定，未取得排污许可证排放污染物，被责令停止排污，拒不执行的；

（三）通过暗管、渗井、渗坑、灌注或者篡改、伪造监测数据，或者不正常运行防治污染设施等逃避监管的方式违法排放污染物的；

（四）生产、使用国家明令禁止生产、使用的农药，被责令改正，拒不改正的。

第六十四条 因污染环境和破坏生态造成损害的，应当依照《中华人民共和国侵权责任法》的有关规定承担侵权责任。

第六十五条 环境影响评价机构、环境监测机构以及从事环境监测设备和防治污染设施维护、运营的机构，在有关环境服务活动中弄虚作假，对造成的环境污染和生态破坏负有责任的，除依照有关法律法规规定予以处罚外，还应当与造成环境污染和生态破坏的其他责任者承担连带责任。

第六十六条 提起环境损害赔偿诉讼的时效期间为三年，从当事人知道或者应当知道其受到损害时起计算。

第六十七条 上级人民政府及其环境保护主管部门应当加强对下级人民政府及其有关部门环境保护工作的监督。发现有关工作人员有违法行为，依法应当给予处分的，应当向其任免机关或者监察机关提出处分建议。

依法应当给予行政处罚，而有关环境保护主管部门不给予行政处罚的，上级人民政府环境保护主管部门可以直接作出行政处罚的决定。

第六十八条 地方各级人民政府、县级以上人民政府环境保护主管部门和其他负有环境保护监督管理职责的部门有下列行为之一的，对直接负责的主管人员和其他直接责任人员给予记过、记大过或者降级处分；造成严重后果的，给予撤职或者开除处分，其主要负责人应当引咎辞职：

（一）不符合行政许可条件准予行政许可的；

（二）对环境违法行为进行包庇的；

(三)依法应当作出责令停业、关闭的决定而未作出的;

(四)对超标排放污染物、采用逃避监管的方式排放污染物、造成环境事故以及不落实生态保护措施造成生态破坏等行为,发现或者接到举报未及时查处的;

(五)违反本法规定,查封、扣押企业事业单位和其他生产经营者的设施、设备的;

(六)篡改、伪造或者指使篡改、伪造监测数据的;

(七)应当依法公开环境信息而未公开的;

(八)将征收的排污费截留、挤占或者挪作他用的;

(九)法律法规规定的其他违法行为。

第六十九条 违反本法规定,构成犯罪的,依法追究刑事责任。

第七章 附则

第七十条 本法自2015年1月1日起施行。

中华人民共和国固体废物污染环境防治法

(2020年4月29日,第十三届全国人民代表大会常务委员会第十七次会议审议通过,自2020年9月1日起施行)

第一章 总则

第一条 为了保护和改善生态环境,防治固体废物污染环境，保障公众健康，维护生态安全，推进生态文明建设，促进经济社会可持续发展，制定本法。

第二条 固体废物污染环境的防治适用本法。

固体废物污染海洋环境的防治和放射性固体废物污染环境的防治不适用本法。

第三条 国家推行绿色发展方式，促进清洁生产和循环经济发展。

国家倡导简约适度、绿色低碳的生活方式，引导公众积极参与固体废物污染环境防治。

第四条 固体废物污染环境防治坚持减量化、资源化和无害化的原则。

任何单位和个人都应当采取措施，减少固体废物的产生量，促进固体废物的综合利用，降低固体废物的危害性。

第五条 固体废物污染环境防治坚持污染担责的原则。

产生、收集、贮存、运输、利用、处置固体废物的单位和个人，应当采取措施，防止或者减少固体废物对环境的污染，对所造成的环境污染依法承担责任。

第六条 国家推行生活垃圾分类制度。

生活垃圾分类坚持政府推动、全民参与、城乡统筹、因地制宜、简便易行的原则。

第七条 地方各级人民政府对本行政区域固体废物污染环境防治负责。

国家实行固体废物污染环境防治目标责任制和考核评价制度，将固体废物污染环境防治目标完成情况纳入考核评价的内容。

第八条　各级人民政府应当加强对固体废物污染环境防治工作的领导，组织、协调、督促有关部门依法履行固体废物污染环境防治监督管理职责。

省、自治区、直辖市之间可以协商建立跨行政区域固体废物污染环境的联防联控机制，统筹规划制定、设施建设、固体废物转移等工作。

第九条　国务院生态环境主管部门对全国固体废物污染环境防治工作实施统一监督管理。国务院发展改革、工业和信息化、自然资源、住房城乡建设、交通运输、农业农村、商务、卫生健康、海关等主管部门在各自职责范围内负责固体废物污染环境防治的监督管理工作。

地方人民政府生态环境主管部门对本行政区域固体废物污染环境防治工作实施统一监督管理。地方人民政府发展改革、工业和信息化、自然资源、住房城乡建设、交通运输、农业农村、商务、卫生健康等主管部门在各自职责范围内负责固体废物污染环境防治的监督管理工作。

第十条　国家鼓励、支持固体废物污染环境防治的科学研究、技术开发、先进技术推广和科学普及，加强固体废物污染环境防治科技支撑。

第十一条　国家机关、社会团体、企业事业单位、基层群众性自治组织和新闻媒体应当加强固体废物污染环境防治宣传教育和科学普及，增强公众固体废物污染环境防治意识。

学校应当开展生活垃圾分类以及其他固体废物污染环境

防治知识普及和教育。

第十二条 各级人民政府对在固体废物污染环境防治工作以及相关的综合利用活动中做出显著成绩的单位和个人，按照国家有关规定给予表彰、奖励。

第二章 监督管理

第十三条 县级以上人民政府应当将固体废物污染环境防治工作纳入国民经济和社会发展规划、生态环境保护规划，并采取有效措施减少固体废物的产生量、促进固体废物的综合利用、降低固体废物的危害性，最大限度降低固体废物填埋量。

第十四条 国务院生态环境主管部门应当会同国务院有关部门根据国家环境质量标准和国家经济、技术条件，制定固体废物鉴别标准、鉴别程序和国家固体废物污染环境防治技术标准。

第十五条 国务院标准化主管部门应当会同国务院发展改革、工业和信息化、生态环境、农业农村等主管部门，制定固体废物综合利用标准。

综合利用固体废物应当遵守生态环境法律法规，符合固体废物污染环境防治技术标准。使用固体废物综合利用产物应当符合国家规定的用途、标准。

第十六条 国务院生态环境主管部门应当会同国务院有关部门建立全国危险废物等固体废物污染环境防治信息平台，推进固体废物收集、转移、处置等全过程监控和信息化追溯。

第十七条 建设产生、贮存、利用、处置固体废物的项目，应当依法进行环境影响评价，并遵守国家有关建设项目环境保护管理的规定。

第十八条　建设项目的环境影响评价文件确定需要配套建设的固体废物污染环境防治设施，应当与主体工程同时设计、同时施工、同时投入使用。建设项目的初步设计，应当按照环境保护设计规范的要求，将固体废物污染环境防治内容纳入环境影响评价文件，落实防治固体废物污染环境和破坏生态的措施以及固体废物污染环境防治设施投资概算。

建设单位应当依照有关法律法规的规定，对配套建设的固体废物污染环境防治设施进行验收，编制验收报告，并向社会公开。

第十九条　收集、贮存、运输、利用、处置固体废物的单位和其他生产经营者，应当加强对相关设施、设备和场所的管理和维护，保证其正常运行和使用。

第二十条　产生、收集、贮存、运输、利用、处置固体废物的单位和其他生产经营者，应当采取防扬散、防流失、防渗漏或者其他防止污染环境的措施，不得擅自倾倒、堆放、丢弃、遗撒固体废物。

禁止任何单位或者个人向江河、湖泊、运河、渠道、水库及其最高水位线以下的滩地和岸坡以及法律法规规定的其他地点倾倒、堆放、贮存固体废物。

第二十一条　在生态保护红线区域、永久基本农田集中区域和其他需要特别保护的区域内，禁止建设工业固体废物、危险废物集中贮存、利用、处置的设施、场所和生活垃圾填埋场。

第二十二条　转移固体废物出省、自治区、直辖市行政区域贮存、处置的，应当向固体废物移出地的省、自治区、直辖市人民政府生态环境主管部门提出申请。移出地的省、自治区、直辖市人民政府生态环境主管部门应当及时商经接受地的省、自治区、直辖市人民政府生态环境主管部门同意后，在规定期限内批准转移该固体废物出省、自治区、直辖市行政区域。未经批准的，不得转移。

转移固体废物出省、自治区、直辖市行政区域利用的，应当报固体废物移出地的省、自治区、直辖市人民政府生态环境主管部门备案。移出地的省、自治区、直辖市人民政府生态环境主管部门应当将备案信息通报接受地的省、自治区、直辖市人民政府生态环境主管部门。

第二十三条 禁止中华人民共和国境外的固体废物进境倾倒、堆放、处置。

第二十四条 国家逐步实现固体废物零进口，由国务院生态环境主管部门会同国务院商务、发展改革、海关等主管部门组织实施。

第二十五条 海关发现进口货物疑似固体废物的，可以委托专业机构开展属性鉴别，并根据鉴别结论依法管理。

第二十六条 生态环境主管部门及其环境执法机构和其他负有固体废物污染环境防治监督管理职责的部门，在各自职责范围内有权对从事产生、收集、贮存、运输、利用、处置固体废物等活动的单位和其他生产经营者进行现场检查。被检查者应当如实反映情况，并提供必要的资料。

实施现场检查，可以采取现场监测、采集样品、查阅或者复制与固体废物污染环境防治相关的资料等措施。检查人员进行现场检查,应当出示证件。对现场检查中知悉的商业秘密应当保密。

第二十七条　有下列情形之一,生态环境主管部门和其他负有固体废物污染环境防治监督管理职责的部门,可以对违法收集、贮存、运输、利用、处置的固体废物及设施、设备、场所、工具、物品予以查封、扣押:

(一)可能造成证据灭失、被隐匿或者非法转移的;

(二)造成或者可能造成严重环境污染的。

第二十八条　生态环境主管部门应当会同有关部门建立产生、收集、贮存、运输、利用、处置固体废物的单位和其他生产经营者信用记录制度,将相关信用记录纳入全国信用信息共享平台。

第二十九条　设区的市级人民政府生态环境主管部门应当会同住房城乡建设、农业农村、卫生健康等主管部门,定期向社会发布固体废物的种类、产生量、处置能力、利用处置状况等信息。

产生、收集、贮存、运输、利用、处置固体废物的单位,应当依法及时公开固体废物污染环境防治信息,主动接受社会监督。

利用、处置固体废物的单位,应当依法向公众开放设施、场所,提高公众环境保护意识和参与程度。

第三十条　县级以上人民政府应当将工业固体废物、生活垃圾、危险废物等固体废物污染环境防治情况纳入环境状况和环境保护目标完成情况年度报告,向本级人民代表大会或者人民代表大会常务委员会报告。

第三十一条 任何单位和个人都有权对造成固体废物污染环境的单位和个人进行举报。

生态环境主管部门和其他负有固体废物污染环境防治监督管理职责的部门应当将固体废物污染环境防治举报方式向社会公布,方便公众举报。

接到举报的部门应当及时处理并对举报人的相关信息予以保密;对实名举报并查证属实的,给予奖励。

举报人举报所在单位的,该单位不得以解除、变更劳动合同或者其他方式对举报人进行打击报复。

第三章 工业固体废物

第三十二条 国务院生态环境主管部门应当会同国务院发展改革、工业和信息化等主管部门对工业固体废物对公众健康、生态环境的危害和影响程度等作出界定,制定防治工业固体废物污染环境的技术政策,组织推广先进的防治工业固体废物污染环境的生产工艺和设备。

第三十三条 国务院工业和信息化主管部门应当会同国务院有关部门组织研究开发、推广减少工业固体废物产生量和降低工业固体废物危害性的生产工艺和设备,公布限期淘汰产生严重污染环境的工业固体废物的落后生产工艺、设备的名录。

生产者、销售者、进口者、使用者应当在国务院工业和信息化主管部门会同国务院有关部门规定的期限内分别停止生产、销售、进口或者使用列入前款规定名录中的设备。生产工艺的采用者应当在国务院工业和信息化主管部门会同国务院有关部门规定的期限内停止采用列入前款规定名录中的工艺。

列入限期淘汰名录被淘汰的设备，不得转让给他人使用。

第三十四条 国务院工业和信息化主管部门应当会同国务院发展改革、生态环境等主管部门，定期发布工业固体废物综合利用技术、工艺、设备和产品导向目录，组织开展工业固体废物资源综合利用评价，推动工业固体废物综合利用。

第三十五条 县级以上地方人民政府应当制定工业固体废物污染环境防治工作规划，组织建设工业固体废物集中处置等设施，推动工业固体废物污染环境防治工作。

第三十六条 产生工业固体废物的单位应当建立健全工业固体废物产生、收集、贮存、运输、利用、处置全过程的污染环境防治责任制度，建立工业固体废物管理台账，如实记录产生工业固体废物的种类、数量、流向、贮存、利用、处置等信息，实现工业固体废物可追溯、可查询，并采取防治工业固体废物污染环境的措施。

禁止向生活垃圾收集设施中投放工业固体废物。

第三十七条 产生工业固体废物的单位委托他人运输、利用、处置工业固体废物的，应当对受托方的主体资格和技术能力进行核实，依法签订书面合同，在合同中约定污染防治要求。

受托方运输、利用、处置工业固体废物，应当依照有关法律法规的规定和合同约定履行污染防治要求，并将运输、利用、处置情况告知产生工业固体废物的单位。

产生工业固体废物的单位违反本条第一款规定的，除依照有关法律法规的规定予以处罚外，还应当与造成环境污染和生态破坏的受托方承担连带责任。

第三十八条 产生工业固体废物的单位应当依法实施清洁生产审核，合理选择和利用原材料、能源和其他资源，采用先进的生产工艺和设备，减少工业固体废物的产生量，降低工业固体废物的危害性。

第三十九条 产生工业固体废物的单位应当取得排污许可证。排污许可的具体办法和实施步骤由国务院规定。

产生工业固体废物的单位应当向所在地生态环境主管部门提供工业固体废物的种类、数量、流向、贮存、利用、处置等有关资料，以及减少工业固体废物产生、促进综合利用的具体措施，并执行排污许可管理制度的相关规定。

第四十条 产生工业固体废物的单位应当根据经济、技术条件对工业固体废物加以利用；对暂时不利用或者不能利用的，应当按照国务院生态环境等主管部门的规定建设贮存设施、场所，安全分类存放，或者采取无害化处置措施。贮存工业固体废物应当采取符合国家环境保护标准的防护措施。

建设工业固体废物贮存、处置的设施、场所，应当符合国家环境保护标准。

第四十一条 产生工业固体废物的单位终止的，应当在终止前对工业固体废物的贮存、处置的设施、场所采取污染防治措施，并对未处置的工业固体废物作出妥善处置，防止污染环境。

产生工业固体废物的单位发生变更的，变更后的单位应当按照国家有关环境保护的规定对未处置的工业固体废物及其贮存、处置的设施、场所进行安全处置或者采取有效措施保证该设施、场所安全运行。变更前当事人对工业固体废物及其贮存、处置的设施、场所的污染防治责任另有约定的，从其约定；但是，不得免除当事人的污染防治义务。

对2005年4月1日前已经终止的单位未处置的工业固体废物及其贮存、处置的设施、场所进行安全处置的费用，由有关人民政府承担；但是，该单位享有的土地使用权依法转让的，应当由土地使用权受让人承担处置费用。当事人另有约定的，从其约定；但是，不得免除当事人的污染防治义务。

第四十二条　矿山企业应当采取科学的开采方法和选矿工艺，减少尾矿、煤矸石、废石等矿业固体废物的产生量和贮存量。

国家鼓励采取先进工艺对尾矿、煤矸石、废石等矿业固体废物进行综合利用。

尾矿、煤矸石、废石等矿业固体废物贮存设施停止使用后，矿山企业应当按照国家有关环境保护等规定进行封场，防止造成环境污染和生态破坏。

第四章　生活垃圾

第四十三条　县级以上地方人民政府应当加快建立分类投放、分类收集、分类运输、分类处理的生活垃圾管理系统，实现生活垃圾分类制度有效覆盖。

县级以上地方人民政府应当建立生活垃圾分类工作协调

机制，加强和统筹生活垃圾分类管理能力建设。

各级人民政府及其有关部门应当组织开展生活垃圾分类宣传，教育引导公众养成生活垃圾分类习惯，督促和指导生活垃圾分类工作。

第四十四条 县级以上地方人民政府应当有计划地改进燃料结构，发展清洁能源，减少燃料废渣等固体废物的产生量。

县级以上地方人民政府有关部门应当加强产品生产和流通过程管理，避免过度包装，组织净菜上市，减少生活垃圾的产生量。

第四十五条 县级以上人民政府应当统筹安排建设城乡生活垃圾收集、运输、处理设施，确定设施厂址，提高生活垃圾的综合利用和无害化处置水平，促进生活垃圾收集、处理的产业化发展，逐步建立和完善生活垃圾污染环境防治的社会服务体系。

县级以上地方人民政府有关部门应当统筹规划，合理安排回收、分拣、打包网点，促进生活垃圾的回收利用工作。

第四十六条 地方各级人民政府应当加强农村生活垃圾污染环境的防治，保护和改善农村人居环境。

国家鼓励农村生活垃圾源头减量。城乡接合部、人口密集的农村地区和其他有条件的地方，应当建立城乡一体的生活垃圾管理系统；其他农村地区应当积极探索生活垃圾管理模式，因地制宜，就近就地利用或者妥善处理生活垃圾。

第四十七条 设区的市级以上人民政府环境卫生主管部门应当制定生活垃圾清扫、收集、贮存、运输和处理设施、场所建设运行规范，发布生活垃圾分类指导目录，加强监督管理。

第四十八条　县级以上地方人民政府环境卫生等主管部门应当组织对城乡生活垃圾进行清扫、收集、运输和处理，可以通过招标等方式选择具备条件的单位从事生活垃圾的清扫、收集、运输和处理。

第四十九条　产生生活垃圾的单位、家庭和个人应当依法履行生活垃圾源头减量和分类投放义务，承担生活垃圾产生者责任。

任何单位和个人都应当依法在指定的地点分类投放生活垃圾。禁止随意倾倒、抛撒、堆放或者焚烧生活垃圾。

机关、事业单位等应当在生活垃圾分类工作中起示范带头作用。

已经分类投放的生活垃圾，应当按照规定分类收集、分类运输、分类处理。

第五十条　清扫、收集、运输、处理城乡生活垃圾，应当遵守国家有关环境保护和环境卫生管理的规定，防止污染环境。

从生活垃圾中分类并集中收集的有害垃圾，属于危险废物的，应当按照危险废物管理。

第五十一条　从事公共交通运输的经营单位，应当及时清扫、收集运输过程中产生的生活垃圾。

第五十二条　农贸市场、农产品批发市场等应当加强环境卫生管理，保持环境卫生清洁，对所产生的垃圾及时清扫、分类收集、妥善处理。

第五十三条　从事城市新区开发、旧区改建和住宅小区开发建设、村镇建设的单位，以及机场、码头、车站、公园、商场、体育场馆等公共设施、场所的经营管理单位，应当按照国家有关环境卫生的规定，配套建设生活垃圾收集设施。

县级以上地方人民政府应当统筹生活垃圾公共转运、处理设施与前款规定的收集设施的有效衔接，并加强生活垃圾分类收运体系和再生资源回收体系在规划、建设、运营等方面的融合。

第五十四条 从生活垃圾中回收的物质应当按照国家规定的用途、标准使用，不得用于生产可能危害人体健康的产品。

第五十五条 建设生活垃圾处理设施、场所，应当符合国务院生态环境主管部门和国务院住房城乡建设主管部门规定的环境保护和环境卫生标准。

鼓励相邻地区统筹生活垃圾处理设施建设，促进生活垃圾处理设施跨行政区域共建共享。

禁止擅自关闭、闲置或者拆除生活垃圾处理设施、场所；确有必要关闭、闲置或者拆除的，应当经所在地的市、县级人民政府环境卫生主管部门商所在地生态环境主管部门同意后核准，并采取防止污染环境的措施。

第五十六条 生活垃圾处理单位应当按照国家有关规定，安装使用监测设备，实时监测污染物的排放情况，将污染排放数据实时公开。监测设备应当与所在地生态环境主管部门的监控设备联网。

第五十七条 县级以上地方人民政府环境卫生主管部门负责组织开展厨余垃圾资源化、无害化处理工作。

产生、收集厨余垃圾的单位和其他生产经营者，应当将厨余垃圾交由具备相应资质条件的单位进行无害化处理。

禁止畜禽养殖场、养殖小区利用未经无害化处理的厨余垃圾饲喂畜禽。

第五十八条　县级以上地方人民政府应当按照产生者付费原则，建立生活垃圾处理收费制度。

县级以上地方人民政府制定生活垃圾处理收费标准，应当根据本地实际，结合生活垃圾分类情况，体现分类计价、计量收费等差别化管理，并充分征求公众意见。生活垃圾处理收费标准应当向社会公布。

生活垃圾处理费应当专项用于生活垃圾的收集、运输和处理等，不得挪作他用。

第五十九条　省、自治区、直辖市和设区的市、自治州可以结合实际，制定本地方生活垃圾具体管理办法。

第五章　建筑垃圾、农业固体废物等

第六十条　县级以上地方人民政府应当加强建筑垃圾污染环境的防治，建立建筑垃圾分类处理制度。

县级以上地方人民政府应当制定包括源头减量、分类处理、消纳设施和场所布局及建设等在内的建筑垃圾污染环境防治工作规划。

第六十一条　国家鼓励采用先进技术、工艺、设备和管理措施，推进建筑垃圾源头减量，建立建筑垃圾回收利用体系。

县级以上地方人民政府应当推动建筑垃圾综合利用产品应用。

第六十二条 县级以上地方人民政府环境卫生主管部门负责建筑垃圾污染环境防治工作，建立建筑垃圾全过程管理制度，规范建筑垃圾产生、收集、贮存、运输、利用、处置行为，推进综合利用，加强建筑垃圾处置设施、场所建设，保障处置安全，防止污染环境。

第六十三条 工程施工单位应当编制建筑垃圾处理方案，采取污染防治措施，并报县级以上地方人民政府环境卫生主管部门备案。

工程施工单位应当及时清运工程施工过程中产生的建筑垃圾等固体废物，并按照环境卫生主管部门的规定进行利用或者处置。

工程施工单位不得擅自倾倒、抛撒或者堆放工程施工过程中产生的建筑垃圾。

第六十四条 县级以上人民政府农业农村主管部门负责指导农业固体废物回收利用体系建设，鼓励和引导有关单位和其他生产经营者依法收集、贮存、运输、利用、处置农业固体废物，加强监督管理，防止污染环境。

第六十五条 产生秸秆、废弃农用薄膜、农药包装废弃物等农业固体废物的单位和其他生产经营者，应当采取回收利用和其他防止污染环境的措施。

从事畜禽规模养殖应当及时收集、贮存、利用或者处置养殖过程中产生的畜禽粪污等固体废物，避免造成环境污染。

禁止在人口集中地区、机场周围、交通干线附近以及当地人民政府划定的其他区域露天焚烧秸秆。

国家鼓励研究开发、生产、销售、使用在环境中可降解且无害的农用薄膜。

第六十六条 国家建立电器电子、铅蓄电池、车用动力电池等产品的生产者责任延伸制度。

电器电子、铅蓄电池、车用动力电池等产品的生产者应当按照规定以自建或者委托等方式建立与产品销售量相匹配的废旧产品回收体系,并向社会公开,实现有效回收和利用。

国家鼓励产品的生产者开展生态设计,促进资源回收利用。

第六十七条 国家对废弃电器电子产品等实行多渠道回收和集中处理制度。

禁止将废弃机动车船等交由不符合规定条件的企业或者个人回收、拆解。

拆解、利用、处置废弃电器电子产品、废弃机动车船等,应当遵守有关法律法规的规定,采取防止污染环境的措施。

第六十八条 产品和包装物的设计、制造,应当遵守国家有关清洁生产的规定。国务院标准化主管部门应当根据国家经济和技术条件、固体废物污染环境防治状况以及产品的技术要求,组织制定有关标准,防止过度包装造成环境污染。

生产经营者应当遵守限制商品过度包装的强制性标准,避免过度包装。县级以上地方人民政府市场监督管理部门和有关部门应当按照各自职责,加强对过度包装的监督管理。

生产、销售、进口依法被列入强制回收目录的产品和包装物的企业,应当按照国家有关规定对该产品和包装物进行回收。

电子商务、快递、外卖等行业应当优先采用可重复使用、易回收利用的包装物，优化物品包装，减少包装物的使用，并积极回收利用包装物。县级以上地方人民政府商务、邮政等主管部门应当加强监督管理。

国家鼓励和引导消费者使用绿色包装和减量包装。

第六十九条 国家依法禁止、限制生产、销售和使用不可降解塑料袋等一次性塑料制品。

国家鼓励和引导减少使用、积极回收塑料袋等一次性塑料制品，推广应用可循环、易回收、可降解的替代产品。

第七十条 旅游、住宿等行业应当按照国家有关规定推行不主动提供一次性用品。

机关、企业事业单位等的办公场所应当使用有利于保护环境的产品、设备和设施，减少使用一次性办公用品。

第七十一条 城镇污水处理设施维护运营单位或者污泥处理单位应当安全处理污泥，保证处理后的污泥符合国家有关标准，对污泥的流向、用途、用量等进行跟踪、记录，并报告城镇排水主管部门、生态环境主管部门。

县级以上人民政府城镇排水主管部门应当将污泥处理设施纳入城镇排水与污水处理规划，推动同步建设污泥处理设施与污水处理设施，鼓励协同处理，污水处理费征收标准和补偿范围应当覆盖污泥处理成本和污水处理设施正常运营成本。

第七十二条 禁止擅自倾倒、堆放、丢弃、遗撒城镇污水处理设施产生的污泥和处理后的污泥。

禁止重金属或者其他有毒有害物质含量超标的污泥进入农用地。

中共中央　国务院印发《生态文明体制改革总体方案》(节选)

为加快建立系统完整的生态文明制度体系,加快推进生态文明建设,增强生态文明体制改革的系统性、整体性、协同性,制定本方案。

一、生态文明体制改革的总体要求

(一)生态文明体制改革的指导思想

全面贯彻党的十八大和十八届二中、三中、四中全会精神,以邓小平理论、“三个代表”重要思想、科学发展观为指导,深入贯彻落实习近平总书记系列重要讲话精神,按照党中央、国务院决策部署,坚持节约资源和保护环境基本国策,坚持节约优先、保护优先、自然恢复为主方针,立足我国社会主义初级阶段的基本国情和新的阶段性特征,以建设美丽中国为目标,以正确处理人与自然关系为核心,以解决生态环境领域突出问题为导向,保障国家生态安全,改善环境质量,提高资源利用效率,推动形成人与自然和谐发展的现代化建设新格局。

(二)生态文明体制改革的理念

树立尊重自然、顺应自然、保护自然的理念,生态文明建设不仅影响经济持续健康发展,也关系政治和社会建设,必须放在突出地位，融入经济建设、政治建设、文化建设、社会建设各方面和全过程。

树立发展和保护相统一的理念，坚持发展是硬道理的战略思想，发展必须是绿色发展、循环发展、低碳发展，平衡好发展和保护的关系，按照主体功能定位控制开发强度，调整空间结构，给子孙后代留下天蓝、地绿、水净的美好家园，实现发展与保护的内在统一、相互促进。

树立绿水青山就是金山银山的理念，清新空气、清洁水源、美丽山川、肥沃土地、生物多样性是人类生存必需的生态环境，坚持发展是第一要务，必须保护森林、草原、河流、湖泊、湿地、海洋等自然生态。

树立自然价值和自然资本的理念，自然生态是有价值的，保护自然就是增值自然价值和自然资本的过程，就是保护和发展生产力，就应得到合理回报和经济补偿。

树立空间均衡的理念，把握人口、经济、资源环境的平衡点推动发展，人口规模、产业结构、增长速度不能超出当地水土资源承载能力和环境容量。

树立山水林田湖是一个生命共同体的理念，按照生态系统的整体性、系统性及其内在规律，统筹考虑自然生态各要素、山上山下、地上地下、陆地海洋以及流域上下游，进行整体保护、系统修复、综合治理，增强生态系统循环能力，维护生态平衡。

（三）生态文明体制改革的原则

坚持正确改革方向，健全市场机制，更好发挥政府的主导和监管作用，发挥企业的积极性和自我约束作用，发挥社会组织和公众的参与和监督作用。

坚持自然资源资产的公有性质,创新产权制度,落实所有权,区分自然资源资产所有者权利和管理者权力,合理划分中央地方事权和监管职责,保障全体人民分享全民所有自然资源资产收益。

坚持城乡环境治理体系统一,继续加强城市环境保护和工业污染防治,加大生态环境保护工作对农村地区的覆盖,建立健全农村环境治理体制机制,加大对农村污染防治设施建设和资金投入力度。

坚持激励和约束并举,既要形成支持绿色发展、循环发展、低碳发展的利益导向机制,又要坚持源头严防、过程严管、损害严惩、责任追究,形成对各类市场主体的有效约束,逐步实现市场化、法治化、制度化。

坚持主动作为和国际合作相结合,加强生态环境保护是我们的自觉行为,同时要深化国际交流和务实合作,充分借鉴国际上的先进技术和体制机制建设有益经验,积极参与全球环境治理,承担并履行好同发展中大国相适应的国际责任。

坚持鼓励试点先行和整体协调推进相结合,在党中央、国务院统一部署下,先易后难、分步推进,成熟一项推出一项。支持各地区根据本方案确定的基本方向,因地制宜,大胆探索、大胆试验。

(四)生态文明体制改革的目标

到2020年,构建起由自然资源资产产权制度、国土空间开发保护制度、空间规划体系、资源总量管理和全面节约制度、资源有偿使用和生态补偿制度、环境治理体系、环境治理和生态保护市场体系、生态文明绩效评价考核和责任追究制度等八项制度构成的产权清晰、多元参与、激励约束并重、系统完整的生态文明制度体系，推进生态文明领域国家治理体系和治理能力现代化，努力走向社会主义生态文明新时代。

构建归属清晰、权责明确、监管有效的自然资源资产产权制度，着力解决自然资源所有者不到位、所有权边界模糊等问题。

构建以空间规划为基础、以用途管制为主要手段的国土空间开发保护制度，着力解决因无序开发、过度开发、分散开发导致的优质耕地和生态空间占用过多、生态破坏、环境污染等问题。

构建以空间治理和空间结构优化为主要内容，全国统一、相互衔接、分级管理的空间规划体系，着力解决空间性规划重叠冲突、部门职责交叉重复、地方规划朝令夕改等问题。

构建覆盖全面、科学规范、管理严格的资源总量管理和全面节约制度，着力解决资源使用浪费严重、利用效率不高等问题。

构建反映市场供求和资源稀缺程度、体现自然价值和代际补偿的资源有偿使用和生态补偿制度，着力解决自然资源及其产品价格偏低、生产开发成本低于社会成本、保护生态得不到合理回报等问题。

构建以改善环境质量为导向，监管统一、执法严明、多方参与的环境治理体系，着力解决污染防治能力弱、监管职能交叉、权责不一致、违法成本过低等问题。

构建更多运用经济杠杆进行环境治理和生态保护的市场体系，着力解决市场主体和市场体系发育滞后、社会参与度不高等问题。

构建充分反映资源消耗、环境损害和生态效益的生态文明绩效评价考核和责任追究制度，着力解决发展绩效评价不全面、责任落实不到位、损害责任追究缺失等问题。

二、健全自然资源资产产权制度

（五）建立统一的确权登记系统

坚持资源公有、物权法定，清晰界定全部国土空间各类自然资源资产的产权主体。对水流、森林、山岭、草原、荒地、滩涂等所有自然生态空间统一进行确权登记，逐步划清全民所有和集体所有之间的边界，划清全民所有、不同层级政府行使所有权的边界，划清不同集体所有者的边界。推进确权登记法治化。

（六）建立权责明确的自然资源产权体系

制定权力清单，明确各类自然资源产权主体权利。处理好所有权与使用权的关系，创新自然资源全民所有权和集体所有权的实现形式，除生态功能重要的外，可推动所有权和使用权相分离，明确占有、使用、收益、处分等权利归属关系和权责，适度扩大使用权的出让、转让、出租、抵押、担保、入股等权能。明确国有农场、林场和牧场土地所有者与使用者权能。全面建立覆盖各类全民所有自然资源资产的有偿出让制度，严禁无偿或低价出让。统筹规划，加强自然资源资产交易平台建设。

（七）健全国家自然资源资产管理体制

按照所有者和监管者分开和一件事情由一个部门负责的原则，整合分散的全民所有自然资源资产所有者职责，组建对全民所有的矿藏、水流、森林、山岭、草原、荒地、海域、滩涂等各类自然资源统一行使所有权的机构，负责全民所有自然资源的出让等。

（八）探索建立分级行使所有权的体制

对全民所有的自然资源资产，按照不同资源种类和在生态、经济、国防等方面的重要程度，研究实行中央和地方政府分级代理行使所有权职责的体制，实现效率和公平相统一。分清全民所有中央政府直接行使所有权、全民所有地方政府行使所有权的资源清单和空间范围。中央政府主要对石油天然气、贵重稀有矿产资源、重点国有林区、大江大河大湖和跨境河流、生态功能重要的湿地草原、海域滩涂、珍稀野生动植物种和部分国家公园等直接行使所有权。

（九）开展水流和湿地产权确权试点

探索建立水权制度，开展水域、岸线等水生态空间确权试点，遵循水生态系统性、整体性原则，分清水资源所有权、使用权及使用量。在甘肃、宁夏等地开展湿地产权确权试点。

三、建立国土空间开发保护制度

（十）完善主体功能区制度

统筹国家和省级主体功能区规划，健全基于主体功能区的区域政策，根据城市化地区、农产品主产区、重点生态功能区的不同定位，加快调整完善财政、产业、投资、人口流动、建设用地、资源开发、环境保护等政策。

（十一）健全国土空间用途管制制度

简化自上而下的用地指标控制体系，调整按行政区和用地基数分配指标的做法。将开发强度指标分解到各县级行政区，作为约束性指标，控制建设用地总量。将用途管制扩大到所有自然生态空间，划定并严守生态红线，严禁任意改变用途，防止不合理开发建设活动对生态红线的破坏。完善覆盖全部国土空间的监测系统，动态监测国土空间变化。

（十二）建立国家公园体制

加强对重要生态系统的保护和永续利用，改革各部门分头设置自然保护区、风景名胜区、文化自然遗产、地质公园、森林公园等的体制，对上述保护地进行功能重组，合理界定国家公园范围。国家公园实行更严格保护，除不损害生态系统的原住民生活生产设施改造和自然观光科研教育旅游外，禁止其他开发建设，保护自然生态和自然文化遗产原真性、完整性。加强对国家公园试点的指导，在试点基础上研究制定建立国家公园体制总体方案。构建保护珍稀野生动植物的长效机制。

（十三）完善自然资源监管体制

将分散在各部门的有关用途管制职责，逐步统一到一个部门，统一行使所有国土空间的用途管制职责。

四、建立空间规划体系

（十四）编制空间规划

整合目前各部门分头编制的各类空间性规划，编制统一的空间规划，实现规划全覆盖。空间规划是国家空间发展的指南、可持续发展的空间蓝图，是各类开发建设活动的基本依据。空间规划分为国家、省、市县（设区的市空间规划范围为市辖区）三级。研究建立统一规范的空间规划编制机制。鼓励开展省级空间规划试点。编制京津冀空间规划。

（十五）推进市县“多规合一”

支持市县推进“多规合一”，统一编制市县空间规划，逐步形成一个市县一个规划、一张蓝图。市县空间规划要统一土地分类标准，根据主体功能定位和省级空间规划要求，划定生产空间、生活空间、生态空间，明确城镇建设区、工业区、农村居民点等的开发边界，以及耕地、林地、草原、河流、湖泊、湿地等的保护边界，加强对城市地下空间的统筹规划。加强对市县“多规合一”试点的指导，研究制定市县空间规划编制指引和技术规范，形成可复制、能推广的经验。

（十六）创新市县空间规划编制方法

探索规范化的市县空间规划编制程序，扩大社会参与，增强规划的科学性和透明度。鼓励试点地区进行规划编制部门整合，由一个部门负责市县空间规划的编制，可成立由专业人员和有关方面代表组成的规划评议委员会。规划编制前应当进行资源环境承载能力评价，以评价结果作为规划的基本依据。规划编制过程中应当广泛征求各方面意见，全文公布规划草案，充分听取当地居民意见。规划经评议委员会论证通过后，由当地人民代表大会审议通过，并报上级政府部门备案。规划成果应当包括规划文本和较高精度的规划图，并在网络和其他本地媒体公布。鼓励当地居民对规划执行进行监督，对违反规划的开发建设行为进行举报。当地人民代表大会及其常务委员会定期听取空间规划执行情况报告，对当地政府违反规划行为进行问责。

五、完善资源总量管理和全面节约制度

（十七）完善最严格的耕地保护制度和土地节约集约利用制度

完善基本农田保护制度，划定永久基本农田红线，按照面积不减少、质量不下降、用途不改变的要求，将基本农田落地到户、上图入库，实行严格保护，除法律规定的国家重点建设项目选址确实无法避让外，其他任何建设不得占用。加强耕地质量等级评定与监测，强化耕地质量保护与提升建设。完善耕地占补平衡制度，对新增建设用地占用耕地规模实行总量控制，严格实行耕地占一补一、先补后占、占优补优。实施建设用地总量控制和减量化管理，建立节约集约用地激励和约束机制，调整结构，盘活存量，合理安排土地利用年度计划。

（十八）完善最严格的水资源管理制度

按照节水优先、空间均衡、系统治理、两手发力的方针，健全用水总量控制制度，保障水安全。加快制定主要江河流域水量分配方案，加强省级统筹，完善省市县三级取用水总量控制指标体系。建立健全节约集约用水机制，促进水资源使用结构调整和优化配置。完善规划和建设项目水资源论证制度。主要运用价格和税收手段，逐步建立农业灌溉用水量控制和定额管理、高耗水工业企业计划用水和定额管理制度。在严重缺水地区建立用水定额准入门槛,严格控制高耗水项目建设。加强水产品产地保护和环境修复,控制水产养殖,构建水生动植物保护机制。完善水功能区监督管理,建立促进非常规水源利用制度。

(十九)建立能源消费总量管理和节约制度

坚持节约优先,强化能耗强度控制,健全节能目标责任制和奖励制。进一步完善能源统计制度。健全重点用能单位节能管理制度,探索实行节能自愿承诺机制。完善节能标准体系,及时更新用能产品能效、高耗能行业能耗限额、建筑物能效等标准。合理确定全国能源消费总量目标,并分解落实到省级行政区和重点用能单位。健全节能低碳产品和技术装备推广机制,定期发布技术目录。强化节能评估审查和节能监察。加强对可再生能源发展的扶持,逐步取消对化石能源的普遍性补贴。逐步建立全国碳排放总量控制制度和分解落实机制,建立增加森林、草原、湿地、海洋碳汇的有效机制,加强应对气候变化国际合作。

(二十)建立天然林保护制度

将所有天然林纳入保护范围。建立国家用材林储备制度。逐步推进国有林区政企分开,完善以购买服务为主的国有林场公益林管护机制。完善集体林权制度,稳定承包权,拓展经营权能,健全林权抵押贷款和流转制度。

(二十一)建立草原保护制度

稳定和完善草原承包经营制度,实现草原承包地块、面积、合同、证书"四到户",规范草原经营权流转。实行基本草原保护制度,确保基本草原面积不减少、质量不下降、用途不改变。健全草原生态保护补奖机制,实施禁牧休牧、划区轮牧和草畜平衡等制度。加强对草原征用使用审核审批的监管,严格控制草原非牧使用。

(二十二)建立湿地保护制度

将所有湿地纳入保护范围,禁止擅自征用占用国际重要湿地、国家重要湿地和湿地自然保护区。确定各类湿地功能,规范保护利用行为,建立湿地生态修复机制。

(二十三)建立沙化土地封禁保护制度

将暂不具备治理条件的连片沙化土地划为沙化土地封禁保护区。建立严格保护制度,加强封禁和管护基础设施建设,加强沙化土地治理,增加植被,合理发展沙产业,完善以购买服务为主的管护机制,探索开发与治理结合新机制。

(二十四)健全海洋资源开发保护制度

实施海洋主体功能区制度,确定近海海域海岛主体功能,引导、控制和规范各类用海用岛行为。实行围填海总量控制制度,对围填海面积实行约束性指标管理。建立自然岸线保有率控制制度。完善海洋渔业资源总量管理制度,严格执行休渔禁渔制度,推行近海捕捞限额管理,控制近海和滩涂养殖规模。健全海洋督察制度。

(二十五)健全矿产资源开发利用管理制度

建立矿产资源开发利用水平调查评估制度,加强矿产资源查明登记和有偿计时占用登记管理。建立矿产资源集约开发机制,提高矿区企业集中度,鼓励规模化开发。完善重要矿产资源开采回采率、选矿回收率、综合利用率等国家标准。健全鼓励提高矿产资源利用水平的经济政策。建立矿山企业高效和综合利用信息公示制度,建立矿业权人“黑名单”制度。完善重要矿产资源回收利用的产业化扶持机制。完善矿山地质环境保护和土地复垦制度。

(二十六)完善资源循环利用制度

建立健全资源产出率统计体系。实行生产者责任延伸制度,推动生产者落实废弃产品回收处理等责任。建立种养业废弃物资源化利用制度,实现种养业有机结合、循环发展。加快建立垃圾强制分类制度。制定再生资源回收目录,对复合包装物、电池、农膜等低值废弃物实行强制回收。加快制定资源分类回收利用标准。建立资源再生产品和原料推广使用制度,相关原材料消耗企业要使用一定比例的资源再生产品。完善限制一次性用品使用制度。落实并完善资源综合利用和促进循环经济发展的税收政策。制定循环经济技术目录,实行政府优先采购、贷款贴息等政策。

六、健全资源有偿使用和生态补偿制度

(二十七)加快自然资源及其产品价格改革

按照成本、收益相统一的原则,充分考虑社会可承受能力,建立自然资源开发使用成本评估机制,将资源所有者权益和生态环境损害等纳入自然资源及其产品价格形成机制。加强对自然垄断环节的价格监管,建立定价成本监审制度和价格调整机制,完善价格决策程序和信息公开制度。推进农业水价综合

改革,全面实行非居民用水超计划、超定额累进加价制度,全面推行城镇居民用水阶梯价格制度。

(二十八)完善土地有偿使用制度

扩大国有土地有偿使用范围,扩大招拍挂出让比例,减少非公益性用地划拨,国有土地出让收支纳入预算管理。改革完善工业用地供应方式,探索实行弹性出让年限以及长期租赁、先租后让、租让结合供应。完善地价形成机制和评估制度,健全土地等级价体系,理顺与土地相关的出让金、租金和税费关系。建立有效调节工业用地和居住用地合理比价机制,提高工业用地出让地价水平,降低工业用地比例。探索通过土地承包经营、出租等方式,健全国有农用地有偿使用制度。

(二十九)完善矿产资源有偿使用制度

完善矿业权出让制度,建立符合市场经济要求和矿业规律的探矿权采矿权出让方式,原则上实行市场化出让,国有矿产资源出让收支纳入预算管理。理清有偿取得、占用和开采中所有者、投资者、使用者的产权关系,研究建立矿产资源国家权益金制度。调整探矿权采矿权使用费标准、矿产资源最低勘查投入标准。推进实现全国统一的矿业权交易平台建设,加大矿业权出让转让信息公开力度。

(三十)完善海域海岛有偿使用制度

建立海域、无居民海岛使用金征收标准调整机制。建立健全海域、无居民海岛使用权招拍挂出让制度。

(三十一)加快资源环境税费改革

理顺自然资源及其产品税费关系,明确各自功能,合理确定税收调控范围。加快推进资源税从价计征改革,逐步将资源税扩展到占用各种自然生态空间,在华北部分地区开展地下水征收资源税改革试点。加快推进环境保护税立法。

(三十二)完善生态补偿机制

探索建立多元化补偿机制,逐步增加对重点生态功能区转移支付,完善生态保护成效与资金分配挂钩的激励约束机制。制定横向生态补偿机制办法,以地方补偿为主,中央财政给予支持。鼓励各地区开展生态补偿试点,继续推进新安江水环境补偿试点,推动在京津冀水源涵养区、广西广东九洲江、福建广东汀江—韩江等开展跨地区生态补偿试点,在长江流域水环境敏感地区探索开展流域生态补偿试点。

(三十三)完善生态保护修复资金使用机制

按照山水林田湖系统治理的要求,完善相关资金使用管理办法,整合现有政策和渠道,在深入推进国土江河综合整治的同时,更多用于青藏高原生态屏障、黄土高原—川滇生态屏障、东北森林带、北方防沙带、南方丘陵山地带等国家生态安全屏障的保护修复。

(三十四)建立耕地草原河湖休养生息制度

编制耕地、草原、河湖休养生息规划,调整严重污染和地下水严重超采地区的耕地用途,逐步将25度以上不适宜耕种且有损生态的陡坡地退出基本农田。建立巩固退耕还林还草、退牧还草成果长效机制。开展退田还湖还湿试点,推进长株潭地区土壤重金属污染修复试点、华北地区地下水超采综合治理试点。

七、建立健全环境治理体系

（三十五）完善污染物排放许可制

尽快在全国范围建立统一公平、覆盖所有固定污染源的企业排放许可制，依法核发排污许可证，排污者必须持证排污，禁止无证排污或不按许可证规定排污。

（三十六）建立污染防治区域联动机制

完善京津冀、长三角、珠三角等重点区域大气污染防治联防联控协作机制，其他地方要结合地理特征、污染程度、城市空间分布以及污染物输送规律，建立区域协作机制。在部分地区开展环境保护管理体制创新试点，统一规划、统一标准、统一环评、统一监测、统一执法。开展按流域设置环境监管和行政执法机构试点，构建各流域内相关省级涉水部门参加、多形式的流域水环境保护协作机制和风险预警防控体系。建立陆海统筹的污染防治机制和重点海域污染物排海总量控制制度。完善突发环境事件应急机制，提高与环境风险程度、污染物种类等相匹配的突发环境事件应急处置能力。

（三十七）建立农村环境治理体制机制

建立以绿色生态为导向的农业补贴制度，加快制定和完善相关技术标准和规范，加快推进化肥、农药、农膜减量化以及畜禽养殖废弃物资源化和无害化，鼓励生产使用可降解农膜。完善农作物秸秆综合利用制度。健全化肥农药包装物、农膜回收贮运加工网络。采取财政和村集体补贴、住户付费、社会资本参与的投入运营机制，加强农村污水和垃圾处理等环保设施建设。采取政府购买服务等多种扶持措施,培育发展各种形式的农业面源污染治理、农村污水垃圾处理市场主体。强化县乡两级政府的环境保护职责,加强环境监管能力建设。财政支农资金的使用要统筹考虑增强农业综合生产能力和防治农村污染。

(三十八)健全环境信息公开制度

全面推进大气和水等环境信息公开、排污单位环境信息公开、监管部门环境信息公开,健全建设项目环境影响评价信息公开机制。健全环境新闻发言人制度。引导人民群众树立环保意识,完善公众参与制度,保障人民群众依法有序行使环境监督权。建立环境保护网络举报平台和举报制度,健全举报、听证、舆论监督等制度。

(三十九)严格实行生态环境损害赔偿制度

强化生产者环境保护法律责任,大幅度提高违法成本。健全环境损害赔偿方面的法律制度、评估方法和实施机制,对违反环保法律法规的,依法严惩重罚;对造成生态环境损害的,以损害程度等因素依法确定赔偿额度;对造成严重后果的,依法追究刑事责任。

(四十)完善环境保护管理制度

建立和完善严格监管所有污染物排放的环境保护管理制度,将分散在各部门的环境保护职责调整到一个部门,逐步实行城乡环境保护工作由一个部门进行统一监管和行政执法的体制。有序整合不同领域、不同部门、不同层次的监管力量,建立权威统一的环境执法体制,充实执法队伍,赋予环境执法强制执行的必要条件和手段。完善行政执法和环境司法的衔接机制。

八、健全环境治理和生态保护市场体系

(四十一)培育环境治理和生态保护市场主体

采取鼓励发展节能环保产业的体制机制和政策措施。废止妨碍形成全国统一市场和公平竞争的规定和做法,鼓励各类投资进入环保市场。能由政府和社会资本合作开展的环境治理和生态保护事务,都可以吸引社会资本参与建设和运营。通过政府购买服务等方式,加大对环境污染第三方治理的支持力度。加快推进污水垃圾处理设施运营管理单位向独立核算、自主经营的企业转变。组建或改组设立国有资本投资运营公司,推动国有资本加大对环境治理和生态保护等方面的投入。支持生态环境保护领域国有企业实行混合所有制改革。

(四十二)推行用能权和碳排放权交易制度

结合重点用能单位节能行动和新建项目能评审查,开展项目节能量交易,并逐步改为基于能源消费总量管理下的用能权交易。建立用能权交易系统、测量与核准体系。推广合同能源管理。深化碳排放权交易试点,逐步建立全国碳排放权交易市场,研究制定全国碳排放权交易总量设定与配额分配方案。完善碳交易注册登记系统,建立碳排放权交易市场监管体系。

(四十三)推行排污权交易制度

在企业排污总量控制制度基础上,尽快完善初始排污权核定,扩大涵盖的污染物覆盖面。在现行以行政区为单元层层分解机制基础上,根据行业先进排污水平,逐步强化以企业为单元进行总量控制、通过排污权交易获得减排收益的机制。

在重点流域和大气污染重点区域，合理推进跨行政区排污权交易。扩大排污权有偿使用和交易试点，将更多条件成熟地区纳入试点。加强排污权交易平台建设。制定排污权核定、使用费收取使用和交易价格等规定。

（四十四）推行水权交易制度

结合水生态补偿机制的建立健全，合理界定和分配水权，探索地区间、流域间、流域上下游、行业间、用水户间等水权交易方式。研究制定水权交易管理办法，明确可交易水权的范围和类型、交易主体和期限、交易价格形成机制、交易平台运作规则等。开展水权交易平台建设。

（四十五）建立绿色金融体系

推广绿色信贷，研究采取财政贴息等方式加大扶持力度，鼓励各类金融机构加大绿色信贷的发放力度，明确贷款人的尽职免责要求和环境保护法律责任。加强资本市场相关制度建设，研究设立绿色股票指数和发展相关投资产品，研究银行和企业发行绿色债券，鼓励对绿色信贷资产实行证券化。支持设立各类绿色发展基金，实行市场化运作。建立上市公司环保信息强制性披露机制。完善对节能低碳、生态环保项目的各类担保机制，加大风险补偿力度。在环境高风险领域建立环境污染强制责任保险制度。建立绿色评级体系以及公益性的环境成本核算和影响评估体系。积极推动绿色金融领域各类国际合作。

九、完善生态文明绩效评价考核和责任追究制度

（四十七）建立生态文明目标体系

研究制定可操作、可视化的绿色发展指标体系。制定生态文明建设目标评价考核办法，把资源消耗、环境损害、生态效益纳入经济社会发展评价体系。根据不同区域主体功能定位，实行差异化绩效评价考核。

（四十八）建立资源环境承载能力监测预警机制

研究制定资源环境承载能力监测预警指标体系和技术方法，建立资源环境监测预警数据库和信息技术平台，定期编制资源环境承载能力监测预警报告，对资源消耗和环境容量超过或接近承载能力的地区，实行预警提醒和限制性措施。

（四十九）探索编制自然资源资产负债表

制定自然资源资产负债表编制指南，构建水资源、土地资源、森林资源等的资产和负债核算方法，建立实物量核算账户，明确分类标准和统计规范，定期评估自然资源资产变化状况。在市县层面开展自然资源资产负债表编制试点，核算主要自然资源实物量账户并公布核算结果。

（五十）对领导干部实行自然资源资产离任审计

在编制自然资源资产负债表和合理考虑客观自然因素基础上，积极探索领导干部自然资源资产离任审计的目标、内容、方法和评价指标体系。以领导干部任期内辖区自然资源资产变化状况为基础，通过审计，客观评价领导干部履行自然资源资产管理责任情况，依法界定领导干部应当承担的责任，加强

审计结果运用。在内蒙古呼伦贝尔市、浙江湖州市、湖南娄底市、贵州赤水市、陕西延安市开展自然资源资产负债表编制试点和领导干部自然资源资产离任审计试点。

（五十一）建立生态环境损害责任终身追究制

实行地方党委和政府领导成员生态文明建设一岗双责制。以自然资源资产离任审计结果和生态环境损害情况为依据，明确对地方党委和政府领导班子主要负责人、有关领导人员、部门负责人的追责情形和认定程序。区分情节轻重，对造成生态环境损害的，予以诫勉、责令公开道歉、组织处理或党纪政纪处分，对构成犯罪的依法追究刑事责任。对领导干部离任后出现重大生态环境损害并认定其需要承担责任的，实行终身追责。建立国家环境保护督察制度。

十、生态文明体制改革的实施保障

（五十二）加强对生态文明体制改革的领导

各地区各部门要认真学习领会中央关于生态文明建设和体制改革的精神，深刻认识生态文明体制改革的重大意义，增强责任感、使命感、紧迫感，认真贯彻党中央、国务院决策部署，确保本方案确定的各项改革任务加快落实。各有关部门要按照本方案要求抓紧制定单项改革方案，明确责任主体和时间进度，密切协调配合，形成改革合力。

（五十三）积极开展试点试验

充分发挥中央和地方两个积极性，鼓励各地区按照本方案的改革方向，从本地实际出发，以解决突出生态环境问题为重点，发挥主动性，积极探索和推动生态文明体制改革，其中需要法律授权的按法定程序办理。将各部门自行开展的综合性生态文明试点统一为国家试点试验，各部门要根据各自职责予以指导和推动。

（五十四）完善法律法规

制定完善自然资源资产产权、国土空间开发保护、国家公园、空间规划、海洋、应对气候变化、耕地质量保护、节水和地下水管理、草原保护、湿地保护、排污许可、生态环境损害赔偿等方面的法律法规，为生态文明体制改革提供法治保障。

（五十五）加强舆论引导

面向国内外，加大生态文明建设和体制改革宣传力度，统筹安排、正确解读生态文明各项制度的内涵和改革方向，培育普及生态文化，提高生态文明意识，倡导绿色生活方式，形成崇尚生态文明、推进生态文明建设和体制改革的良好氛围。

（五十六）加强督促落实

中央全面深化改革领导小组办公室、经济体制和生态文明体制改革专项小组要加强统筹协调，对本方案落实情况进行跟踪分析和督促检查，正确解读和及时解决实施中遇到的问题，重大问题要及时向党中央、国务院请示报告。

生态环境部等五部门关于印发《农业农村污染治理攻坚战行动方案（2021—2025年）》的通知（节选）

治理农业农村污染是深入打好污染防治攻坚战的重要任务，是实施乡村振兴战略的重要举措，对推动农业农村绿色低碳发展、履行生物多样性公约、加强农村生态文明建设具有重要意义。为贯彻落实《中共中央 国务院关于深入打好污染防治攻坚战的意见》《农村人居环境整治提升五年行动方案（2021—2025年）》，加快解决农业农村突出环境问题，制定本行动方案。

一、总体要求

基本思路：以习近平新时代中国特色社会主义思想为指导，全面贯彻党的十九大和十九届历次全会精神，按照深入打好污染防治攻坚战总要求，坚持精准治污、科学治污、依法治污，聚焦突出短板，以农村生活污水垃圾治理、黑臭水体整治、化肥农药减量增效、农膜回收利用、养殖污染防治等为重点领域，以京津冀、长江经济带、粤港澳大湾区、黄河流域等为重点区域，强化源头减量、资源利用、减污降碳和生态修复，持续推进农村人居环境整治提升和农业面源污染防治，增强农民群众获得感和幸福感，为实现乡村生态振兴提供有力支撑。

行动目标：到2025年，农村环境整治水平显著提升，农业面源污染得到初步管控，农村生态环境持续改善。新增完成8

万个行政村环境整治，农村生活污水治理率达到40%，基本消除较大面积农村黑臭水体；化肥农药使用量持续减少，主要农作物化肥、农药利用率均达到43%，农膜回收率达到85%；畜禽粪污综合利用率达到80%以上。

二、主要任务

(一)加快推进农村生活污水垃圾治理

分区分类治理生活污水。以解决农村生活污水等突出问题为重点，提高农村环境整治成效和覆盖水平。推动县域农村生活污水治理统筹规划、建设和运行，与供水、改厕、水系整治、农房道路建设、农业生产、文旅开发等一体推进，有效衔接。结合村庄规划，重点治理水源保护区和城乡接合部、乡镇政府驻地、中心村、旅游风景区等人口居住集中区域农村生活污水。2022年6月底前，将县域农村生活污水治理专项规划(或方案)向社会公开并按年度实施。按照平原、山地、丘陵、缺水、高寒和生态环境敏感等典型地区，分类完善治理模式，科学合理建设农村生活污水收集和处理设施。做好户用污水收集系统和公共污水收集系统的配套衔接，合理选择排水体制和收集系统建设方式，确保污水有效收集。在生态环境敏感的地区，可采用污水处理标准严格的高级治理模式；在居住较为集中、环境要求较高的地区，可采用集中处理为主的常规治理模式；在居住分散、干旱缺水的非环境敏感区，结合厕所粪污无害化处理和资源化利用，可采用分散处理为主的简单治理模式。优先推广运行费用低、管护简便的污水治理技术，鼓励居住分散地区采用生态处理技术，可通过黑灰水分类收集处理、与畜禽粪污协同治理、建设人工湿地等方式处理污水，达到资源化利用要求后，用于庭院美化、村庄绿化等。2023年底前，省级相关部门筛选建立适合本地区的农村生活污水治理模式和技术工艺。督促各地完成现有农村生活污水收集处理设施运行情况排查，对设施停运破损、管网未配套、处理能力不符合实际需求、出水水质不达标等非正常运行的设施制定改造方案，有序完成整改，提高设施正常运行率。到2025年，东部地区、中西部城市近郊区等有基础、有条件的地区，农村生活污水治理率达到55%左右；中西部有较好基础、基本具备条件的地区，农村生活污水治理率达到25%左右；地处偏远、经济欠发达地区，农村生活污水治理水平有新提升。（生态环境部牵头，国家发展改革委、科技部、住房和城乡建设部、农业农村部、国家乡村振兴局等按职责分工负责）

加强农村改厕与生活污水治理衔接。科学选择改厕技术模式，宜水则水、宜旱则旱。加快研发干旱、寒冷地区卫生厕所适用技术和产品。在水冲式厕所改造中积极推广节水型、少水型水冲设施。因地制宜推进厕所粪污分散处理、集中处理与纳入污水管网统一处理，鼓励联户、联村、村镇一体处理。已完成水冲式厕所改造的地区，具备污水收集处理条件的，优先将厕所粪污纳入生活污水收集和处理系统；暂时无法纳入污水收集处理系统的，应建立厕所粪污收集、储存、资源化利用体系，避免化粪池出水直排。计划开展水冲式厕所改造的地区，鼓励将改厕与生活污水治理同步设计、同步建设、同步运营；暂时无法同步建设的，预留后续污水治理空间。（农业农村部、国家乡村

振兴局、生态环境部、国家卫生健康委等按职责分工负责）

健全农村生活垃圾收运处置体系。在不便于集中收集处置农村生活垃圾的地区，因地制宜采用小型化、分散化的无害化处理方式，降低设施建设和运行成本。完善日常巡检机制，严厉查处在农村地区饮用水水源地周边、农村黑臭水体沿岸随意倾倒、填埋垃圾行为。到2025年，进一步健全农村生活垃圾收运处置体系。（住房和城乡建设部牵头，农业农村部、国家乡村振兴局、生态环境部等按职责分工负责）

推行农村生活垃圾分类减量与利用。加快推进农村生活垃圾分类，探索符合农村特点和农民习惯、简便易行的分类处理方式，减少垃圾出村处理量。协同推进农村有机生活垃圾、厕所粪污、农业生产有机废弃物资源化处理利用，以乡镇或行政村为单位建设一批区域农村有机废弃物综合处置利用设施。（农业农村部、住房和城乡建设部牵头，生态环境部、国家乡村振兴局、全国供销合作总社等按职责分工负责）

（二）开展农村黑臭水体整治

明确整治重点。建立农村黑臭水体国家监管清单，优先整治面积较大、群众反映强烈的水体，实行“拉条挂账、逐一销号”，稳步消除较大面积的农村黑臭水体。在农村河流湖塘分布密集地区，进一步核实黑臭水体排查结果，对新发现的黑臭水体及时纳入监管清单，加强动态管理。在治理任务较重、工作基础较好的地区，支持开展农村黑臭水体整治试点。（生态环境部牵头，农业农村部、国家乡村振兴局等按职责分工负责）

系统开展整治。针对黑臭水体问题成因，以控源截污为根本，综合采取清淤疏浚、生态修复、水体净化等措施。将农村黑臭水体整治与生活污水、垃圾、种植、养殖等污染统筹治理，将治理对象、目标、时序协同一致，确保治理成效。对垃圾坑、粪污塘、废弃鱼塘等淤积严重的水体进行底泥污染调查评估，采取必要的清淤疏浚措施。对清淤产生的底泥，经无害化处理后，可通过绿化等方式合理利用，禁止随意倾倒。根据水体的集雨、调蓄、纳污、净化、生态、景观等功能，科学选择生态修复措施，对于季节性断流、干涸水体，慎用浮水、沉水植物进行生态修复。对于滞流、缓流水体，采取必要的水系连通和人工增氧等措施。（生态环境部、水利部牵头，农业农村部、国家乡村振兴局等按职责分工负责）

推动"长治久清"。鼓励河长制湖长制体系向村级延伸。充分发挥河湖长制平台作用，压实部门责任，实现水体有效治理和管护。对已完成整治的黑臭水体，开展整治过程和效果评估，确保达到水质指标和村民满意度要求。严禁表面治理和虚假治理，禁止简单采用冲污稀释、一填了之等"治标不治本"的做法。将农村黑臭水体排查结果和整治进展通过县级媒体等向社会公开，在所在村公示，鼓励群众积极参与，对排查结果、整治情况监督举报。（生态环境部、水利部牵头，农业农村部、国家乡村振兴局等按职责分工负责）

（三）实施化肥农药减量增效行动

深入推进化肥减量增效。聚焦长江经济带、黄河流域重点区域，明确化肥减量增效技术路径和措施。实施精准施肥，分区域、分作物制定化肥施用限量标准和减量方案，制定水稻、玉米、小麦、油菜等氮肥推荐定额用量,依法落实化肥使用总量控制。大力推进测土配方施肥,优化氮、磷、钾配比,逐步实现在粮食主产区及果菜茶等经济作物优势区的全覆盖。改进施肥方式,推广应用机械施肥、种肥同播、水肥一体化等措施,减少养分挥发和流失,提高肥料利用效率。加强绿色投入品创新研发,积极推广缓释肥料、水溶肥料、微生物肥料等新型肥料,拓宽畜禽粪肥、秸秆和种植绿肥的还田渠道,在更大范围推进有机肥替代化肥。在旱作区大力发展高效旱作农业,集成配套全生物降解地膜覆盖、长效肥料应用、保水剂混肥底施等措施,减少养分挥发和随雨流失。培育扶持一批专业化服务组织,提供统测、统配、统供、统施"四统一"服务。鼓励以循环利用与生态净化相结合的方式控制种植业污染,农企合作推进测土配方施肥。到2025年,主要农作物测土配方施肥技术覆盖率稳定在90%以上。(农业农村部牵头,生态环境部、全国供销合作总社等按职责分工负责)

持续推进农药减量控害。推进科学用药,推广应用高效低风险农药,分期分批淘汰现存10种高毒农药。推广新型高效植保机械,推进精准施药,提高农药利用效率。创建一批绿色防控示范县,推行统防统治与绿色防控融合,提高防控组织化程度和科学化水平。构建农作物病虫害监测预警体系,建设一批智能化、自动化田间监测网点,提高重大病虫疫情监测预警能力。到2025年,主要农作物病虫害绿色防控及统防统治覆盖率分别达到55%和45%。(农业农村部牵头,生态环境部、全国供销合作总社等按职责分工负责)

(四)深入实施农膜回收行动

落实严格的农膜管理制度,加强农膜生产、销售、使用、回收、再利用等环节的全链条监管,持续开展塑料污染治理联合专项行动。全面加强市场监管,禁止企业生产销售不符合国家强制性标准的地膜,依法严厉查处不合格产品。因地制宜调减作物覆膜面积,大力推进废旧农膜机械化捡拾、专业化回收、资源化利用,建立健全回收网络体系,提高废旧农膜回收利用和处置水平。加强农膜回收重点县建设,推动生产者、销售者、使用者落实回收责任,集成推广典型回收模式。推进全生物可降解地膜有序替代,在不同类型区域建设试验示范基地。建立健全农田地膜残留监测点,开展常态化、制度化监测评估。(农业农村部牵头,生态环境部、市场监管总局、全国供销合作总社等按职责分工负责)

(五)加强养殖业污染防治

推行畜禽粪污资源化利用。完善畜禽粪污资源化利用管理制度,依法合理施用畜禽粪肥。推动畜禽规模养殖场粪污处理设施装备提档升级,规范畜禽养殖户粪污处理设施装备配套,开展设施装备配套情况核查。整县推进畜禽粪污资源化利用,改造提升粪污处理设施,建设粪肥还田利用示范基地,推进种养结合,畅通粪肥还田渠道。建立畜禽规模养殖场碳排放核算、报告、核查等标准,探索制定重点畜产品全生命周期碳足迹标准,引导畜禽养殖环节温室气体减排。完善畜禽粪肥限量标准,指导各地安全合理施用粪肥。到2025年,畜禽规模养殖场建立粪污资源化利用计划和台账,粪污处理设施装备配套率稳定在97%以上，畜禽养殖户粪污处理设施装备配套水平明显提升。（农业农村部牵头，生态环境部、国家发展改革委、市场监管总局参与）

严格畜禽养殖污染防治监管。组织各地依法编制实施畜禽养殖污染防治规划，到2023年，畜牧大县率先完成规划编制。推动各省（自治区、直辖市）根据畜禽养殖发展情况和生态环境保护需要，制修订畜禽养殖污染物地方排放标准。严格落实环境影响评价与排污许可制度，依法开展环境影响评价，监督指导畜禽规模养殖场依法持证排污、按证排污或者进行排污登记，遵守排污许可证管理规定。结合养殖场直联直报信息和全国排污许可证管理信息平台，对畜禽粪污资源化利用计划、台账和排污许可证执行报告进行抽查。加大环境监管执法力度，依法查处无证排污、不按证排污、污染防治设施配套不到位以及粪肥超量施用污染环境等环境违法行为。（生态环境部牵头，农业农村部参与）

推动水产养殖污染防治。养殖大省要依法加快制定出台水产养殖业水污染物排放控制标准，加强水产养殖尾水监测，规范工厂化水产养殖尾水排污口设置。以珠三角、长江流域、黄渤海等区域为重点，依法加大环境监管执法检查力度。（生态环境部负责）大力发展水产生态健康养殖，积极推广池塘工厂化循环水、大水面生态增养殖、稻渔综合种养等多种生态健康养殖模式。实施池塘标准化改造，完善循环水和进排水处理设施，推进养殖尾水节水减排。（农业农村部负责）

三、保障措施

保障措施包括强化组织领导、强化政策保障、强化监测监控、强化监督考核等内容。

甘肃省农村生活垃圾管理条例

（2017年9月28日甘肃省第十二届人民代表大会常务委员会第三十五次会议通过，2021年9月29日甘肃省第十三届人民代表大会常务委员会第二十六次会议修订）

第一章　总则

第一条　为了加强和规范农村生活垃圾管理，保护和改善农村人居环境，推进乡村振兴战略实施，根据《中华人民共和国固体废物污染环境防治法》等法律、行政法规，结合本省实际，制定本条例。

第二条　本省行政区域内农村生活垃圾的清扫、分类、投放、收集、运输、处理及监督管理等活动适用本条例。

法律、行政法规对农村生活垃圾管理已有规定的，依照其规定执行。

本条例所称生活垃圾，是指在日常生活中或者为日常生活提供服务的活动中产生的固体废物，以及法律、行政法规规定视为生活垃圾的固体废物。

第三条　农村生活垃圾管理坚持政府主导、公众参与、因地制宜、注重长效、综合利用、统筹推进的原则。

第四条　县级以上人民政府应当加强对农村生活垃圾管理工作的组织领导，确定农村生活垃圾管理目标，统筹设施规划布局，制定促进农村生活垃圾减量化、资源化、无害化的政策措施，加大农村生活垃圾管理所需资金投入。

县级人民政府是农村生活垃圾管理的责任主体。

乡镇人民政府负责做好本辖区内农村生活垃圾的日常监督管理工作。

第五条　省人民政府住房和城乡建设主管部门和市（州）、县（市、区）人民政府环境卫生主管部门负责农村生活垃圾清扫、收集、运输和处置的监督管理工作。

县级以上人民政府发展和改革、财政、农业农村、商务、卫生健康、自然资源、交通运输、水利、文化和旅游、乡村振兴、林业和草原等有关主管部门在各自职责范围内负责农村生活垃圾管理工作。

第六条　省人民政府生态环境主管部门对本省农村生活垃圾污染环境的防治工作实施统一监督管理。

市（州）人民政府生态环境主管部门及其派出机构分别对本市（州）、县（市、区）农村生活垃圾污染环境的防治工作实施监督管理。

第七条　村民委员会通过制定村规民约、签订责任书等方式，开展农村生活垃圾的清扫、分类、投放等工作，督促村庄内的单位和个人做好村庄保洁工作。

第八条 各级人民政府应当加强农村生活垃圾管理的宣传教育，倡导绿色低碳、文明健康生活方式，培育文明农户、美丽庭院和美丽乡村示范村等示范典型。

报刊、广播、电视、互联网等媒体，应当加强农村生活垃圾管理的公益宣传。

村民委员会应当利用村广播室、文化活动室、道德讲堂、黑板报、村务宣传栏等载体，采取村民喜闻乐见的形式，宣传生活垃圾减量分类知识、先进典型事迹等，增强村民环境保护意识。

农村中小学、幼儿园应当根据未成年人特点，经常性地开展卫生常识、生活垃圾减量分类知识的教育和实践活动。

第九条 对在农村生活垃圾管理工作中做出显著成绩的单位和个人，按照国家有关规定给予表彰奖励。

第二章 规划编制与设施建设

第十条 县级以上人民政府应当编制本行政区域内农村生活垃圾治理专项规划或者实施方案，并与乡村建设规划和村庄规划相衔接。

编制规划或者实施方案，应当征求相关部门、人大代表、政协委员、专家学者和社会公众意见。

第十一条 市(州)、县(市、区)人民政府负责本行政区域内农村生活垃圾收集、运输、处理设施和场所的建设。建设农村生活垃圾处理设施、场所，应当符合国家规定的环境保护和环境卫生标准。

禁止擅自关闭、闲置或者拆除农村生活垃圾处理设施、场所；确有必要关闭、闲置或者拆除的，应当经所在地的市(州)、县(市、区)人民政府环境卫生主管部门商所在地生态环境主管部门同意后核准,并采取防止污染环境的措施。

第十二条　农村生活垃圾填埋场的选址,应当符合县乡级国土空间规划、环境卫生专业规划,以及《生活垃圾填埋场污染控制标准》《生活垃圾焚烧污染控制标准》等规定和要求,由市(州)、县(市、区)人民政府统筹布局,不得在以下区域选址:

(一)水源地保护区域;

(二)永久基本农田集中区域;

(三)生态保护红线区域;

(四)其他需要特别保护的区域。

第三章　清扫、分类与投放

第十三条　农村生活垃圾管理实行责任人制度。

村民住宅房前屋后的垃圾,村民或者使用者为责任人。

村民住宅小区的垃圾,实行物业管理的,物业服务企业为责任人;没有实行物业管理的,村民委员会为责任人。

村庄内的道路、河道、水渠、文化广场等公共区域和公共建筑的垃圾,村民委员会为责任人。

机关、企业事业单位、社会团体及其他组织的办公场所的垃圾,其单位为责任人。

集贸市场、展览展销、商场商铺、餐饮服务等经营场所的垃圾,经营者或者管理单位为责任人。

田间地头的垃圾,土地经营者为责任人。

不能明确垃圾管理责任人的,由村民委员会或者乡镇人民政府指定责任人。

第十四条 推行农村生活垃圾分类制度。农村生活垃圾分类坚持政府推动、全民参与、城乡统筹、因地制宜、简便易行的原则。

第十五条 农村生活垃圾分为以下四类：

（一）易腐垃圾，包括厨余垃圾、废弃蔬菜、腐烂瓜果、落叶、粪便等；

（二）可回收利用垃圾，包括废纸、废塑料、废玻璃、废旧纺织物、废金属、废弃电器电子产品和废纸塑铝复合包装等；

（三）有害垃圾，包括废电池、废荧光灯管、废温度计、废血压计、废药品及其包装物、废油漆和溶剂及其包装物、废杀虫剂和消毒剂及其包装物等；

（四）其他生活垃圾。

第十六条 农村生活垃圾管理责任人应当及时清扫责任区域内的生活垃圾，保持生活环境卫生整洁，并按要求对垃圾进行分类，投放到指定的垃圾房、垃圾桶（箱）等收集点。

农村生活垃圾收集点的垃圾房、垃圾桶（箱）应当按照垃圾分类要求，标明易识标记。

第十七条 乡镇人民政府应当指导村民委员会建立村庄保洁制度。

村民委员会应当根据实际情况合理配置保洁员，每个自然村至少配备一名保洁员。保洁员的使用情况报乡镇人民政府备案，并按照聘用合同约定给予劳动报酬。保洁员的职责是：

（一）公共区域和公共建筑周边的清扫保洁；

（二）垃圾收集、分类、回收和清运；

（三）保洁设施、设备的日常维护；

（四）宣传环境卫生和保洁知识；

（五）制止、举报影响村庄环境卫生的行为。

乡镇人民政府、村民委员会应当定期组织村民开展公共区域卫生整治和公益卫生活动，保持村庄公共区域卫生整洁。

第四章　收集、运输与处理

第十八条　保洁员负责村庄内收集点的生活垃圾的收集和运输。单位负责其责任区域内的生活垃圾的收集和运输。

收集、运输垃圾应当遵守下列规定：

（一）按时收集，并将其运输到指定的垃圾处理场所或者转运站；

（二）在运输过程中采取必要的防护措施，不得丢弃、遗撒垃圾；

（三）不得混合收运已分类的垃圾。

第十九条　禁止单位和个人将农村生活垃圾倾倒、抛撒、堆放在以下区域：

（一）公路路面、公路用地范围内和桥梁、涵洞两侧；

（二）铁路线路安全保护区；

（三）池塘、河流、湖泊、水库等水体；

（四）河道、沟壑、村头等其他非指定的地点。

禁止随意焚烧农村生活垃圾。

禁止畜禽养殖场、养殖小区利用未经无害化处理的厨余垃圾饲喂畜禽。

禁止违法将城镇生活垃圾向农村转移。

第二十条 农村生活垃圾应当就近就地减量分类处理。

易腐垃圾应当就近就地堆肥,发展生物质能源或者集中进行无害化处理。产生、收集厨余垃圾的单位和其他生产经营者,应当将厨余垃圾交由具备相应资质条件的单位进行无害化处理。

可回收利用垃圾交再生资源回收企业或者个人回收。

有害垃圾应当交由具备相应资质条件的单位进行无害化处理;属于危险废物的,按照国家有关规定处理。

其他生活垃圾应当采取无害化方式处理。

鼓励利用生化技术、焚烧发电等方式,综合处理农村生活垃圾。

第二十一条 县级人民政府应当根据经济条件、地理位置和生活垃圾产生量,确定农村生活垃圾收集、转运、处理模式,鼓励采用新技术、新工艺、新设备,提高生活垃圾收集利用水平。

城乡接合部或者列入小城镇规划建设村庄的生活垃圾,纳入城市垃圾分类、收集、运输、处理系统。

人口密集、交通便利村庄的生活垃圾,运输到指定的垃圾处理场所或者转运站集中处理。

偏远地区或者人口分散村庄的生活垃圾,采取卫生填埋、堆肥等无害化方式就近就地利用或者处理;不具备处理条件的,应当妥善储存、定期运输到指定的垃圾处理场所或者转运站集中处理。

第二十二条 县级以上人民政府商务等主管部门应当合

理布局再生资源回收网点，加强再生资源回收服务与管理。

第二十三条　农村生活垃圾处理单位应当执行垃圾处理的技术规范、操作规程和污染控制标准，建立污染物排放监测制度。

农村生活垃圾处理单位应当按照国家有关规定，安装使用监测设备，实时监测污染物的排放情况，将污染排放数据实时公开。监测设备应当与所在地生态环境主管部门的监控设备联网。

第五章　保障措施

第二十四条　县级以上人民政府应当按照产生者付费原则，建立农村生活垃圾处理收费制度。

县级以上人民政府制定农村生活垃圾处理收费标准，应当根据本地实际确定，充分征求公众意见，并向社会公布。

公共区域的环境卫生保洁，可以由村民委员会通过“一事一议”的方式，组织村民投工投劳开展，也可以向单位、农村经济组织或者经营者收取农村生活垃圾处理费。

农村生活垃圾处理费应当专项用于农村生活垃圾的收集、运输和处理等，不得挪作他用。

第二十五条　省、市（州）人民政府应当对农村生活垃圾管理所需经费给予适当补助。

县（市、区）人民政府应当将农村生活垃圾管理费用纳入财政预算。

第二十六条　县级人民政府应当将农村生活垃圾管理设施的建设用地纳入国土空间规划和年度实施计划。

农村生活垃圾管理设施建设规划用地，未经法定程序，不得改变用途。

第二十七条 社会资本参与农村生活垃圾公共服务设施建设、运营、管理的，按照国家和本省有关规定享受税费减免等优惠政策。

鼓励企业和村民自愿出资承担农村生活垃圾日常保洁工作。

第二十八条 县级以上人民政府应当支持农村生活垃圾管理的科学技术研究，建立相应的科技推广服务体系，推广先进适用的垃圾综合利用和集中处理技术。

第二十九条 县级以上人民政府有关部门应当组织开展农村生活垃圾管理的岗位技能培训。

乡镇人民政府应当对从事农村生活垃圾管理的人员和保洁员进行教育培训，提供必要的劳动保护条件，定期组织职业健康体检，保障从业人员健康和安全。

第六章 监督管理

第三十条 各级人民政府应当建立健全考核督查机制，将农村生活垃圾管理工作纳入政府及其相关部门年度目标责任进行考核。

乡镇人民政府和村民委员会应当建立农村生活垃圾管理日常巡查机制，发现问题及时处理，督促有关单位和个人依法履行环境卫生保洁义务。

第三十一条 县级人民政府及其相关部门和乡镇人民政府应当建立农村生活垃圾管理社会监督机制，公开监督举报电话、网站等。

任何单位和个人都有权对农村生活垃圾设施建设、维护以及垃圾投放、收集、运输、处理中存在的违法违规行为进行举报。监督管理单位接到举报后,应当及时调查处理。

第七章　法律责任

第三十二条　县级以上人民政府有关部门违反本条例规定,有下列行为之一,由本级人民政府或者上级人民政府有关部门责令改正,对直接负责的主管人员和其他直接责任人员,依法给予处分:

(一)未履行监督管理职责的;

(二)对违法行为进行包庇的;

(三)发现违法行为或者接到对违法行为的举报后未予查处的;

(四)有其他滥用职权、玩忽职守、徇私舞弊等违法行为的。

第三十三条　违反本条例规定,在永久基本农田集中区域、生态保护红线区域和其他需要特别保护的区域内建设农村生活垃圾填埋场的,或者农村生活垃圾处理单位未按照国家有关规定安装使用监测设备、实时监测污染物的排放情况并公开污染排放数据的,由生态环境主管部门责令改正,处十万元以上一百万元以下的罚款,没收违法所得;情节严重的,报经有批准权的人民政府批准,可以责令停业或者关闭。

第三十四条　违反本条例规定,有下列行为之一,由县级以上人民政府环境卫生主管部门责令改正,处以罚款,没收违法所得:

（一）随意倾倒、抛撒、堆放或者焚烧农村生活垃圾的；

（二）擅自关闭、闲置或者拆除农村生活垃圾处理设施、场所的；

（三）在运输过程中沿途丢弃、遗撒农村生活垃圾的；

（四）产生、收集厨余垃圾的单位和其他生产经营者未将厨余垃圾交由具备相应资质条件的单位进行无害化处理的；

（五）畜禽养殖场、养殖小区利用未经无害化处理的厨余垃圾饲喂畜禽的。

单位有前款第一项、第三项行为之一，处五万元以上五十万元以下的罚款；单位有前款第二项、第四项、第五项行为之一，处十万元以上一百万元以下的罚款；个人有前款第一项、第三项、第四项行为之一，处一百元以上五百元以下的罚款。

违反本条例规定，未在指定的地点分类投放农村生活垃圾的，由县级以上人民政府环境卫生主管部门责令改正；情节严重的，对单位处五万元以上五十万元以下的罚款，对个人处一百元以上五百元以下的罚款。

第三十五条 违反本条例规定，在公路路面、公路用地范围内、桥梁和涵洞两侧，铁路线路安全保护区倾倒、抛撒、堆放垃圾，造成损坏、污染，影响公路畅通和线路安全的，依照《中华人民共和国公路法》和国务院《铁路安全管理条例》等法律、行政法规的规定予以处罚。

在水源地保护区域建设农村生活垃圾填埋场或者向池塘、河流、湖泊、水库等水体倾倒垃圾的，依照《中华人民共和国水污染防治法》等法律、行政法规的规定予以处罚。

第三十六条　违反本条例规定的行为，法律、行政法规已有处罚规定的，依照其规定执行。

第八章　附则

第三十七条　本条例自2021年11月1日起施行。

甘肃省住房和城乡建设厅等九部门关于印发《甘肃省农村生活垃圾治理提升五年行动方案（2021-2025年）》的通知

各市、州人民政府，兰州新区管委会：

《甘肃省农村生活垃圾治理提升五年行动方案（2021—2025年）》已经省政府同意，现予印发，请结合本地实际，认真组织实施。

甘肃省住房和城乡建设厅	甘肃省发展和改革委员会	甘肃省财政厅
甘肃省自然资源厅	甘肃省生态环境厅	甘肃省农业农村厅
甘肃省卫生健康委员会	甘肃省乡村振兴局	甘肃省供销合作社联合社

为深入贯彻落实《中共甘肃省委 甘肃省人民政府关于深入打好污染防治攻坚战的实施意见》《中共甘肃省委办公厅 甘肃省人民政府办公厅关于印发<甘肃省农村人居环境整治提升五年行动实施方案（2021—2025年）>的通知》《住房和城乡建设

部等6部门关于进一步加强农村生活垃圾收运处置体系建设管理的通知》,巩固全省全域无垃圾专项治理成果,提升农村生活垃圾治理水平,持续改善农村地区生产生活环境,促进城乡经济社会高质量发展,提高人民群众健康水平,制定本行动方案。

一、总体要求

以习近平新时代中国特色社会主义思想为指导,坚持"绿水青山就是金山银山"发展理念,落实地方政府主体责任,以补足设施短板、构建长效机制为重点,统筹县(市、区)、乡镇、村三级设施和服务,健全完善农村生活垃圾收运处置体系,加快推进无害化垃圾处理设施建设,提高农村生活垃圾减量化、资源化、无害化处理水平。建立常态长效运行管理机制,增强群众清洁卫生意识,全面改善农村地区环境卫生状况,为建设山川秀美幸福美好新甘肃提供良好环境支撑。

二、行动目标

到2025年,农村生活垃圾收运处置体系进一步健全完善,生活垃圾无害化处理水平明显提升,有条件的村庄逐步实现生活垃圾源头分类减量,收运及处理基础设施建设网络布局全面建立。

城市近郊及县城周边等有基础有条件的地区,农村生活垃圾收运处置及无害化处理自然村组全覆盖,分类收储试点示范推进,长效管护机制全面建立并稳定运行;乡镇所在地及周边村庄等有较好基础、基本具备条件的地区,农村生活垃圾收运处置自然村组全覆盖，无害化处理覆盖95%以上自然村组，长效管护机制基本建立并稳定运行；地处偏远、交通不便、经济基础薄弱的地区，农村生活垃圾收运处置覆盖所有行政村及规模较大的自然村组，无害化处理覆盖90%以上自然村组，长效管护机制基本建立。

三、重点任务

（一）统筹规划合理布局

市（州）、县（市、区）要依据市、县、镇国土空间总体规划，编制本行政区域内农村生活垃圾治理专项规划或者实施方案，并与村庄规划或村庄用途管制规则相衔接。农村生活垃圾分类、收集、运输和处理设施规划建设应与县域生活垃圾处理工程专项规划建设统筹协调实施。农村生活垃圾分类、收集、运输和处理设施的数量、规模、布局和选址应通过对经济、社会和环境影响的综合分析确定。

（二）健全完善收运处置体系

根据当地经济条件、地理交通、终端处置设施能力等因素，统筹县（市、区）、乡镇、村三级设施和服务，合理选择收集、转运和处置模式。按照交通便利、便于作业的原则，配备密闭式垃圾收集斗（箱、桶），建设或配置密闭村庄垃圾收集点（站）、乡镇压缩式垃圾转运站及各类运输车辆，优化运输路线，提高运输效率，减少运输频次。改建环保不达标的村庄垃圾暂存点、收集点，禁止露天焚烧或利用山谷、沟渠等直接堆放或填埋农村生活垃圾，坚决防止生活垃圾污染“大转移”。

（三）加快推进无害化垃圾处理设施建设

对城市（县城）垃圾处理设施覆盖范围内的乡镇、村组，实施城乡垃圾中转项目建设，就近纳入城市（县城）垃圾处理设施进行处理；对运输距离过远或地处偏远不具备转运条件的乡镇、村组，因地制宜采用小型化、分散化的无害化处理方式，选择符合环保要求、成熟可靠的无害化垃圾处理工艺，加快建设无害化垃圾处理设施，满足农村生活垃圾终端处理需求；自然保护区缓冲区和实验区范围内的乡镇、村组，强化收运体系建设，可转运至异地进行无害化处理。相邻县（市、区）、乡镇无害化垃圾处理设施及中转设施可共建共享共管。

（四）建立村庄清扫保洁制度

各地要建立稳定有效的村庄保洁队伍，根据村庄人口规模、作业半径、劳动强度等结合公益性岗位合理配置清扫保洁人员，原则上每个自然村组至少配备1名保洁人员，要明确保洁人员在垃圾收集、村庄保洁、宣传监督等方面的职责，保洁人员的使用情况报乡镇人民政府备案，并按照聘用合同约定给予劳动报酬。乡镇人民政府、村民委员会应当定期组织村民开展公共区域卫生整治和公益卫生活动，保持村庄公共区域卫生整洁。

（五）积极开展源头分类减量与利用

加快推进农村生活垃圾源头分类减量与利用，积极探索符合农村特点和农民习惯、简便易行的分类处理模式，有效减少需外运处置的农村生活垃圾量和外运频次。推动易腐烂垃圾就地就近堆肥处理，灰渣土、碎砖旧瓦等惰性垃圾在村内铺路填坑或就近掩埋，可回收垃圾纳入资源回收利用体系，有毒有害垃圾单独收集、按相关规定处置，有条件的村庄基本实现源头分类减量。

（六）健全长效运行管护制度

各县（市、区）要健全完善本地区农村生活垃圾分类减量、统一收集、无害化处理的长效管护制度，落实乡镇、村委会监管责任，明确收运和处理设施管理维护的责任主体，严格执行《农村生活垃圾收运和处理技术标准》（GB/T 51435-2021），规范各环节的日常作业管理，加强垃圾收集点（站）的运行管护，对垃圾转运站产生的污水、卫生填埋场产生的渗滤液以及垃圾焚烧厂产生的炉渣、飞灰等按照相关法律法规和标准规范做好收集、贮存及处理。建立设施设备定期维护检查制度，制定清扫、收运、处理运行标准，明确日常各环节运行及管护责任人，确保农村生活垃圾收运处置体系长期稳定运行。

（七）引导养成文明卫生习惯

动员群众共同谋划，组织村民积极参与，垃圾分类方法制定、垃圾收集点（站）选址等工作，广泛听取群众意见。建立共建共治共享工作机制，广泛开展美好环境与幸福生活共同缔造活动，围绕农村生活垃圾治理工作，建立农民群众全过程参与的工作机制。通过村规民约等形式明确村民责任和义务，建立农民群众普遍参与的运行及管护效果评价机制，通过建立积分制、设立“红黑榜”等多种方式对农户进行激励，结合实际对工作情况好的保洁人员、成效突出的村庄给予奖励。

四、保障措施

保障措施包括加强领导，明确任务；靠实责任，强化落实；加大投入，保障经费；加强督导，严格考评。

甘肃省住房和城乡建设厅等部门关于印发《关于进一步推进全省生活垃圾分类工作的若干措施》的通知

为深入贯彻习近平总书记关于生活垃圾分类工作的系列重要批示指示精神，按照《住房和城乡建设部等部门印发〈关于进一步推进生活垃圾分类工作的若干意见〉的通知》（建城〔2020〕93号）有关要求，结合我省实际，提出如下措施，请结合《甘肃省人民政府办公厅关于印发〈甘肃省城市生活垃圾分类工作实施方案〉的通知》（甘政办发〔2019〕101号），一并贯彻落实。

一、工作目标

至2022年，嘉峪关市、定西市、酒泉市、金昌市、合作市在城区范围内实现生活垃圾分类全覆盖；天水市、白银市有一个区基本实现生活垃圾分类全覆盖，另一个区至少有一个街道基本建成生活垃圾分类示范片区；其他地级城市、临夏市及兰州新区城区生活垃圾分类覆盖面进一步提高。

至2025年，力争基本建立配套完善的生活垃圾分类法规规章制度体系；全省14个市州政府所在城市城区及兰州新区城区因地制宜基本建立生活垃圾分类投放、分类收集、分类运输、分类处理系统，居民普遍形成生活垃圾分类习惯，生活垃圾回收利用率达到35%以上。

其他县城、县级市结合实际自行开展生活垃圾分类工作。

二、重点工作

（一）全面加强科学管理

1.促进源头减量。贯彻落实固体废物污染环境防治法、清洁生产促进法、循环经济促进法等相关法律法规规定，加强产品生产、流通、消费等过程管理，减少废物产生量和排放量。省内电器电子、蓄电池、包装物等生产企业要落实生产者责任延伸制度，推行生态设计，统筹考虑生产、包装、回收、处理等环节的资源环境影响，推动绿色包装和循环利用，提高产品可回收性。推动建立垃圾分类标识制度，逐步在产品包装上设置醒目的垃圾分类标识。严格执行国家限制商品过度包装有关规定及标准，避免实体销售、快递、外卖等企业过度包装，可以采取押金、以旧换新等措施加强产品包装回收处置。落实国家有关塑料污染治理管理规定，禁止或限制部分一次性塑料制品的生产、销售和利用，推动可降解塑料袋的生产、销售和应用。

切实加强监管，旅游、住宿等行业不主动提供一次性用品。鼓励引导餐饮经营单位不主动向消费者提供一次性用品，餐饮经营单位、单位食堂等要倡导“光盘行动”，引导消费者适量消费。鼓励各级党政机关、事业单位、企业和社会组织使用再生纸制品,加速推动无纸化办公,减少使用一次性办公用品,优先采购节能环保产品。严禁工业固体废物、危险废物、医疗废物、建筑垃圾等混入生活垃圾处理体系。(省发展改革委、省工业和信息化厅、省生态环境厅、省住建厅、省商务厅、省文旅厅、省市场监管局、省机关事务管理局、省邮政管理局、省财政厅、省供销合作社等按职责分工负责,各市州人民政府和兰州新区管委会负责落实并持续推进。以下均需各市州人民政府和兰州新区管委会落实并持续推进,不再列出)

2. 规范分类投放收集。参照《生活垃圾分类标志》(GB/T 19095—2019),将生活垃圾统一分为有害垃圾、可回收物、厨余垃圾和其他垃圾四个大类。有害垃圾范畴按照国家最新《危险废物名录》中的家庭源危险废物更新调整。装修垃圾按照建筑垃圾管理。家具、家用电器等大件垃圾宜采取预约方式回收,可结合实际设置预约回收热线。各地可在四分类下,因地制宜制定相对统一的生活垃圾分类小类,根据不同场所、不同垃圾产生源,合理设置简便易行的投放容器和收集设施,确保满足垃圾分类投放需要和收运便捷。在街道、小区、垃圾投放区域设置规范统一、清晰醒目的生活垃圾分类标志和分类指引,为居民分类投放生活垃圾提供便利。商业和办公场所、公共场所按照投放方便、收运便捷、实用性强的原则,因地制宜确定分类容器数量和类别。住宅小区应当在公共区域成组设置厨余垃圾、其他垃圾两类收集容器,小区内至少在一处交投点设置可回收物、有害垃圾收集容器。积极推行“互联网+预约+回收”模式，推广智能投放回收终端，推动定时定点分类投放生活垃圾。逐步实现厨余垃圾、其他垃圾有效分开，有害垃圾单独投放。提高玻璃等低值可回收物收集比例。（省住建厅、省商务厅、省市场监管局、省供销合作社、省机关事务管理局等按职责分工负责）

3. 完善分类运输体系。建立健全与生活垃圾分类收集相衔接的运输网络，合理确定分类运输站点、频次、时间和线路，配齐与分类投放量相匹配的分类运输车辆，并喷涂规范统一标识。已实施生活垃圾分类的区域，必须使用分类运输车辆进行分别运输，坚决杜绝“先分后混、混装混运”，防止挫伤居民分类投放积极性。厨余垃圾应采用密闭的专用车辆，确保“日产日清”，逐步推行“车载桶装、换桶直运”等高效运输系统，减少“抛洒滴漏”。有害垃圾实行定期或预约收运，按照密闭、安全运输的要求配置专用车辆，根据本地有害垃圾储存需要合理布局建设符合环境保护要求的有害垃圾集中储存点，集中储存点必须将有害垃圾交由具有危险货物运输资质的车辆运输到危险废物经营单位进行安全处置，并严格执行危险废物转移联单制度。可回收物采取预约收运、定期收运等方式，由专门运输车辆进行清运。切实加强对各类运输车辆的执法检查。各地要充分发挥居（村）民委员会在社区环境整治、无物业管理社区生活垃圾清运等方面的积极作用，加强与物业单位、生活垃圾清运单位之间的有序衔接。坚决做好重大疫情等应急状态下生活垃圾分类相关工作。（省住建厅、省科技厅、省工业和信息化厅、省民政厅、省交通运输厅、省卫生健康委、省供销合作社、省

公安厅、省生态环境厅、省商务厅等按职责分工负责）

4. 推进分类处理设施建设。分类后的生活垃圾必须有明确的处置渠道。各地要科学预估本地区未来生活垃圾变化趋势，按照适度超前原则，加快推进生活垃圾焚烧、生活垃圾焚烧飞灰处置等处理设施建设，生活垃圾日清运量超过300吨的城市，至2023年全部建成生活垃圾焚烧处理设施，实现原生生活垃圾“零填埋”，确保全部无害化处理。从生活垃圾中分类并集中收集的有害垃圾，属于危险废物的，应严格按危险废物管理，合理布局全省危险废物处理设施。鼓励生活垃圾处理产业园区、资源循环利用基地等建设，优化技术工艺，统筹不同类别生活垃圾处理。开展垃圾无害化处理市场化模式试点。将相关设施建设纳入国土空间规划，保障用地需求。（省住建厅、省发展改革委、省生态环境厅、省自然资源厅等按职责分工负责）

5. 提高资源化利用水平。鼓励各地采用符合本地实际的技术方法提升资源化利用水平，根据城市规模、人口分布、厨余垃圾产生量，加快补齐厨余垃圾资源化处置设施短板，统筹处置家庭厨余垃圾、餐厨垃圾和其他厨余垃圾，鼓励具备条件的单位自建合规厨余垃圾处理设施。探索适合我省厨余垃圾特性的处理技术路线，鼓励各地因地制宜选用厨余垃圾处理工艺，着力解决好堆肥、沼液、沼渣等产品在农业、林业生产中应用的“梗阻”问题。推动再生资源回收利用行业转型升级，统筹生活垃圾分类网点和废旧物品交投网点建设，规划建设一批集中分拣中心和集散场地，推进城市生活垃圾中低值可回收物的回收和再生利用。鼓励家电生产企业自建回收网络。（省住建厅、省发展改革委、省科技厅、省工业和信息化厅、省生态环境厅、省农业农村厅、省商务厅、省林草局、省供销合作社等按职责分工负责）

（二）加快形成长效机制

1.推动法治化和制度化。推动有立法权的城市加快生活垃圾管理立法工作，将城市生活垃圾分类纳入法治轨道，产生生活垃圾的单位、家庭和个人，依法履行生活垃圾源头减量和分类投放义务，探索建立“不分类、不收运”的倒逼机制。按照《甘肃省城市生活垃圾分类工作实施方案》安排部署，持续建立完善投放管理单位责任制度。因地制宜细化生活垃圾分类投放、收集、运输、处理的管理要求和技术标准，2025年底前形成一批具有我省地方特点的生活垃圾管理模式。（省住建厅等负责）

2.强化资源保障。省级财政建立奖补机制，对实施效果好、示范效应强的城市，给予一定奖补。在中央预算内投资项目安排上给予分类设施建设适当倾斜。各市州、兰州新区、有关区（市）要将生活垃圾分类方面的投入纳入财政年度预算，结合实际统筹安排预算支持生活垃圾分类系统项目建设及运营。落实生活垃圾分类相关税收优惠。积极吸引社会资本参与生活垃圾分类设施建设、改造和运营。（省财政厅、省税务局、省发展改革委、省住建厅等按职责分工负责）

3.健全收费机制。各城市应当按照产生者付费原则，建立生活垃圾处理收费制度。制定生活垃圾处理收费标准要根据本地实际，结合生活垃圾分类情况，体现分类计价、计量收费等差别化管理,并充分征求公众意见。有条件的地方探索提高混合垃圾收费标准,积极促进生活垃圾减量。生活垃圾处理费应当专项用于生活垃圾的收集、运输和处理等,不得挪作他用。(省发展改革委、省财政厅、省住建厅等按职责分工负责)

4.提升科技支撑。持续加强对生活垃圾分类关键技术研究的支持,推动生活垃圾分类投放、收集、运输、处理等技术发展。加强生活垃圾分类处理技术装备研发和集成示范应用,重点解决小型焚烧处理、焚烧飞灰处置、渗滤液处理、厨余垃圾处理等问题,构建生活垃圾从源头到末端、从生产到消费的全过程分类技术支撑体系。(省科技厅、省住建厅、省工业和信息化厅、中科院兰州分院等按职责分工负责)

5.强化考核评估。在原有检查考核机制的基础上,引入第三方监管、社会监督和群众满意度调查等方式,进一步健全全省生活垃圾分类工作成效评估机制。将生活垃圾分类工作作为文明城市、文明单位、文明家庭、文明校园、卫生城市、园林城市、食品安全示范城市、全域旅游示范区等群众性精神文明创建的重要内容。(省住建厅、省文明办、省发展改革委、省生态环境厅、省文旅厅、省卫生健康委、省市场监管局等按职责分工负责)

(三)努力推动习惯养成

1.全面加强党建引领。将生活垃圾分类作为加强基层治理的重要载体,进一步加强基层党组织领导作用,统筹居(村)民委员会、业主委员会、物业单位等各方面力量,鼓励社区党员带头,开展生活垃圾分类知识宣传引导,听取吸纳居民意见,广泛开展“美好环境与幸福生活共同缔造”活动，将居民分类意识转化为自觉行动。（各市州党委和政府、兰州新区党工委和管委会负责落实并持续推进，省住建厅、省民政厅等按职责分工负责）

2.夯实学校教育基础。将生活垃圾分类知识纳入各级各类学校教育内容，教职工率先垂范，从小培养学生良好的文明习惯。依托各级少先队、学校团组织等开展“小手拉大手”等知识普及和社会实践活动，提高学生家庭分类意识。依托“巾帼家美积分超市”等载体，积极开展巾帼志愿服务、创评“绿色家庭”、寻找最美家庭等主题实践活动，动员家庭积极参与。支持有条件的学校、社区建立生活垃圾分类青少年志愿服务队。（省教育厅、省住建厅、团省委、省妇联等按职责分工负责）

3.公共机构率先示范。各城市城区的党政机关、事业单位、公共场所管理单位、社会组织继续深入推进生活垃圾分类工作，推动各级干部职工带头养成生活垃圾分类意识。带动国有企业、经营场所比照党政机关积极落实生活垃圾分类要求。（省机关事务管理局、省直机关工委等按职责分工负责）

4.广泛开展宣传引导。利用各类媒体广泛开展对生活垃圾分类工作的宣传，编制生活垃圾分类科普手册，制作公益广告宣传片。宣传中注重典型引路、正面引导，全面客观报道生活垃圾分类政策措施及其成效。充分发挥相关行业协会及社会组织作用，开展生活垃圾分类进机关、进学校、进社会组织、进企业、进社区等活动，建设一批生活垃圾分类示范教育基地，营造全社会参与的良好氛围。（各市州党委和政府、兰州新区党

工委和管委会负责落实并持续推进,省委宣传部、省文明办、省住建厅等按职责分工负责)

5. 建立健全社会服务体系。各地要为社会力量参与生活垃圾分类创造条件,广泛开展动员。鼓励产品生产、实体销售、快递、外卖和资源回收等企业积极参与生活垃圾分类工作,主动开展社会服务。鼓励各地探索运用大数据、人工智能、物联网、互联网、移动端APP等技术手段,持续推动生活垃圾分类相关产业发展。积极开展生活垃圾分类志愿服务行动和公益活动,加强生活垃圾分类宣传、培训、引导、监督。(省住建厅、省文明办、省工业和信息化厅、省机关事务管理局、团省委等按职责分工负责)

三、保障措施

保障措施包括强化组织保障、构建社区治理体系、强化教育培训等内容。

甘肃省2022年度促进乡村生态振兴工作方案

为稳步推进全省乡村生态振兴重点工作,切实改善农村生态环境质量,促进乡村生态振兴,根据《中共中央 国务院关于做好2022年全面推进乡村振兴重点工作的意见》《中共中央国务院关于实现巩固拓展脱贫攻坚成果同乡村振兴有效衔接的意见》《农村人居环境整治提升五年行动方案（2021—2025年）》《中共甘肃省委甘肃省人民政府关于做好2022年全面推进乡村振兴重点工作的实施意见》《甘肃省关于促进乡村生态振兴的实施意见》《2022年全省持续推进“5155”乡村建设示范实施方案》等精神，制定本方案。

一、总体要求

指导思想：以习近平新时代中国特色社会主义思想为指导，全面贯彻党的十九大和十九届历次全会精神，坚定践行绿水青山就是金山银山的理念，以产业绿色、生态宜居、治理有效为基本要求，以农村生活污水垃圾治理、黑臭水体整治、化肥农药减量增效、农膜回收利用、养殖污染防治等为重点，聚焦突出短板，坚持精准治污、科学治污、依法治污，强化源头减量、资源利用、减污降碳和生态修复，扎实推进农村人居环境整治提升和农业面源污染防治，持续改善农村生态环境质量，促进乡村生态振兴重点工作取得新进展。

工作目标：到2022年底，全省农村生态环境建设取得新进展、人居环境治理水平不断提升，农村生态环境质量持续改善，1300个左右的行政村建成生态宜居美丽乡村；主要粮食作物化肥（氮肥）、农药利用率分别达到41%、41.5%；受污染耕地安全利用率稳定在90%以上；废旧农膜回收率达到83%，尾菜处理利用率达到50%以上，畜禽粪污综合利用率达到77%以上；农村生活污水治理率达到22%，清单内农村黑臭水体治理率达到70%，卫生厕所普及率达到常住农户的63%。

二、重点任务

（一）优化乡村生态空间布局。

推进村庄规划编制。加强村庄规划督导力度，通盘考虑城乡土地利用、产业发展、生态保护和历史文化传承等因素，推动形成区域一体、城乡融合，多规合一的乡村规划体系。因地制宜推进“多规合一”村庄规划，完成3996个发展类村庄规划，发展类村庄有条件的力争年底前实现应编尽编。

强化生态空间管控。充分发挥村庄规划引领作用，严格落实“三线一单”生态环境分区管控要求，规划编制要与生态空间有效衔接，系统保护乡村自然风光和田园景观，优化乡村水系、林网、绿道等生态空间格局。严格保护生态空间，全面加强国家重点生态功能区保护，推动以国家公园为主体的自然保护地体系建设。

（二）做好巩固拓展生态脱贫成果与生态振兴有效衔接。

（三）推进农村环境整治。

加强乡村风貌引导。开展传统村落集中连片保护利用示范，健全传统村落监测评估、警示退出、撤并事前审查等机制。加强历史文化名村名镇、特色民族村寨、传统村落和传统民居的保护与利用，落实中国传统村落挂牌保护制度。实施农房改善行动和“拯救老屋”行动，积极引导群众开展美丽家庭、美丽庭院、美丽乡村创建活动，鼓励农民种植花草树木，不断改善乡村风貌。

推进农村“厕所革命”。制定年度农村厕所革命实施方案，组织开展问题厕所摸排整改“回头看”，持续巩固户厕问题摸排整改成果。坚持宜水则水、宜旱则旱、经济适用、群众接受的原则，城郊和建有污水管网的农村地区推行集中下水道水冲式卫生厕所，川区及群众居住相对集中的村落推行三格式等节水型卫生厕所，干旱、高寒山区及群众居住分散及不具备稳定供水条件的地区推广卫生旱厕。因地制宜推进厕所粪污分散处理、集中处理与纳入污水管网统一处理，鼓励联户、联村、村镇一体处理。已完成水冲式厕所改造的地区，具备污水收集处理条件的，优先将厕所粪污纳入生活污水收集和处理系统；计划开展水冲式厕所改造的地区，鼓励将改厕与生活污水治理同步设计、同步建设、同步运营；暂时无法同步建设的，预留后续污水治理空间。2022年全省实施改厕40万座。

推进农村生活污水（黑臭水体）治理。以农村生活污水治理、农村黑臭水体整治为重点，推动实施300个行政村环境整治。印发《甘肃省"十四五"农村生活污水治理规划》，督促各地于2022年6月底前向社会公开县域农村生活污水治理专项规划并按年度实施。出台《甘肃省农村生活污水处理设施管理办法》，持续开展已建成农村生活污水处理设施运行情况抽查，推动非正常运行设施提升改造。开展甘肃省地方标准《农村生活污水处理设施水污染物排放标准》后评估。推动落实《甘肃省"十四五"农村黑臭水体治理工作方案》，在农村河流湖塘分布密集地区，进一步核实黑臭水体排查结果，对新发现的黑臭水体及时纳入监管清单，实行"拉条挂账、逐一销号"。将农村黑臭水体排查结果和整治进展通过县级媒体等向社会公开，在所在村公示，鼓励群众积极参与，对排查结果、整治情况监督举报。对国家监管清单中已完成整治的黑臭水体，组织监测透明度、溶解氧和氨氮3项指标，原则上每年至少监测1次。选择典型地区农村生活污水治理试点，以资源化利用、可持续治理为导向，选择符合农村实际的生活污水治理技术，优先推广运行费用低、管护简便的治理技术。督促各地完成现有农村生活污水收集处理设施运行情况排查，对设施停运破损、管网未配套、处理能力不符合实际需求、出水水质不达标等非正常运行的设施制定改造方案，有序推进整改。年底前完成庆阳市华池县农村生活污水治理综合试点任务，基本形成可复制推广的农村生活污水治理技术模式和长效管理机制；推进天水市麦积区农村黑臭水体试点，年底前完成试点任务，建立适合本地区的典型农村黑臭水体治理技术模式和管理机制。

推进农村生活垃圾治理。督促指导市（州）、县（市、区）编制本行政区域内农村生活垃圾治理专项规划或者实施方案，巩固全省全域无垃圾治理成效，健全完善农村生活垃圾收运处置体系，因地制宜推广应用小型化、分散化的无害化处理方式，加快推进无害化垃圾处理设施建设。在具备条件的村庄逐步开展农村生活垃圾源头分类减量，以乡镇或行政村为单位建设一批区域农村有机废弃物综合处置利用设施。引导和支持有条件的供销合作社将再生资源回收利用网络延伸到农村，积极推进再生资源回收利用。

推进村庄清洁行动。深入实施以“三清一改”（清理农村生活垃圾、清理村内塘沟、清理畜禽养殖粪污等农业生产废弃物，改变影响农村人居环境的不良习惯）为重点的村庄清洁行动，突出死角盲区、背街小巷、犄角旮旯，推动由村庄面上清洁向屋内庭院、村庄周边拓展。全面整治村内随意堆放的土堆粪堆、柴草秸秆、建筑材料等，依法依规拆除乱搭乱建、长期废弃、存在安全隐患或影响村容村貌的畜禽圈舍、残垣断壁。落实乡镇、村委会责任，充分利用公益性岗位，发挥村级公益性设施共管共享理事会作用，合理设置管护队伍，健全完善村庄保洁长效机制。引导农民逐步养成良好卫生习惯，提高村民清洁卫生意识。落实环境卫生"门前三包"制度，强化村民责任意识，保持村庄环境干净整洁有序，建立农民群众普遍参与的管护机制。

推进畜禽养殖业污染治理。印发实施《甘肃省"十四五"畜禽养殖污染防治规划》，各市（州）于2022年6月底前编制完成市级畜禽养殖污染防治规划，各县（市、区）于2022年底前编制完成县级畜禽养殖污染防治规划。按照"谁划定、谁管理"的原则，依法加强畜禽养殖禁养区规范管理。指导规模养殖场制定畜禽粪污资源化利用计划，种养结合，分类施策，建立畜禽粪污资源化利用台账，改造提升粪污处理设施，畅通粪肥还田渠道，积极培育粪肥还田社会化服务组织，提高粪肥还田效率。加快项目实施验收和新项目启动工作。组织做好已实施畜禽粪污资源化利用整县推进项目的调度、督导和竣工验收工作。严格落实畜禽规模养殖项目环境影响评价与排污许可制度，组织开展畜禽粪污资源化利用计划、台账和排污许可证执行报告抽查检查。

推进农业面源污染综合监督指导。推动落实《甘肃省农业面源污染治理与监督指导实施方案(试行)》,各地于2022年3月底前出台具体实施方案。推进张掖市民乐县开展农业面源污染治理与监督指导试点县(区)建设,启动农业面源污染调查监测,2022年底前完成优先治理区域清单编制工作。

(四)加强农村生态保护与修复。

(五)强化农业绿色发展。

强化耕地资源保护。

推进农业生态化。

提升减排固碳水平。

强化化肥农药减量增效。以保障国家粮食安全为底线,统筹粮食增产与面源污染防控,持续开展化肥农药减量增效行动。推进测土配方施肥和农作物病虫害统防统治与全程绿色防控示范推广,提高农民科学施肥用药意识和技能。推进有机肥替代化肥、粪肥还田利用,优化肥料施用结构,提高主要粮食作物化肥农药利用率。持续推进农药减量控害,推广高效缓控释肥料、高效低风险农药、生物肥料、生物农药等新型产品和先进施肥施药机械,推进科学用药,分期分批淘汰现存10种高毒农药。

强化秸秆尾菜、废旧农膜综合利用。持续推进秸秆资源化利用,建立健全区域化秸秆收储运体系,培育壮大秸秆综合利用市场主体,不断提升秸秆综合利用产业化水平。在蔬菜种植大县、蔬菜连片种植地区,加强田间尾菜处理利用技术指导和示范推广;在蔬菜流通重点地区,建立和完善尾菜资源化利用体系,培育壮大尾菜处理利用企业。加强农膜生产、销售、使用、回收、再利用等环节的全链条监管，持续开展塑料污染治理联合专项行动。深入实施农膜回收行动，推进地膜科学使用回收，加强加厚高强度地膜应用，因地制宜推广地膜减量、替代等技术，健全回收网络体系，鼓励开展废旧农膜资源化利用。推进农田残留地膜、农药化肥包装废弃物等清理整治工作。

严格农村地区环境准入。

（六）保障农村生态环境安全。

（七）积极开展示范引领。

推进美丽乡村建设。深化“5155”乡村建设示范行动，接续推进5个乡村建设省级示范市（州），10个省级示范县（市）建设，年底前建成50个省级示范乡（镇）和500个省级示范村。选取美丽乡村建设推动模式典型、成效好的地区开展现场观摩活动，促进各地相互学习交流借鉴。

推进生态文明示范创建。聚焦生态资源丰富、自然资源禀赋良好的县、乡镇、村等单元，积极择优推进陇南、白银、甘南等地开展“绿水青山就是金山银山”实践创新基地建设。

三、工作保障

保障工作包括加强组织领导、强化监督考核、加大宣传引导等内容。

大气污染物综合排放标准
（GB 16297—1996）

根据《中华人民共和国大气污染防治法》第七条的规定，制定本标准。

本标准在原有《工业“三废”排放试行标准》（GBJ-4—73）废气部分和有关其他行业性国家大气污染物排放标准的基础上制定。本标准在技术内容上与原有各标准有一定的继承关系，亦有相当大的修改和变化。

本标准规定了33种大气污染物的排放限值，其指标体系为最高允许排放浓度、最高允许排放速率和无组织排放监控浓度限值。

国家在控制大气污染物排放方面，除本标准为综合性排放标准外，还有若干行业性排放标准共同存在，即除若干行业执行各自的行业性国家大气污染物排放标准外，其余均执行本标准。

本标准从1997年1月1日起实施。

下列各标准的废气部分由本标准取代，自本标准实施之日起，下列各标准的废气部分即行废除：

GBJ 4—73　工业“三废”排放试行标准

GB 3548—83　合成洗涤剂工业污染物排放标准

GB 4276—84　火炸药工业硫酸浓缩污染物排放标准

GB 4277—84　雷汞工业污染物排放标准

GB 4282—84　硫酸工业污染物排放标准

GB 4286—84　船舶工业污染物排放标准

GB 4911—85　钢铁工业污染物排放标准

GB 4912—85　轻金属工业污染物排放标准

GB 4913—85　重有色金属工业污染物排放标准

GB 4916—85　沥青工业污染物排放标准

GB 4917—85　普钙工业污染物排放标准

本标准的附录A、附录B、附录C都是标准的附录。

本标准由国家环境保护局科技标准司提出。

本标准由国家环境保护局负责解释。

1 主题内容与适用范围

1.1 主题内容

本标准规定了33种大气污染物的排放限值,同时规定了标准执行中的各种要求。

1.2 适用范围

1.2.1 在我国现有的国家大气污染物排放标准体系中,按照综合性排放标准与行业性排放标准不交叉执行的原则,锅炉执行GB 13271—91《锅炉大气污染物排放标准》、工业炉窑执行GB 9078—1996《工业炉窑大气污染物排放标准》、火电厂执行GB 13223—1996《火电厂大气污染物排放标准》、炼焦炉执行GB 16171—1996《炼焦炉大气污染物排放标准》、水泥厂执行GB 4915—1996《水泥厂大气污染物排放标准》、恶臭物质排放执行GB 14554—93《恶臭污染物排放标准》汽车排放执行GB

14761.1~14761.7—93《汽车大气污染物排放标准》、摩托车排气执行GB 14621—93《摩托车排气污染物排放标准》,其他大气污染物排放均执行本标准。

1.2.2 本标准实施后再行发布的行业性国家大气污染物排放标准,按其适用范围规定的污染源不再执行本标准。

1.2.3 本标准适用于现有污染源大气污染物排放管理,以及建设项目的环境影响评价、设计、环境保护设施竣工验收及其投产后的大气污染物排放管理。

2 引用标准

下列标准所包含的条文,通过在本标准中引用而构成为本标准的条文。

GB 3095—1996 环境空气质量标准

GB/T 16157—1996 固定污染源排气中颗粒物测定与气态污染物采样方法

3 定义

本标准采用下列定义:

3.1 标准状态

指温度为273K,压力为101325Pa时的状态。本标准规定的各项标准值,均以标准状态下的干空气为基准。

3.2 最高允许排放浓度

指处理设施后排气筒中污染物任何1小时浓度平均值不得超过的限值;或指无处理设施排气筒中污染物任何1小时浓度平均值不得超过的限值。

3.3 最高允许排放速率(Maximum allowable emission rate)

指一定高度的排气筒任何1小时排放污染物的质量不得超过的限值。

3.4 无组织排放

指大气污染物不经过排气筒的无规则排放。低矮排气筒的排放属有组织排放，但在一定条件下也可造成与无组织排放相同的后果。因此，在执行"无组织排放监控浓度限值"指标时，由低矮排气筒造成的监控点污染物浓度增加不予扣除。

3.5 无组织排放监控点

依照本标准附录C的规定，为判别无组织排放是否超过标准而设立的监测点。

3.6 无组织排放监控浓度限值

指监控点的污染物浓度在任何1小时的平均值不得超过的限值。

3.7 污染源

指排放大气污染物的设施或指排放大气污染物的建筑构造(如车间等)。

3.8 单位周界

指单位与外界环境接界的边界。通常应依据法定手续确定边界；若无法定手续，则按目前的实际边界确定。

3.9 无组织排放源

指设置于露天环境中具有无组织排放的设施，或指具有无组织排放的建筑构造(如车间、工棚等)。

3.10 排气筒高度

指自排气筒(或其主体建筑构造)所在的地平面至排气筒

出口计的高度。

4 指标体系

本标准设置下列三项指标：

4.1 通过排气筒排放的污染物最高允许排放浓度。

4.2 过排气筒排放的污染物，按排气筒高度规定的最高允许排放速率。

任何一个排气筒必须同时遵守上述两项指标，超过其中任何一项均为超标排放。

4.3 以无组织方式排放的污染物，规定无组织排放的监控点及相应的监控浓度限值。该指标按照本标准第9.2条的规定执行。

5 排放速率标准分级

本标准规定的最高允许排放速率，现有污染源分为一、二、三级，新污染源分为二、三级。按污染源所在的环境空气质量功能区类别，执行相应级别的排放速率标准，即：

位于一类区的污染源执行一级标准（一类区禁止新、扩建污染源，一类区现有污染源改建时执行现有污染源的一级标准）；

位于二类区的污染源执行二级标准；

位于三类区的污染源执行三级标准。

6 标准值

6.1 1997年1月1日前设立的污染源（以下简称为现有污染源）执行表1所列标准值。

6.2 1997年1月1日起设立（包括新建、扩建、改建）的污染源(以下简称为新污染源)执行表2所列标准值。

6.3 按下列规定判断污染源的设立日期:

6.3.1 一般情况下应以建设项目环境影响报告书(表)批准日期作为其设立日期。

6.3.2 未经环境保护行政主管部门审批设立的污染源,应按补做的环境影响报告书(表)批准日期作为其设立日期。

7 其他规定

7.1 排气筒高度除须遵守表列排放速率标准值外,还应高出周围200m半径范围的建筑5m以上,不能达到该要求的排气筒,应按其高度对应的表列排放速率标准值严格50%执行。

7.2 两个排放相同污染物(不论其是否由同一生产工艺过程产生)的排气筒,若其距离小于其几何高度之和,应合并视为一根等效排气筒。若有三根以上的近距排气筒,且排放同一种污染物时,应以前两根的等效排气筒,依次与第三、四根排气筒取等效值。等效排气筒的有关参数计算方法见附录A。

7.3 若某排气筒的高度处于本标准列出的两个值之间,其执行的最高允许排放速率以内插法计算,内插法的计算式见本标准附录B;当某排气筒的高度大于或小于本标准列出的最大或最小值时,以外推法计算其最高允许排放速率,外推法计算式见本标准附录B。

7.4 新污染源的排气筒一般不应低于15m。若某新污染源的排气筒必须低于15m时,其排放速率标准值按7.3的外推计算结果再严格50%执行。

7.5 新污染源的无组织排放应从严控制,一般情况下不应有无组织排放存在,无法避免的无组织排放应达到表2规定的标准值。

7.6 工业生产尾气确需燃烧排放的,其烟气黑度不得超过林格曼1级。

8 监测

8.1 布点

8.1.1 排气筒中颗粒物或气态污染物监测的采样点数目及采样点位置的设置,按GB/T 16157—1996执行。

8.1.2 无组织排放监测的采样点(即监控点)数目和采样点位置的设置方法,详见本标准附录C。

8.2 采样时间和频次

本标准规定的三项指标,均指任何1小时平均值不得超过的限值,故在采样时应做到:

8.2.1 排气筒中废气的采样以连续1小时的采样获取平均值;或在1小时内,以等时间间隔采集4个样品,并计平均值。

8.2.2 无组织排放监控点的采样

无组织排放监控点和参照点监测的采样,一般采用连续1小时采样计平均值;

若浓度偏低,需要时可适当延长采样时间;

若分析方法灵敏度高,仅需用短时间采集样品时,应实行等时间间隔采样,采集4个样品计平均值。

8.2.3 特殊情况下的采样时间和频次

若某排气筒的排放为间断性排放,排放时间小于1小时,应在排放时段内实行连续采样,或在排放时段内以等时间间隔采集2~4个样品，并计平均值；

若某排气筒的排放为间断性排放，排放时间大于1小时，则应在排放时段内按8.2.1的要求采样；

当进行污染事故排放监测时，按需要设置的采样时间和采样频次，不受上述要求限制；

建设项目环境保护设施竣工验收监测的采样时间和频次，按国家环境保护局制定的建设项目环境保护设施竣工验收监测办法执行。

8.3 监测工况要求

8.3.1 在对污染源的日常监督性监测中，采样期间的工况应与当时的运行工况相同，排污单位的人员和实施监测的人员都不应任意改变当时的运行工况。

8.3.2 建设项目环境保护设施竣工验收监测的工况要求按国家环境保护局制定的建设项目环境保护设施竣工验收监测办法执行。

8.4 采样方法和分析方法

8.4.1 污染物的分析方法按国家环境保护局规定执行。

8.4.2 污染物的采样方法按GB/T 16157—1996和国家环境保护局规定的分析方法有关部分执行。

8.5 排气量的测定

排气量的测定应与排放浓度的采样监测同步进行，排气量的测定方法按GB/T 16157—1996执行。

9 标准实施

9.1 位于国务院批准划定的酸雨控制区和二氧化硫污染

控制区的污染源，其二氧化硫排放除执行本标准外，还应执行总量控制标准。

9.2 本标准中无组织排放监控浓度限值，由省、自治区、直辖市人民政府环境保护行政主管部门决定是否在本地区实施，并报国务院环境保护行政主管部门备案。

9.3 本标准由县级以上人民政府环境保护行政主管部门负责监督实施。

表1 现有污染源大气污染物排放限值

序号	污染物	最高允许排放浓度 mg/m³	最高允许排放速率，kg/h				无组织排放监控浓度限值	
			排气筒高度 m	一级	二级	三级	监控点	浓度 mg/m³
1	二氧化硫	1200（硫、二氧化硫、硫酸和其他含硫化合物生产） 700（硫、二氧化硫、硫酸和其他含硫化合物使用）	15 20 30 40 50 60 70 80 90 100	1.6 2.6 8.8 15 23 33 47 63 82 100	3.0 5.1 17 30 45 64 91 120 160 200	4.1 7.7 26 45 69 98 140 190 240 310	无组织排放源上风设参点，下风向设监控点	0.50（监控点与参照点浓度差值）

续表

<table>
<tr><td rowspan="2">序号</td><td rowspan="2">污染物</td><td rowspan="2">最高允许排放浓度 mg/m³</td><td colspan="4">最高允许排放速率，kg/h</td><td colspan="2">无组织排放监控浓度限值</td></tr>
<tr><td>排气筒高度 m</td><td>一级</td><td>二级</td><td>三级</td><td>监控点</td><td>浓度 mg/m³</td></tr>
<tr><td rowspan="2">2</td><td rowspan="2">氮氧化物</td><td>1700（硝酸、氮肥和火炸药生产）</td><td rowspan="2">15
20
30
40
50
60
70
80
90
100</td><td rowspan="2">0.47
0.77
2.6
4.6
7.0
9.9
14
19
24
31</td><td rowspan="2">0.91
1.5
5.1
8.9
14
19
27
37
47
61</td><td rowspan="2">1.4
2.3
7.7
14
21
29
41
56
72
92</td><td rowspan="2">无组织排放源上风向设参照点，下风向设监控点</td><td rowspan="2">0.15（监控点与参照点浓度差值）</td></tr>
<tr><td>420（硝酸使用和其他）</td></tr>
<tr><td>3</td><td>颗粒物</td><td>22（碳黑尘、染料尘）</td><td>15
20
30
40</td><td>禁排</td><td>0.60
1.0
4.0
6.8</td><td>0.87
1.5
5.9
10</td><td>周界外浓度最高点*</td><td>肉眼不可见</td></tr>
</table>

*一般应于无组织排放源上风向2~5cm范围内设参考点，排放源下风向2~5cm范围设监控点，详见附录C。下同。

**周界外浓度最高点一般应设于排放源下风向的单位周界处10cm范围内，若预计无组织排放的最大落地浓度点越出10m范围，可将监控点移至该预计浓度最高点，详见附录C。下同。

***均指含游离二氧化硅10%以上的各种尘。

续表

序号	污染物	最高允许排放浓度 mg/m^3	最高允许排放速率，kg/h				无组织排放监控浓度限值	
			排气筒高度 m	一级	二级	三级	监控点	浓度 mg/m^3
		80（玻璃棉尘、石英粉尘、矿渣棉尘）	15	禁排	2.2	3.1	无组织排放源上风向设参照点，下风向设监控点	2.0（监控点与参照点浓度差值）
			20		3.7	5.3		
			30		14	21		
			40		25	37		
		150（其他）	15	2.1	4.1	5.9	无组织排放源上风向设参照点，下风向设监控点	5.0（监控点与参照点浓度差值）
			20	3.5	6.9	10		
			30	14	27	40		
			40	24	46	69		
			50	36	70	110		
			60	51	100	150		
4	氯化氢	150	15	禁排	0.3	0.46	周界外浓度最高点	0.25
			20		0.51	0.77		
			30		1.7	2.6		
			40		3.0	4.5		
			50		4.5	6.9		
			60		6.4	9.8		
			70		9.1	14		
			80		12	19		

续表

<table>
<tr><td rowspan="2">序号</td><td rowspan="2">污染物</td><td rowspan="2">最高允许排放浓度 mg/m³</td><td colspan="4">最高允许排放速率，kg/h</td><td colspan="2">无组织排放监控浓度限值</td></tr>
<tr><td>排气筒高度 m</td><td>一级</td><td>二级</td><td>三级</td><td>监控点</td><td>浓度 mg/m³</td></tr>
<tr><td>5</td><td>铬酸雾</td><td>0.080</td><td>15
20
30
40
50
60</td><td>禁排</td><td>0.009
0.015
0.051
0.089
0.14
0.19</td><td>0.014
0.023
0.078
0.13
0.21
0.29</td><td>周界外浓度最高点</td><td>0.0075</td></tr>
<tr><td rowspan="2">6</td><td rowspan="2">硫酸雾</td><td>1000
（火炸药厂）</td><td rowspan="2">15
20
30
40
50
60
70
80</td><td rowspan="2">禁排</td><td rowspan="2">1.8
3.1
10
18
27
39
55
74</td><td rowspan="2">2.8
4.6
16
27
41
59
83
110</td><td rowspan="2">周界外浓度最高点</td><td rowspan="2">1.5</td></tr>
<tr><td>70
(其他)</td></tr>
<tr><td rowspan="2">7</td><td rowspan="2">氟化物</td><td>100
（普钙工业）</td><td rowspan="2">15
20
30
40
50
60
70
80</td><td rowspan="2">禁排</td><td rowspan="2">0.12
0.20
0.69
1.2
1.8
2.6
3.6
4.9</td><td rowspan="2">0.18
0.31
1.0
1.8
2.7
3.9
5.5
7.5</td><td rowspan="2">无组织排放源上风向设参照点，下风向设监控点</td><td rowspan="2">20μg/m³
（监控点与参照点浓度差值）</td></tr>
<tr><td>11
（其他）</td></tr>
</table>

续表

序号	污染物	最高允许排放浓度 mg/m^3	最高允许排放速率,kg/h				无组织排放监控浓度限值	
			排气筒高度 m	一级	二级	三级	监控点	浓度 mg/m^3
8	*氯气	85	25	禁排	0.60	0.90	周界外浓度最高点	0.50
			30		1.0	1.5		
			40		3.4	5.2		
			50		5.9	9.0		
			60		9.1	14		
			70		13	20		
			80		18	28		
9	铅及其化合物	0.90	15	禁排	0.005	0.007	周界外浓度最高点	0.0075
			20		0.007	0.011		
			30		0.031	0.048		
			40		0.055	0.083		
			50		0.085	0.13		
			60		0.12	0.18		
			70		0.17	0.26		
			80		0.23	0.35		
			90		0.31	0.47		
			100		0.39	0.60		

*排放氯气的排气筒不得低于25m。

续表

序号	污染物	最高允许排放浓度 mg/m³	最高允许排放速率,kg/h				无组织排放监控浓度限值	
			排气筒高度 m	一级	二级	三级	监控点	浓度 mg/m³
10	汞及其化合物	0.015	15 20 30 40 50 60	禁排	1.8×10^{-3} 3.1×10^{-3} 10×10^{-3} 18×10^{-8} 27×10^{-8} 39×10^{-3}	2.8×10^{-3} 4.6×10^{-3} 16×10^{-3} 27×10^{-3} 41×10^{-3} 59×10^{-3}	周界外浓度最高点	0.0015
11	镉及其化合物	1.0	15 20 30 40 50 60 70 80	禁排	0.060 0.10 0,34 0.59 0.91 1.3 1.8 2.5	0.090 0.15 0.52 0.90 1.4 2.0 2.8 3.7	周界外浓度最高点	0.050

续表

序号	污染物	最高允许排放浓度 mg/m³	最高允许排放速率,kg/h				无组织排放监控浓度限值	
			排气筒高度 m	一级	二级	三级	监控点	浓度 mg/m³
12	铍及其化合物	0.015	15 20 30 40 50 60 70 80	禁排	1.3×10^{-3} 2.2×10^{-3} 7.3×10^{-3} 13×10^{-3} 19×10^{-3} 27×10^{-8} 39×10^{-3} 52×10^{-3}	2.0×10^{-3} 3.3×10^{-3} 11×10^{-3} 19×10^{-3} 29×10^{-3} 41×10^{-3} 58×10^{-3} 79×10^{-3}	周界外浓度最高点	0.0010
13	镍及其化合物	5.0	15 20 30 40 50 60 70 80	禁排	0.18 0.31 1.0 1.8 2.7 3.9 5.5 7.4	0.28 0.46 1.6 2.7 4.1 5.9 8.2 11	周界外浓度最高点	0.050

续表

<table>
<tr><th rowspan="2">序号</th><th rowspan="2">污染物</th><th rowspan="2">最高允许排放浓度 mg/m³</th><th colspan="4">最高允许排放速率,kg/h</th><th colspan="2">无组织排放监控浓度限值</th></tr>
<tr><th>排气筒高度 m</th><th>一级</th><th>二级</th><th>三级</th><th>监控点</th><th>浓度 mg/m³</th></tr>
<tr><td rowspan="8">14</td><td rowspan="8">锡及其化合物</td><td rowspan="8">10</td><td>15</td><td rowspan="8">禁排</td><td>0.36</td><td>0.55</td><td rowspan="8">周界外浓度最高点</td><td rowspan="8">0.30</td></tr>
<tr><td>20</td><td>0.61</td><td>0.93</td></tr>
<tr><td>30</td><td>2.1</td><td>3.1</td></tr>
<tr><td>40</td><td>3.5</td><td>5.4</td></tr>
<tr><td>50</td><td>5.4</td><td>8.2</td></tr>
<tr><td>60</td><td>7.7</td><td>12</td></tr>
<tr><td>70</td><td>11</td><td>17</td></tr>
<tr><td>80</td><td>15</td><td>22</td></tr>
<tr><td rowspan="4">15</td><td rowspan="4">苯</td><td rowspan="4">17</td><td>15</td><td rowspan="4">禁排</td><td>0.60</td><td>0.90</td><td rowspan="4">周界外浓度最高点</td><td rowspan="4">0.50</td></tr>
<tr><td>20</td><td>1.0</td><td>1.5</td></tr>
<tr><td>30</td><td>3.3</td><td>5.2</td></tr>
<tr><td>40</td><td>6.0</td><td>9.0</td></tr>
<tr><td rowspan="4">16</td><td rowspan="4">甲苯</td><td rowspan="4">60</td><td>15</td><td rowspan="4">禁排</td><td>3.6</td><td>5.5</td><td rowspan="4">周界外浓度最高点</td><td rowspan="4">3.0</td></tr>
<tr><td>20</td><td>6.1</td><td>9.3</td></tr>
<tr><td>30</td><td>21</td><td>31</td></tr>
<tr><td>40</td><td>36</td><td>54</td></tr>
<tr><td rowspan="4">17</td><td rowspan="4">二甲苯</td><td rowspan="4">90</td><td>15</td><td rowspan="4">禁排</td><td>1.2</td><td>1.8</td><td rowspan="4">周界外浓度最高点</td><td rowspan="4">1.5</td></tr>
<tr><td>20</td><td>2.0</td><td>3.1</td></tr>
<tr><td>30</td><td>6.9</td><td>10</td></tr>
<tr><td>40</td><td>12</td><td>18</td></tr>
<tr><td rowspan="6">18</td><td rowspan="6">酚类</td><td rowspan="6">115</td><td>15</td><td rowspan="6">禁排</td><td>0.12</td><td>0.18</td><td rowspan="6">周界外浓度最高点</td><td rowspan="6">0.10</td></tr>
<tr><td>20</td><td>0.20</td><td>0.31</td></tr>
<tr><td>30</td><td>0.68</td><td>1.0</td></tr>
<tr><td>40</td><td>1.2</td><td>1.8</td></tr>
<tr><td>50</td><td>1.8</td><td>2.7</td></tr>
<tr><td>60</td><td>2.6</td><td>3.9</td></tr>
</table>

续表

<table>
<tr><th rowspan="2">序号</th><th rowspan="2">污染物</th><th rowspan="2">最高允许排放浓度 mg/m³</th><th colspan="4">最高允许排放速率,kg/h</th><th colspan="2">无组织排放监控浓度限值</th></tr>
<tr><th>排气筒高度 m</th><th>一级</th><th>二级</th><th>三级</th><th>监控点</th><th>浓度 mg/m³</th></tr>
<tr><td rowspan="6">19</td><td rowspan="6">甲醛</td><td rowspan="6">30</td><td>15</td><td rowspan="6">禁排</td><td>0.30</td><td>0.46</td><td rowspan="6">周界外浓度最高点</td><td rowspan="6">0.25</td></tr>
<tr><td>20</td><td>0.51</td><td>0.77</td></tr>
<tr><td>30</td><td>1.7</td><td>2.6</td></tr>
<tr><td>40</td><td>3.0</td><td>4.5</td></tr>
<tr><td>50</td><td>4.5</td><td>6.9</td></tr>
<tr><td>60</td><td>6.4</td><td>9.8</td></tr>
<tr><td rowspan="6">20</td><td rowspan="6">乙醛</td><td rowspan="6">150</td><td>15</td><td rowspan="6">禁排</td><td>0.060</td><td>0.090</td><td rowspan="6">周界外浓度最高点</td><td rowspan="6">0.050</td></tr>
<tr><td>20</td><td>0.10</td><td>0.15</td></tr>
<tr><td>30</td><td>0.34</td><td>0.52</td></tr>
<tr><td>40</td><td>0.59</td><td>0.90</td></tr>
<tr><td>50</td><td>0.91</td><td>1.4</td></tr>
<tr><td>60</td><td>1.3</td><td>2.0</td></tr>
<tr><td rowspan="6">21</td><td rowspan="6">丙烯腈</td><td rowspan="6">26</td><td>15</td><td rowspan="6">禁排</td><td>0.91</td><td>1.4</td><td rowspan="6">周界外浓度最高点</td><td rowspan="6">0.75</td></tr>
<tr><td>20</td><td>1.5</td><td>2.3</td></tr>
<tr><td>30</td><td>5.1</td><td>7.8</td></tr>
<tr><td>40</td><td>8.9</td><td>13</td></tr>
<tr><td>50</td><td>14</td><td>21</td></tr>
<tr><td>60</td><td>19</td><td>29</td></tr>
<tr><td rowspan="6">22</td><td rowspan="6">丙烯醛</td><td rowspan="6">20</td><td>15</td><td rowspan="6">禁排</td><td>0.61</td><td>0.92</td><td rowspan="6">周界外浓度最高点</td><td rowspan="6">0.50</td></tr>
<tr><td>20</td><td>1.0</td><td>1.5</td></tr>
<tr><td>30</td><td>3.4</td><td>5.2</td></tr>
<tr><td>40</td><td>5.9</td><td>9.0</td></tr>
<tr><td>50</td><td>9.1</td><td>14</td></tr>
<tr><td>60</td><td>13</td><td>20</td></tr>
</table>

续表

序号	污染物	最高允许排放浓度 mg/m³	最高允许排放速率,kg/h				无组织排放监控浓度限值	
			排气筒高度 m	一级	二级	三级	监控点	浓度 mg/m³
23	*氰化氢	2.3	25 30 40 50 60 70 80	禁排	0.18 0.31 1.0 1.8 2.7 3.9 5.5	0.28 0.46 1.6 2.7 4.1 5.9 8.3	周界外浓度最高点	0.030
24	甲醇	220	15 20 30 40 50 60	禁排	6.1 10 34 59 91 130	9.2 15 52 90 140 200	周界外浓度最高点	15
25	苯胺类	25	15 20 30 40 50 60	禁排	0.61 1.0 3.4 5.9 9.1 13	0.92 1.5 5.2 9.0 14 20	周界外浓度最高点	0.50

*排放氰化氢的排气筒不得低于25m。

续表

序号	污染物	最高允许排放浓度 mg/m³	最高允许排放速率,kg/h				无组织排放监控浓度限值	
			排气筒高度 m	一级	二级	三级	监控点	浓度 mg/m³
26	氯苯类	85	15	禁排	0.67	0.92	周界外浓度最高点	0.50
			20		1.0	1.5		
			30		2.9	4.4		
			40		5.0	7.6		
			50		7.7	12		
			60		11	17		
			70		15	23		
			80		21	32		
			90		27	41		
			100		34	52		
27	硝基苯类	20	15	禁排	0.060	0.090	周界外浓度最高点	0.050
			20		0.10	0.15		
			30		0.34	0.52		
			40		0.59	0.90		
			50		0.91	1.4		
			60		1.3	2.0		
28	氯乙烯	65	15	禁排	0.91	1.4	周界外浓度最高点	0.75
			20		1.5	2.3		
			30		5.0	7.8		
			40		8.9	13		
			50		14	21		
			60		19	29		

续表

<table>
<tr><th rowspan="2">序号</th><th rowspan="2">污染物</th><th rowspan="2">最高允许排放浓度 mg/m^3</th><th colspan="4">最高允许排放速率，kg/h</th><th colspan="2">无组织排放监控浓度限值</th></tr>
<tr><th>排气筒高度 m</th><th>一级</th><th>二级</th><th>三级</th><th>监控点</th><th>浓度 mg/m^3</th></tr>
<tr><td>29</td><td>苯并[a]芘</td><td>0.50×10^{-3}
（沥青、碳素制品生产和加工）</td><td>15
20
30
40
50
60</td><td>禁排</td><td>0.06×10^{-3}
0.10×10^{-3}
0.34×10^{-3}
0.59×10^{-3}
0.90×10^{-3}
1.3×10^{-3}</td><td>0.09×10^{-3}
0.15×10^{-3}
0.51×10^{-3}
0.89×10^{-3}
1.4×10^{-3}
2.0×10^{-8}</td><td>周界外浓度最高点</td><td>0.01 g/m^3</td></tr>
<tr><td>30</td><td>*光气</td><td>5.0</td><td>25
30
40
50</td><td>禁排</td><td>0.12
0.20
0.69
1.2</td><td>0.18
0.31
1.0
1.8</td><td>周界外浓度最高点</td><td>0.10</td></tr>
<tr><td rowspan="3">31</td><td rowspan="3">沥青烟</td><td>280
（吹制沥青）</td><td rowspan="3">15
20
30
40
50
60
70
80</td><td rowspan="3">0.11
0.19
0.82
1.4
2.2
3.0
4.5
6.2</td><td rowspan="3">0.22
0.36
1.6
2.8
4.3
5.9
8.7
12</td><td rowspan="3">0.34
0.55
2.4
4.2
6.6
9.0
13
18</td><td rowspan="3" colspan="2">生产设备不得有明显无组织排放存在</td></tr>
<tr><td>80
（熔炼、浸涂）</td></tr>
<tr><td>150
（建筑搅拌）</td></tr>
</table>

*排放光气的排气筒不得低于25m。

续表

<table>
<tr><th rowspan="2">序号</th><th rowspan="2">污染物</th><th rowspan="2">最高允许排放浓度 mg/m³</th><th colspan="4">最高允许排放速率,kg/h</th><th colspan="2">无组织排放监控浓度限值</th></tr>
<tr><th>排气筒高度 m</th><th>一级</th><th>二级</th><th>三级</th><th>监控点</th><th>浓度 mg/m³</th></tr>
<tr><td>32</td><td>石棉尘</td><td>2根(纤维)/cm³或20mg/m³</td><td>15
20
30
40
50</td><td>禁排</td><td>0.65
1.1
4.2
7.2
11</td><td>0.98
1.7
6.4
11
17</td><td colspan="2">生产设备不得有明显
的无组织排放存在</td></tr>
<tr><td>33</td><td>非甲烷总烃</td><td>150
(使用溶剂汽油或其他混合烃类物质)</td><td>15
20
30
40</td><td>6.3
10
35
61</td><td>12
20
63
120</td><td>18
30
100
170</td><td>周界外浓度最高点</td><td>5.0</td></tr>
</table>

表2　新污染源大气污染物排放限值

<table>
<tr><th rowspan="2">序号</th><th rowspan="2">污染物</th><th rowspan="2">最高允许排放浓度 mg/m³</th><th colspan="3">最高允许排放速率,kg/h</th><th colspan="2">无组织排放监控浓度限值</th></tr>
<tr><th>排气筒高度m</th><th>二级</th><th>三级</th><th>监控点</th><th>浓度 mg/m³</th></tr>
<tr><td rowspan="10">1</td><td rowspan="10">二氧化硫</td><td rowspan="3">960
（硫、二氧化硫、硫酸和其他含硫化合物生产）</td><td>15</td><td>2.6</td><td>3.5</td><td rowspan="10">周界外浓度最高点*</td><td rowspan="10">0.40</td></tr>
<tr><td>20</td><td>4.3</td><td>6.6</td></tr>
<tr><td>30</td><td>15</td><td>22</td></tr>
<tr><td rowspan="7">550
（硫、二氧化硫、硫酸和其他含硫化合物使用）</td><td>40</td><td>25</td><td>38</td></tr>
<tr><td>50</td><td>39</td><td>58</td></tr>
<tr><td>60</td><td>55</td><td>83</td></tr>
<tr><td>70</td><td>77</td><td>120</td></tr>
<tr><td>80</td><td>110</td><td>160</td></tr>
<tr><td>90</td><td>130</td><td>200</td></tr>
<tr><td>100</td><td>170</td><td>270</td></tr>
<tr><td rowspan="10">2</td><td rowspan="10">氮氧化物</td><td rowspan="5">1400
（硝酸、氮肥和火炸药生产）</td><td>15</td><td>0.77</td><td>1.2</td><td rowspan="10">周界外浓度最高点</td><td rowspan="10">0.12</td></tr>
<tr><td>20</td><td>1.3</td><td>2.0</td></tr>
<tr><td>30</td><td>4.4</td><td>6.6</td></tr>
<tr><td>40</td><td>7.5</td><td>11</td></tr>
<tr><td>50</td><td>12</td><td>18</td></tr>
<tr><td rowspan="5">240
（硝酸使用和其他）</td><td>60</td><td>16</td><td>25</td></tr>
<tr><td>70</td><td>23</td><td>35</td></tr>
<tr><td>80</td><td>31</td><td>47</td></tr>
<tr><td>90</td><td>40</td><td>61</td></tr>
<tr><td>100</td><td>52</td><td>78</td></tr>
</table>

续表

序号	污染物	最高允许排放浓度 mg/m^3	最高允许排放速率，kg/h			无组织排放监控浓度限值	
			排气筒高度 m	二级	三级	监控点	浓度 mg/m^3
3	颗粒物	18（碳黑尘、染料尘）	15	0.51	0.74	周界外浓度最高点	肉眼不可见
			20	0.85	1.3		
			30	3.4	5.0		
			40	5.8	8.5		
		60**（玻璃棉尘、石英粉尘、矿渣棉尘）	15	1.9	2.6	周界外浓度最高点	1.0
			20	3.1	4.5		
			30	12	18		
			40	21	31		
		120（其他）	15	3.5	5.0	周界外浓度最高点	1.0
			20	5.9	8.5		
			30	23	34		
			40	39	59		
			50	60	94		
			60	85	130		
4	*氯化氢	100	15	0.26	0.39	周界外浓度最高点	0.20
			20	0.43	0.65		
			30	1.4	2.2		
			40	2.6	3.8		
			50	3.8	5.9		
			60	5.4	8.3		
			70	7.7	12		
			80	10	16		

*周界外浓度最高点一般应设于排放源下风向的单位周界外10m范围内。若预计无组织排放的最大落地浓度点越出10m范围，可将监控点移至该预计浓度最高点，详见附录C。下同。

**均指含游离二氧化硅10%以上的各种尘。

续表

<table>
<tr><th rowspan="2">序号</th><th rowspan="2">污染物</th><th rowspan="2">最高允许排放浓度 mg/m³</th><th colspan="3">最高允许排放速率,kg/h</th><th colspan="2">无组织排放监控浓度限值</th></tr>
<tr><th>排气筒高度m</th><th>二级</th><th>三级</th><th>监控点</th><th>浓度 mg/m³</th></tr>
<tr><td rowspan="6">5</td><td rowspan="6">铬酸雾</td><td rowspan="6">0.070</td><td>15</td><td>0.008</td><td>0.012</td><td rowspan="6">周界外浓度最高点</td><td rowspan="6">0.0060</td></tr>
<tr><td>20</td><td>0.013</td><td>0.020</td></tr>
<tr><td>30</td><td>0.043</td><td>0.066</td></tr>
<tr><td>40</td><td>0.076</td><td>0.12</td></tr>
<tr><td>50</td><td>0.12</td><td>0.18</td></tr>
<tr><td>60</td><td>0.16</td><td>0.25</td></tr>
<tr><td rowspan="8">6</td><td rowspan="8">硫酸雾</td><td rowspan="4">430
(火炸药厂)</td><td>15</td><td>1.5</td><td>2.4</td><td rowspan="8">周界外浓度最高点</td><td rowspan="8">1.2</td></tr>
<tr><td>20</td><td>2.6</td><td>3.9</td></tr>
<tr><td>30</td><td>8.8</td><td>13</td></tr>
<tr><td>40</td><td>15</td><td>23</td></tr>
<tr><td rowspan="4">45
(其他)</td><td>50</td><td>23</td><td>35</td></tr>
<tr><td>60</td><td>33</td><td>50</td></tr>
<tr><td>70</td><td>46</td><td>70</td></tr>
<tr><td>80</td><td>63</td><td>95</td></tr>
<tr><td rowspan="8">7</td><td rowspan="8">*氯化物</td><td rowspan="3">90
(普钙工业)</td><td>15</td><td>0.10</td><td>0.15</td><td rowspan="8">周界外浓度最高点</td><td rowspan="8">20 μg/m³</td></tr>
<tr><td>20</td><td>0.17</td><td>0.26</td></tr>
<tr><td>30</td><td>0.59</td><td>0.88</td></tr>
<tr><td rowspan="5">9.0
(其他)</td><td>40</td><td>1.0</td><td>1.5</td></tr>
<tr><td>50</td><td>1.5</td><td>2.3</td></tr>
<tr><td>60</td><td>2.2</td><td>3.3</td></tr>
<tr><td>70</td><td>3.1</td><td>4.7</td></tr>
<tr><td>80</td><td>4.2</td><td>6.3</td></tr>
</table>

*排放氯化物的排气筒不得低于25m。

续表

<table>
<tr><td rowspan="2">序号</td><td rowspan="2">污染物</td><td rowspan="2">最高允许排放浓度 mg/m³</td><td colspan="3">最高允许排放速率,kg/h</td><td colspan="2">无组织排放监控浓度限值</td></tr>
<tr><td>排气筒高度 m</td><td>二级</td><td>三级</td><td>监控点</td><td>浓度 mg/m³</td></tr>
<tr><td>8</td><td>*氯气</td><td>65</td><td>25
30
40
50
60
70
80</td><td>0.52
0.87
2.9
5.0
7.7
11
15</td><td>0.78
1.3
4.4
7.6
12
17
23</td><td>周界外浓度最高点</td><td>0.40</td></tr>
<tr><td>9</td><td>铅及其化合物</td><td>0.70</td><td>15
20
30
40
50
60
70
80
90
100</td><td>0.004
0.006
0.027
0.047
0.072
0.10
0.15
0.20
0.26
0.33</td><td>0.006
0.009
0.041
0.071
0.11
0.15
0.22
0.30
0.40
0.51</td><td>周界外浓度最高点</td><td>0.0060</td></tr>
</table>

续表

序号	污染物	最高允许排放浓度 mg/m³	最高允许排放速率，kg/h			无组织排放监控浓度限值	
			排气筒高度 m	二级	三级	监控点	浓度 mg/m³
10	汞及其化合物	0.012	15 20 30 40 50 60	1.5×10^{-3} 2.6×10^{-8} 7.8×10^{-3} 15×10^{-3} 23×10^{-3} 33×10^{-3}	2.4×10^{-3} 3.9×10^{-1} 3×10^{-3} 23×10^{-3} 35×10^{-3} 50×10^{-8}	周界外浓度最高点	0.0012
11	镉及其化合物	0.85	15 20 30 40 50 60 70 80	0.050 0.090 0.29 0.50 0.77 1.1 1.5 2.1	0.080 0.13 0.44 0.77 1.2 1.7 2.3 3.2	周界外浓度最高点	0.040

续表

序号	污染物	最高允许排放浓度 mg/m³	最高允许排放速率，kg/h			无组织排放监控浓度限值	
			排气筒高度 m	二级	三级	监控点	浓度 mg/m³
12	铍及其化合物	0.012	15	1.1×10^{-3}	1.7×10^{-8}	周界外浓度最高点	0.0008
			20	1.8×10^{-3}	2.8×10^{-3}		
			30	6.2×10^{-3}	9.4×10^{-3}		
			40	11×10^{-3}	16×10^{-3}		
			50	16×10^{-3}	25×10^{-3}		
			60	23×10^{-3}	35×10^{-3}		
			70	33×10^{-3}	50×10^{-1}		
			80	44×10^{-3}	67×10^{-3}		
13	镍及其化合物	4.3	15	0.15	0.24	周界外浓度最高点	0.040
			20	0.26	0.34		
			30	0.88	1.3		
			40	1.5	2.3		
			50	2.3	3.5		
			60	3.3	5.0		
			70	4.6	7.0		
			80	6.3	10		

续表

序号	污染物	最高允许排放浓度 mg/m³	最高允许排放速率，kg/h			无组织排放监控浓度限值	
			排气筒高度 m	二级	三级	监控点	浓度 mg/m³
14	锡及其化合物	8.5	15	0.31	0.47	周界外浓度最高点	0.24
			20	0.52	0.79		
			30	1.8	2.7		
			40	3.0	4.6		
			50	4.6	7.0		
			60	6.6	10		
			70	9.3	14		
			80	13	19		
15	苯	12	15	0.50	0.80	周界外浓度最高点	0.40
			20	0.90	1.3		
			30	2.9	4.4		
			40	5.6	7.6		
16	甲苯	40	15	3.1	4.7	周界外浓度最高点	2.4
			20	5.2	7.9		
			30	18	27		
			40	30	46		
17	二甲苯	70	15	1.0	1.5	周界外浓度最高点	1.2
			20	1.7	2.6		
			30	5.9	8.8		
			40	10	15		
18	酚类	100	15	0.10	0.15	周界外浓度最高点	0.080
			20	0.17	0.26		
			30	0.58	0.88		
			40	1.0	1.5		
			50	1.5	2.3		
			60	2.2	3.3		

续表

序号	污染物	最高允许排放浓度 mg/m³	最高允许排放速率，kg/h			无组织排放监控浓度限值	
			排气筒高度 m	二级	三级	监控点	浓度 mg/m³
19	甲醛	25	15 20 30 40 50 60	0.26 0.43 1.4 2.6 3.8 5.4	0.39 0.65 2.2 3.8 5.9 8.3	周界外浓度最高点	0.20
20	乙醛	125	15 20 30 40 50 60	0.050 0.090 0.29 0.50 0.77 1.1	0.080 0.13 0.44 0.77 1.2 1.6	周界外浓度最高点	0.040
21	丙烯腈	22	15 20 30 40 50 60	0.77 1.3 4.4 7.5 12 16	1.2 2.0 6.6 11 18 25	周界外浓度最高点	0.60
22	丙烯醛	16	15 20 30 40 50 60	0.52 0.87 2.9 5.0 7.7 11	0.78 1.3 4.4 7.6 12 17	周界外浓度最高点	0.40

续表

序号	污染物	最高允许排放浓度 mg/m³	最高允许排放速率,kg/h			无组织排放监控浓度限值	
			排气筒高度 m	二级	三级	监控点	浓度 mg/m³
23	*氰化氢	1.9	25 30 40 50 60 70 80	0.15 0.26 0.88 1.5 2.3 3.3 4.6	0.24 0.39 1.3 2.3 3.5 5.0 7.0	周界外浓度最高点	0.024
24	甲醇	190	15 20 30 40 50 60	5.1 8.6 29 50 77 100	7.8 13 44 70 120 170	周界外浓度最高点	12
25	苯胺类	20	15 20 30 40 50 60	0.52 0.87 2.9 5.0 7.7 11	0.78 1.3 4.4 7.6 12 17	周界外浓度最高点	0.40

*排放氰化氢的排气筒不得低于25m。

续表

序号	污染物	最高允许排放浓度 mg/m³	最高允许排放速率，kg/h			无组织排放监控浓度限值	
			排气筒高度 m	二级	三级	监控点	浓度 mg/m³
26	氯苯类	60	15 20 30 40 50 60 70 80 90 100	0.52 0.87 2.5 4.3 6.6 9.3 13 18 23 29	0.78 1.3 3.8 6.5 9.9 14 20 27 35 44	周界外浓度最高点	0.40
27	硝基苯类	16	15 20 30 40 50 60	0.050 0.090 0.29 0.50 0.77 1.1	0.080 0.13 0.44 0.77 1.2 1.7	周界外浓度最高点	0.040
28	氯乙烯	36	15 20 30 40 50 60	0.77 1.3 4.4 7.5 12 16	1.2 2.0 6.6 11 18 25	周界外浓度最高点	0.60

续表

序号	污染物	最高允许排放浓度 mg/m³	最高允许排放速率，kg/h 排气筒高度 m	二级	三级	无组织排放监控浓度限值 监控点	浓度 mg/m³
29	苯并[a]芘	0.30×10^{-3}（沥青及碳素制品生产和加工）	15	0.050×10^{-3}	0.080×10^{-3}	周界外浓度最高点	0,008 μg/m³
			20	0.085×10^{-3}	0.13×10^{-3}		
			30	0.29×10^{-3}	0.43×10^{-3}		
			40	0.50×10^{-3}	0.76×10^{-3}		
			50	0.77×10^{-3}	1.2×10^{-3}		
			60	1.1×10^{-3}	1.7×10^{-3}		
30	*光气	3.0	25	0.10	0.15	周界外浓度最高点	0.080
			30	0.17	0.26		
			40	0.59	0.88		
			50	1.0	1.5		
31	沥青烟	140（吹制沥青）	15	0.18	0.27	生产设备不得有明显的无组织排放存在	
			20	0.30	0.45		
			30	1.3	2.0		
		40（熔炼、浸涂）	40	2.3	3.5		
			50	3.6	5.4		
			60	5.6	7.5		
		75（建筑搅拌）	70	7.4	11		
			80	10	15		

*排放光气的排气筒不得低于25m。

续表

<table>
<tr><th rowspan="2">序号</th><th rowspan="2">污染物</th><th rowspan="2">最高允许排放浓度 mg/m³</th><th colspan="3">最高允许排放速率,kg/h</th><th colspan="2">无组织排放监控浓度限值</th></tr>
<tr><th>排气筒高度 m</th><th>二级</th><th>三级</th><th>监控点</th><th>浓度 mg/m³</th></tr>
<tr><td rowspan="5">32</td><td rowspan="5">石棉尘</td><td rowspan="5">1根(纤维)/cm³
或
10mg/m³</td><td>15</td><td>0.55</td><td>0.83</td><td colspan="2" rowspan="5">生产设备不得有明显的无组织排放存在</td></tr>
<tr><td>20</td><td>0.93</td><td>1.4</td></tr>
<tr><td>30</td><td>3.6</td><td>5.4</td></tr>
<tr><td>40</td><td>6.2</td><td>9.3</td></tr>
<tr><td>50</td><td>9.4</td><td>14</td></tr>
<tr><td rowspan="4">33</td><td rowspan="4">非甲烷总烃</td><td rowspan="4">120
(使用溶剂汽油或其他混合烃类物质)</td><td>15</td><td>10</td><td>16</td><td rowspan="4">周界外浓度最高点</td><td rowspan="4"></td></tr>
<tr><td>20</td><td>17</td><td>27</td></tr>
<tr><td>30</td><td>53</td><td>83</td></tr>
<tr><td>40</td><td>100</td><td>150</td></tr>
</table>

污水综合排放标准

（GB 8978—1996）

为贯彻《中华人民共和国环境保护法》《中华人民共和国水污染防治法》和《中华人民共和国海洋环境保护法》,控制水污染,保护江河、湖泊、运河、渠道、水库和海洋等地面水以及地下水水质的良好状态,保障人体健康,维护生态平衡,促进国民经济和城乡建设的发展,特制定本标准。

1 主题内容与适用范围

1.1 主题内容

本标准按照污水排放去向，分年限规定了69种水污染物最高允许排放浓度及部分行业最高允许排水量。

1.2 适用范围

本标准适用于现有单位水污染物的排放管理，以及建设项目的环境影响评价、建设项目环境保护设施设计、竣工验收及其投产后的排放管理。

按照国家综合排放标准与国家行业排放标准不交叉执行的原则，造纸工业执行GB 3544—92《造纸工业水污染物排放标准》，船舶执行GB 3552—83《船舶污染物排放标准》，船舶工业执行GB 4286—84《船舶工业污染物排放标准》，海洋石油开发工业执行GB 4914—85《海洋石油开发工业含油污水排放标准》，纺织染整工业执行GB 4287—92《纺织染整工业水污染物排放标准》，肉类加工工业执行GB 13457—92《肉类加工工业水污染物排放标准》，合成氨工业执行GB 13458—92《合成氨工业水污染物排放标准》，钢铁工业执行GB 13456—92《钢铁工业水污染物排放标准》，航天推进剂使用执行GB 14374—93《航天推进剂水污染物排放标准》，兵器工业执行GB 14470.1~14470.3—93和GB 4274~4279—84《兵器工业水污染物排放标准》，磷肥工业执行GB 15580—95《磷肥工业水污染物排放标准》，烧碱、聚氯乙烯工业执行GB 15581—95《烧碱、聚氯乙烯工业水污染物排放标准》，其他水污染物排放均执行本标准。

1.3 本标准颁布后，新增加国家行业水污染物排放标准的行业，按其适用范围执行相应的国家水污染物行业标准，不再执行本标准。

2 引用标准

下列标准所包含的条文，通过在本标准中引用而构成为本标准的条文。本标准出版时，所示版本均为有效。所有标准都会被修订，使用本标准的各方应探讨使用下列标准最新版本的可能性。

GB 3097—82

GB 3838—88

GB 8703—88

3 定义

3.1 污水

指在生产与生活活动中排放的水的总称。

3.2 排水量

指在生产过程中直接用于工艺生.产的水的排放量。不包括间接冷却水、厂区锅炉、电站排水。

3.3 一切排污单位

指本标准适用范围所包括的一切排污单位。

3.4 其他排污单位

指在某一控制项目中，除所列行业外的一切排污单位。

4 技术内容

4.1 标准分级

4.1.1 排入GB 38381类水域（划定的保护区和游泳区除外）和排入GB 3097中二类海域的污水，执行一级标准。

4.1.2 排入GB 3838中Ⅳ、Ⅴ类水域和排入GB 3097中三类海域的污水，执行二级标准。

4.1.3 排入设置二级污水处理厂的城镇排水系统的污水，执行三级标准。

4.1.4 排入未设置二级污水处理厂的城镇排水系统的污水，必须根据排水系统出水受纳水域的功能要求，分别执行4.1.1和4.1.2的规定。

4.1.5 GB 3838中Ⅰ、Ⅱ类水域和页类水域中划定的保护区，GB 3097中一类海域，禁止新建排污口，现有排污口应按水体功能要求，实行污染物总量控制，以保证受纳水体水质符合规定用途的水质标准。

4.2 标准值

4.2.1 本标准将排放的污染物按其性质及控制方式分为二类。

4.2.1.1 第一类污染物：不分行业和污水排放方式，也不分受纳水体的功能类别，一律在车间或车间处理设施排放口采样，其最高允许排放浓度必须达到本标准要求（采矿行业的尾矿坝出水口不得视为车间排放口）。

4.2.1.2 第二类污染物：在排污单位排放口采样，其最高允许排放浓度必须达到本标准要求。

4.2.2 本标准按年限规定了第一类污染物和第二类污染物最高允许排放浓度及部分行业最高允许排水量，分别为：

4.2.2.1 1997年12月31日之前建设（包括改、扩建）的单位，水污染物的排放必须同时执行表1、表2、表3的规定。

4.2.2.2 1998年1月1日起建设(包括改、扩建)的单位,水污染物的排放必须同时执行表1、表4、表5的规定。

4.2.2.3 建设(包括改、扩建)单位的建设时间,以环境影响评价报告书(表)批准日期为准划分。

4.3 其他规定

4.3.1 同一排放口排放两种或两种以上不同类别的污水,且每种污水的排放标准又不同时,其混合污水的排放标准按附录A计算。

4.3.2 工业污水污染物的最高允许排放负荷量按附录B计算。

4.3.3 污染物最高允许年排放总量按附录C计算。

4.3.4 对于排放含有放射性物质的污水,除执行本标准外,还须符合GB 8703—88《辐射防护规定》。

表1 第一类污染物最高允许排放浓度(mg/L)

序号	污染物	最高允许排放浓度
1	总汞	0.05
2	烷基汞	不得检出
3	总镉	0.1
4	总铬	1.5
5	六价铬	0.5
6	总砷	0.5
7	总铅	1.0
8	总镍	1.0
9	苯并(a)芘	0.00003
10	总铍	0.005

续表

序号	污染物	最高允许排放浓度
11	总银	0.5
12	总α放射性	1Bq/L
13	总β放射性	10Bq/L

表2　第二类污染物最高允许排放浓度(mg/L)

(1997年12月31日之前建设的单位)

序号	污染物	适用范围	一级标准	二级标准	三级标准
1	pH	一切排污单位	6~9	6~9	6~9
2	色度(稀释倍数)	染料工业	50	180	—
		其他排污单位	50	80	—
3	悬浮物(SS)	采矿、选矿、选煤工业	100	300	
		脉金选矿	100	500	—
		边远地区砂金选矿	100	800	—
		城镇二级污水处理厂	20	30	—
		其他排污单位	70	200	400
4	五日生化需氧量(BOD_5)	甘蔗制糖、苎麻脱胶、湿法纤维板工业	30	100	600
		甜菜制糖、酒精、味精、皮革、化纤浆粕工业	30	150	600
		城镇二级污水处理厂	20	30	—
		其他排污单位	30	60	300*

续表

序号	污染物	适用范围	一级标准	二级标准	三级标准
5	化学需氧量（COD）	甜菜制糖、焦化、合成脂肪酸、湿法纤维板、染料、洗毛、有机磷农药工业	100	200	1000
		味精、酒精、医药原料药、生物制药、苎麻脱胶、皮革、化纤浆粕工业	100	300	1000
		石油化工工业（包括石油炼制）	100	150	500
		城镇二级污水处理厂	60	120	—
		其他排污单位	100	150	500
6	石油类	一切排污单位	10	10	30
7	动植物油	一切排污单位	20	20	100
8	挥发酚	一切排污单位	0.5	0.5	2.0
9	总氰化合物	电影洗片（铁氰化合物）	0.5	5.0	5.0
		其他排污单位	0.5	0.5	1.0
10	磷化物	一切排污单位	1.0	1.0	2.0
11	氨氮	医药原料药、染料、石油化工工业	15	50	—
		其他排污单位	15	25	—
12	氟化物	黄磷工业	10	20	20
		低氟地区（水体含氧量<0.5mg/L）	10	20	30
		其他排污单位	10	10	20
13	磷酸盐（以P计）	一切排污单位	0.5	1.0	—
14	甲醛	一切排污单位	1.0	2.0	5.0
15	苯胺类	一切排污单位	1.0	2.0	5.0

续表

序号	污染物	适用范围	一级标准	二级标准	三级标准
16	硝基苯类	一切排污单位	2.0	3.0	5.0
17	阴离子表面活性剂（LAS）	合成洗涤剂工业	5.0	15	20
		其他排污单位	5.0	10	20
18	总铜	一切排污单位	0.5	1.0	2.0
19	总锌	一切排污单位	2.0	5.0	5.0
20	总锰	合成脂肪酸工业	2.0	5.0	5.0
		其他排污单位	2.0	2.0	5.0
21	彩色显影剂	电影洗片	2.0	3.0	5.0
22	显影剂及氧化物总量	电影洗片	3.0	6.0	6.0
23	元素磷	一切排污单位	0.1	0.3	0.3
24	有机磷农药（以P计）	一切排污单位	不得检出	0.5	0.5
25	粪大肠菌群数	医院*、兽医院及医疗机构含病原体污水	500个/L	1000个/L	5000个/L
		传染病、结核病医院污水	100个/L	500个/L	1000个/L
26	总余氯（采用氯化消毒的医院污水）	医院*、兽医院及医疗机构含病原体污水	<0.5**	>3(接触时间≥1h)	>2(接触时间≥1h)
		传染病、结核病医院污水	<0.5**	>6.5(接触时间≥1.5h)	>5(接触时间≥1.5h)

*指50个床位以上的医院。

* *加氯消毒后须进行脱氯处理，达到本标准。

表3　部分行业最高允许排水量

（1997年12月31日之前建设的单位）

<table>
<tr><th>序号</th><th colspan="3">行业类别</th><th colspan="2">最高允许排水量或最低允许水重复利用率</th></tr>
<tr><td rowspan="6">1</td><td rowspan="6">矿山工业</td><td colspan="2">有色金属系统选矿</td><td colspan="2">水重复利用率75%</td></tr>
<tr><td colspan="2">其他矿山工业采矿、选矿、选煤等</td><td colspan="2">水重复利用率90%（选煤）</td></tr>
<tr><td rowspan="4">脉金选矿</td><td>重选</td><td colspan="2">16.0m^3/t（矿石）</td></tr>
<tr><td>浮选</td><td colspan="2">9.0m^3/t（矿石）</td></tr>
<tr><td>氰化</td><td colspan="2">8.0m^3/t（矿石）</td></tr>
<tr><td>碳浆</td><td colspan="2">8.0m^3/t（矿石）</td></tr>
<tr><td>2</td><td colspan="3">焦化企业（煤气厂）</td><td colspan="2">1.2m^3/t（焦炭）</td></tr>
<tr><td>3</td><td colspan="3">有色金属冶炼及金属加工</td><td colspan="2">水重复利用率80%</td></tr>
<tr><td rowspan="3">4</td><td colspan="3" rowspan="3">石油炼制工业（不包括直排水油厂）
加工深度分类：
A.燃料型炼油厂
B.燃料+润滑油型炼油厂
C.燃料+润滑油型+炼油化工型油厂
（包括加工高含硫原油页岩油和石油添加剂生产基地的炼油厂）</td><td>A</td><td>>500万t，1.0m^3/t（原油）
250万~500万t，1.2m^3/t（原油）
<250万t，1.5m^3/t（原油）</td></tr>
<tr><td>B</td><td>>500万t，1.5m^3/t（原油）
250万~500万t，2.0m^3/t（原油）
<250万t，2.0m^3/t（原油）</td></tr>
<tr><td>C</td><td>>500万t，2.0m^3/t（原油）
250万~500万t，2.5m^3/t（原油）
<250万t，2.5m^3/t（原油）</td></tr>
<tr><td rowspan="3">5</td><td rowspan="3">合成洗涤剂工业</td><td colspan="2">氯化法生产烷基苯</td><td colspan="2">200.0m^3/t（烷基苯）</td></tr>
<tr><td colspan="2">裂解法生产烷基苯</td><td colspan="2">70.0m^3/t（烷基苯）</td></tr>
<tr><td colspan="2">烷基苯生产合成洗涤剂</td><td colspan="2">10.0m^3/t（产品）</td></tr>
<tr><td>6</td><td colspan="3">合成脂肪酸工业</td><td colspan="2">200.0m^3/t（产品）</td></tr>
</table>

续表

序号	行业类别		最高允许排水量或最低允许水重复利用率
7	湿法生产纤维板工业		30.0m^3/t（板）
8	制糖工业	甘蔗制糖	10.0m^3/t（甘蔗）
		甜菜制糖	4.0m^3/t（甜菜）
9	皮革工业	猪盐湿皮	60.0m^3/t（原皮）
		牛干皮	100.0m^3/t（原皮）
		羊干皮	150.0m^3/t（原皮）
10	酒精工业	以玉米为原料	100.0m^3/t（酒精）
		以薯类为原料	80.0m^3/t（酒精）
		以糖蜜为原料	70.0m^3/t（酒精）
	味精工业		600.0m^3/t（味精）
	啤酒工业（排水量不包括麦芽水部分）		16.0m^3/t（啤酒）
11	铬盐工业		5.0m^3/t（产品）
12	硫酸工业（水洗法》		15.0m^3/t（硫酸）
13	苎麻脱胶工业		500m^3/t（原麻）或750m^3/t（精干麻）
14	化纤浆粕		本色：150m^3/t（浆） 漂白：240m^3/t（浆）
15	粘胶纤维工业（单纯纤维）	短纤维（棉型中长纤维、毛型中长纤维）	300m^3/t（纤维）
		长纤维	800m^3/t（纤维）
16	铁路货车洗刷		5.0m^3/辆
17	电影洗片		5m^3/1000m（35mm的胶片）
18	石油沥青工业		冷却池的水循环利用率95%

表4　第二类污染物最高允许排放浓度(mg/L)

（1998年1月1日后建设的单位）

序号	污染物	适用范围	一级标准	二级标准	三级标准
1	pH	一切排污单位	6~9	6~9	6~9
2	色度(稀释借数)	一切排污单位	50	80	—
3	悬浮物(SS)	采矿、选矿、选售工业	70	300	—
		脉金选矿	70	400	—
		边远地区砂金选矿	70	800	—
		城镇二级污水处理厂	20	30	—
		其他排污单位	70	150	400
4	五日生化需氧量（BOD_5）	甘蔗制糖、苎麻脱胶、湿法纤维板、染料、洗毛工业	20	60	600
		甜菜制糖、酒精、味精、皮革、化纤浆粕工业	20	100	600
		城镇二级污水处理厂	20	30	—
		其他排污单位	20	30	300
5	化学需氧量（COD）	甜菜制糖、合成脂肪酸、湿法纤维板、染料、洗毛、有机磷农药工业	100	200	1000
		味精、酒精、医药原料药、生物制药、苎麻脱胶、皮革、化纤浆粕工业	100	300	1000
		石油化工工业（包括石油炼制）	60	120	500
		城镇二级污水处理厂	60	120	—
		其他排污单位	100	150	500
6	石油类	一切排污单位	5	10	20
7	动植物油	一切排污单位	10	15	100

续表

序号	污染物	适用范围	一级标准	二级标准	三级标准
8	挥发酚	一切排污单位	0.5	0.5	2.0
9	总氰化合物	一切排污单位	0.5	0.5	1.0
10	硫化物	一切排污单位	1.0	1.0	1.0
11	氨氮	医药原料药、染料、石油化工工业	15	50	—
		其他排污单位	15	25	—
12	氟化物	黄磷工业	10	15	20
		低氟地区（水体含氟量<0.5mg/L）	10	20	30
		其他排污单位	10	10	20
13	磷酸盐（以P计）	一切排污单位	0.5	1.0	—
14	甲醛	一切排污单位	1.0	2.0	5.0
15	苯胺类	一切排污单位	1.0	2.0	5.0
16	硝基苯类	一切排污单位	2.0	3.0	5.0
17	阴离子表面活性剂（LAS）	一切排污单位	5.0	10	20
18	总铜	一切排污单位	0.5	1.0	2.0
19	总锌	一切排污单位	2.0	5.0	5.0
20	总锰	合成脂肪酸工业	2.0	5.0	5.0
		其他排污单位	2.0	2.0	5.0
21	彩色显影剂	电影洗片	1.0	2.0	3.0
22	显影剂及氧化物总量	电影洗片	3.0	3.0	6.0
23	元素磷	一切排污单位	0.1	0.1	0.3

续表

序号	污染物	适用范围	一级标准	二级标准	三级标准
24	有机磷农药（以P计）	一切排污单位	不得检出	0.5	0.5
25	乐果	一切排污单位	不得检出	1.0	2.0
26	对硫磷	一切排污单位	不得检出	1.0	2.0
27	甲基对硫磷	一切排污单位	不得检出	1.0	2.0
28	马拉硫磷	一切排污单位	不得检出	5.0	10
29	五氯酚及五氯酚钠(以五氯酚计)	一切排污单位	5.0	8.0	10
30	可吸附有机卤化物（AOX)(以Cl计)	一切排污单位	1.0	5.0	8.0
31	三氯甲烷	一切排污单位	0.3	0.6	1.0
32	四氯化碳	一切排污单位	0.03	0.06	0.5
33	三氯乙烯	一切排污单位	0.3	0.6	1.0
34	四氯乙烯	一切排污单位	0.1	0.2	0.5
35	苯	一切排污单位	0.1	0.2	0.5
36	甲苯	一切排污单位	0.1	0.2	0.5
37	乙苯	一切排污单位	0.4	0.6	1.0

续表

序号	污染物	适用范围	一级标准	二级标准	三级标准
38	邻-二甲苯	一切排污单位	0.4	0.6	1.0
39	对-二甲苯	一切排污单位	0.4	0.6	1.0
40	间-二甲苯	一切排污单位	0.4	0.6	1.0
41	氯苯	一切排污单位	0.2	0.4	1.0
42	邻-二氯苯	一切排污单位	0.4	0.6	1.0
43	对-二氯苯	一切排污单位	0.4	0.6	1.0
44	对-硝基氯苯	一切排污单位	0.5	1.0	5.0
45	2,4-二硝基氯苯	一切排污单位	0.5	1.6	5.0
46	苯酚	一切排污单位	0.3	0.4	1.0
47	间-甲酚	一切排污单位	0.1	0.2	0.5
48	2,4-二氯酚	一切排污单位	0.6	0.8	1.0
49	2,4,6-三氯酚	一切排污单位	0.6	0.8	1.0
50	邻苯二甲酸二丁脂	一切排污单位	0.2	0.4	2.0
51	邻苯二甲酸二辛脂	一切排污单位	0.3	0.6	2.0
52	丙烯腈	一切排污单位	2.0	5.0	5.0
53	总硒	一切排污单位	0.1	0.2	0.5
54	类大肠菌群数	医院*、兽医院及医疗机构含病原体污水	500个/L	1000个/L	5000个/L
		传染病、结核病医院污水	100个/L	500个/L	1000个/L

续表

<table>
<tr><th>序号</th><th>污染物</th><th>适用范围</th><th>一级标准</th><th>二级标准</th><th>三级标准</th></tr>
<tr><td rowspan="2">55</td><td rowspan="2">总余氯(采用氯化消毒的医院污水)</td><td>医院*、兽医院及医疗机构含病原体污水</td><td>< 0.5**</td><td>>3(接触时间≥1h)</td><td>>2(接触时间≥1h)</td></tr>
<tr><td>传染病、结核病医院污水</td><td>< 0.5**</td><td>>6.5(接触时间≥1.5h)</td><td>>5(接触时间≥1.5h)</td></tr>
<tr><td rowspan="3">56</td><td rowspan="3">总有机碳(TOC)</td><td>合成脂肪酸工业</td><td>20</td><td>40</td><td>—</td></tr>
<tr><td>苎麻脱胶工业</td><td>20</td><td>60</td><td>—</td></tr>
<tr><td>其他排污单位</td><td>20</td><td>30</td><td>—</td></tr>
</table>

注:其他排污单位:指除在该控制项目中所列行业以外的一切排污单位。

*指50个床位以上的医院,

**加氯消毒后须进行脱制处理,达到本标准。

表5 部分行业最高允许排水量

(1998年1月1日后建设的单位)

<table>
<tr><th>序号</th><th colspan="3">行业类别</th><th>最高允许排水量或最低允许水重复利用率</th></tr>
<tr><td rowspan="6">1</td><td rowspan="6">矿山工业</td><td colspan="2">有色金属系统选矿</td><td>水重复利用率75%</td></tr>
<tr><td colspan="2">其他矿山工业采矿、选矿、选煤等</td><td>水重复利用率90%(选煤)</td></tr>
<tr><td rowspan="4">脉金选矿</td><td>重选</td><td>16.0m^3/t(矿石)</td></tr>
<tr><td>浮选</td><td>9.0m^3/t(矿石)</td></tr>
<tr><td>腈化</td><td>8.0m^3/t(矿石)</td></tr>
<tr><td>碳浆</td><td>8.0m^3/t(矿石)</td></tr>
</table>

续表

<table>
<tr><th>序号</th><th colspan="3">行业类别</th><th colspan="2">最高允许排水量或最低允许水重复利用率</th></tr>
<tr><td>2</td><td colspan="3">焦化企业(煤气厂)</td><td colspan="2">1.2m^3/t(焦炭)</td></tr>
<tr><td>3</td><td colspan="3">有色金属冶炼及金属加工</td><td colspan="2">水重复利用率80%</td></tr>
<tr><td rowspan="3">4</td><td colspan="3" rowspan="3">石油炼制工业(不包括直排水炼油厂)
加工深度分类:
A.燃料型炼油厂
B.燃料+润滑油型炼油厂
C.燃料+润滑油型+炼油化工型炼油厂
(包括加工高含硫原油页岩油和石油添加剂生产基地的炼油厂)</td><td>A</td><td>>500万t,1.0m^3/t(原油)
250~500万t,1.2m^3/t(原油)
<250万t,1.5m^3/t(原油)</td></tr>
<tr><td>B</td><td>>500万t,1.5m^3/t(原油)
250~500万t,2.0m^3/t(原油)
<250万t,2.0m^3/t(原油)</td></tr>
<tr><td>C</td><td>>500万t,2.0m^3/t(原油)
250~500万t,2.5m^3/t(原油)
<250万t,2.5m^3/t(原油)</td></tr>
<tr><td rowspan="3">5</td><td rowspan="3">合成洗涤剂工业</td><td colspan="2">氯化法生产烷基苯</td><td colspan="2">200.0m^3/t(烷基苯)</td></tr>
<tr><td colspan="2">裂解法生产烷基苯</td><td colspan="2">70.0m^3/t(烷基苯)</td></tr>
<tr><td colspan="2">烷基苯生产合成洗涤剂</td><td colspan="2">10.0m^3/t(产品)</td></tr>
<tr><td>6</td><td colspan="3">合成脂肪酸工业</td><td colspan="2">200.0m^3/t(产品)</td></tr>
<tr><td>7</td><td colspan="3">湿法生产纤维板工业</td><td colspan="2">30.0m^3/t(板)</td></tr>
<tr><td rowspan="2">8</td><td rowspan="2">制糖工业</td><td colspan="2">甘蔗制精</td><td colspan="2">10.0m^3/t(甘蔗)</td></tr>
<tr><td colspan="2">甜菜制糖</td><td colspan="2">4.0m^3/t(甜菜)</td></tr>
<tr><td rowspan="3">9</td><td rowspan="3">皮革工业</td><td colspan="2">猪盐湿皮</td><td colspan="2">60.0m^3/t(原皮)</td></tr>
<tr><td colspan="2">牛干皮</td><td colspan="2">100.0m^3/t(原皮)</td></tr>
<tr><td colspan="2">羊干皮</td><td colspan="2">150.0m^3/t(原皮)</td></tr>
<tr><td rowspan="4">10</td><td rowspan="4">发酵、酿造工业</td><td rowspan="3">酒精工业</td><td>以玉米为原料</td><td colspan="2">100.0m^3/t(酒精)</td></tr>
<tr><td>以薯类为原料</td><td colspan="2">80.0m^3/t(酒精)</td></tr>
<tr><td>以糖蜜为原料</td><td colspan="2">70.0m^3/t(酒精)</td></tr>
<tr><td colspan="2">味精工业</td><td colspan="2">600.0m^3/t(味精)</td></tr>
</table>

续表

序号	行业类别		最高允许排水量或最低允许水重复利用率
		啤酒行业(排水量不包括麦芽水部分)	16.0m³/t(啤酒)
11	铬盐工业		5.0m³/t(产品)
12	磷酸工业(水洗法)		15.0m³/t(硫酸)
13	苎麻脱胶工业		500m³/t(原麻)
			750m³/t(精干麻)
14	粘胶纤维工业单纯纤维	短纤维(棉型中长纤维、毛型中长纤维)	300.0m³/t(纤维)
		长纤维	800.0m³/t(纤维)
15	化纤浆粕		本色:150m³/t(浆);漂白:240m³/t(浆)
16	制药工业医药原料药	青霉素	4700m³/t(青霉素)
		链霉素	1450m³/t(链霉素)
		土霉素	1300m³/t(土霉素)
		四环素	1900m³/t(四环素)
		洁霉素	9200m³/tt(洁霉素)
		金霉素	3000m³/t(金霉素)
		庆大霉素	20400m³/t(庆大霉素)
		维生素C	1200m³/t(维生素C)
		氯霉素	2700m³/t(氯霉素)
		新诺明	2000m³/t(新诺明)
		维生素B_1	3400m³/t(维生素B_1)
		安乃近	180m³/t(安乃近)
		非那西汀	750m³/t(非那西汀)
		呋喃唑酮	2400m³/t(呋喃唑酮)
		咖啡因	1200m³/t(咖啡因)

续表

序号	行业类别		最高允许排水量或最低允许水重复利用率
17	*有机磷农药工业	乐果**	700m^3/t(产品)
		甲基对硫磷(水相法)**	300m^3/t(产品)
		对硫磷(P_2S_6法)**	500m^3/t(产品)
		对硫磷($PSCl_3$法)**	550m^3/t(产品)
		敌敌畏(敌百虫碱解法)	200m^3/t(产品)
		敌百虫	40m^3/t(产品)(不包括三氧乙醛生产废水)
		马拉硫磷	700m^3/t(产品)
18	*除草剂工业	除草醚	5m^3/t(产品)
		五氯酚钠	2m^3/t(产品)
		五氯酚	4m^3/t(产品)
		2甲4氯	14m^3/t(产品)
		2,4-D	4m^3/t(产品)
		丁草胺	4.5m^3/t(产品)
		绿麦隆(以Fe粉还原)	2m^3/t(产品)
		绿麦隆(以Na_2S还原)	3m^3/t(产品)
19	火力发电工业		3.5m^3/(MW-h)
20	铁路货车洗刷		5.0m^3/辆
21	电影洗片		5m^3/1000m(35mm胶片)
22	石油沥青工业		冷却池的水循环利用率95%

*产品按100%浓度计；

* *不包括P_2S_5,$PSC1_3$,$PC1_3$原料生产废水。

5 监测

5.1 采样点

采样点应按4.2.1.1及4.2.1.2第一、二类污染物排放口的规定设置，在排放口必须设置排放口标识、污水水量计量装置和污水比例采样装置。

5.2 采样频率

工业污水按生产周期确定监测频率。生产周期在8h以内的，每2h采样一次；生产周期大于8h的，每4h采样一次。其他污水采样，24h不少于2次。最高允许排放浓度按日均值计算。

5.3 排水量

以最高允许排水量或最低允许水重复利用率来控制，均以月均值计。

5.4 统计

企业的原材料使用量、产品产量等，以法定月报表或年报表为准。

5.5 测定方法

本标准采用的测定方法见表6。

表6 测定方法

序号	项目	测定方法	方法来源
1	总汞	冷原子吸收光度法	GB 7468—87
2	烷基汞	气相色谱法	GB/T 14204—93
3	总镉	原子吸收分光光度法	GB 7475—87
4	总铬	高锰酸钾氧化—二苯碳酰二肼分光光度法	GB 7466—87
5	六价铬	二苯碳酰二肼分光光度法	GB 7467—87
6	总砷	二乙基二硫代氨基甲酸银分光光度法	GB 7485—87
7	总铅	原子吸收分光光度法	GB 7475—87
8	总镍	火焰原子吸收分光光度法	GB 11912—89
		丁二酮肟分光光度法	GB 19910—89

续表

序号	项目	测定方法	方法来源
9	苯并(a)芘	乙酰化滤纸层析荧光分光光度法	GB 11895—89
10	总铍	活性炭吸附—铬天菁S光度法	1)
11	总银	火焰原子吸收分光光度法	GB 11907—89
12	总α	物理法	2)
13	总β	物理法	2)
14	pH值	玻璃电极法	GB 6920—86
15	色度	稀释倍数法	GB 11903—89
16	悬浮物	重量法	GB 11901—89
17	生化需氧量(BOD_5)	稀释与接种法	GB 7488—87
		重铬酸钾紫外光度法	待颁布
18	化学需氧量(COD)	重铬酸钾法	GB 11914—89
19	石油类	红外光度法	GB/T 16488—1996
20	动植物油	红外光度法	GB/T 16488—1996
21	挥发酚	蒸馏后用4-氨基安替比林分光光度法	GB 7490—87
22	总氰化物	硝酸银滴定法	GB 7486—87
23	硫化物	亚甲基蓝分光光度法	GB/T 16489—1996
24	氨氮	钠氏试剂比色法	GB 7479—87
		蒸馏和滴定法	
25	氟化物	离子选择电极法	GB 7484—87
26	磷酸盐	钼蓝比色法	1)
27	甲醛	乙酰丙酮分光光度法	GB 13197—91
28	苯胺类	N-(1-萘基)乙二胺偶氮分光光度法	GB 11889—89
29	硝基苯类	还原-偶氮比色法或分光光度法	1)

续表

序号	项目	测定方法	方法来源
30	阴离子表面活性剂	亚甲蓝分光光度法	GB 7494—87
31	总铜	原子吸收分光光度法	GB 7475—87
		二乙基二硫化氨基甲酸钠分光光度法	GB 7474—87
32	总锌	原子吸收分光光度法	GB 7475—87
		双硫腙分光光度法	GB 7472—87
33	总锰	火焰原子吸收分光光度法	GB 11911—89
		高碘酸钾分光光度法	GB 11906—89
34	彩色显影剂	169成色剂法	3）
35	显影剂及氧化物总量	碘—淀粉比色法	3）
36	元素磷	磷铝蓝比色法	3）
37	有机磷农药(以P计)	有机磷农药的测定	GB 13192—91
38	乐果	气相色谱法	GB 13192—91
39	对硫磷	气相色谱法	GB 13192—91
40	甲基对硫磷	气相色谱法	GB 13192—91
41	马拉硫磷	气相色谱法	GB 13192—91
42	五氯酚及五氯酚钠(以五氯酚计)	气相色谱法	GB 8972—88
		藏红T分光光度法	GB 9803—88

续表

序号	项目	测定方法	方法来源
43	可吸附有机卤化物(AOX)(以Cl计)	微库仑法	GB/T 15959—95
44	三氯甲烷	气相色谱法	待颁布
45	四氯化碳	气相色谱法	待颁布
46	三氯乙烯	气相色谱法	待颁布
47	四氯乙烯	气相色谱法	待颁布
48	苯	气相色谱法	GB 11890—89
49	甲苯	气相色谱法	GB 11890—89
50	乙苯	气相色谱法	GB 11890—89
51	邻-二甲苯	气相色谱法	GB 11890—89
52	对-二甲苯	气相色谱法	GB 11890—89
53	间-二甲苯	气相色谱法	GB 11890—89
54	氯苯	气相色谱法	待颁布
55	邻-二氯苯	气相色谱法	待颁布
56	对-二氯苯	气相色谱法	待颁布
57	对-硝基氯苯	气相色谱法	GB 13194—91
58	2,4-二硝基氯苯	气相色谱法	GB 13194—91
59	苯酚	气相色谱法	待颁布
60	间-甲酚	气相色谱法	待颁布
61	2,4-二氯酚	气相色谱法	待颁布
62	2,4,6-三氯酚	气相色谱法	待颁布

续表

序号	项目	测定方法	方法来源
63	邻苯二甲酸二丁酯	气相、液相色谱法	待颁布
64	邻苯二甲酸二辛酯	气相、液相色谱法	待颁布
65	丙烯腈	气相色谱法	待颁布
66	总硒	2,3-二氨基萘荧光法	GB 11902—89
67	粪大肠菌群数	多管发酵法	1)
68	余氯量	N,N-二乙基-1,4-苯二胰分光光度法 N,N-二乙基-1,4-苯二胺滴定法	GB 11897—89
69	总有机碳（TOC）	非色散红外吸收法 直接紫外荧光法	待制定

注：暂采用下列方法，待国家方法标准发布后，执行国家标准。

1)《水和废水监测分析方法（第三版）》，中国环境科学出版社，1989年。

2)《环境监测技术规范（放射性部分）》，国家环境保护局。

3)详见附录D。

6 标准实施监督

6.1 本标准由县级以上人民政府环境保护行政主管部门负责监督实施。

6.2 省、自治区、直辖市人民政府对执行国家水污染物排放标准不能保证达到水环境功能要求时，可以制定严于国家水污染物排放标准的地方水污染物排放标准，并报国家环境保护行政主管部门备案。

甘肃省农村生活污水处理设施水污染物排放标准

（DB 62/T 4014—2019）

1 范 围

本标准规定了农村生活污水处理设施的范围、规范性引用文件、术语和定义、水污染物排放控制要求、水污染物监测要求以及标准的实施与监督。

本标准适用于城镇建成区以外处理规模500m^2d以下（不含500m^2d）的农村生活污水处理设施水污染物排放管理。

本标准适用于法律允许的污染物排放行为。

本标准不适用于混有工业和农业废水的农村污水处理设施水污染物排放管理。

2 规范性引用文件

下列文件对于本文件的应用是必不可少的。凡是注日期的引用文件，仅注日期的版本适用于本文件。凡是不注日期的引用文件，其最新版本（包括所有的修改单）适用于本文件。

GB 3838 地表水环境质量标准

GB 4284 农用污泥污染物控制标准

GB 5084 农田灌溉水质标准

GB 6920 水质pH值的测定玻璃电极法

GB 11607 渔业水质标准

GB 11893 水质总磷的测定钼酸铵分光光度法

GB 11901 水质一悬浮物的测定重量法

GB/T 18921 城市污水再生利用景观环境用水水质

GB/T 23486 城镇污水处理厂污泥处置园林绿化用泥质

GB/T 31962 污水排入城镇下水道水质标准

HJ 535 水质氨氮的测定纳氏试剂分光光度法

HJ 536 水质氨氮的测定水杨酸分光光度法

HJ 636 水质总氮的测定碱性过硫酸钾消解紫外分光光度法

HJ 637 水质石油类和动植物油类的测定红外分光光度法

HJ 828 水质化学需氧量的测定重铬酸盐法

HJ/T 399 水质化学需氧量的测定快速消解分光光度法

3 术语和定义

下列术语和定义适用于本文件

3.1 农村生活污水,农村居民生活活动所产生的污水。

3.2 农村生活污水处理设施,用于收集、处理农村生活污水的建筑物、构筑物及设备。

3.3 现有农村生活污水处理设施,本标准实施之日前,已建成投产或取得环境影响评价批复文件(完成备案)的农村生活污水处理设施。

3.4 新建农村生活污水处理设施,本标准实施之日起,取得环境影响评价批复文件或完成备案的新(改、扩)建农村生活污水处理设施。

3.5 水功能未明确水体,《甘肃省地表水功能区划(2012—2030年)》和各市(州)地表水(环境)功能区划未划分水功能的水体。

4 水污染物排放控制要求

4.1 现有农村生活污水处理设施自2020年7月1日起执行本标准。

4.2 自本标准实施之日起，新(改、扩)建的农村生活污水处理设施按表1规定执行。

4.3 农家乐、饭店等餐饮废水须经隔油预处理，达到GB/T 31962纳管规定，符合农村生活污水处理设施设计进水水质与水量要求后方可纳入处理。

4.4 农村生活污水处理设施中产生的污泥应定期清掏并合理处置，处理处置时遵循资源化利用优先的原则，排放污泥农用的应满足GB 4284的要求，排放污泥用作园林绿化的应满足GB/T 23486的要求，用作其他用途的参照相关标准要求执行。

4.5 排入水功能明确水体应符合如下要求；

出水直接排入GB 3838规定的Ⅱ、Ⅲ类功能水域的农村生活污水处理设施执行表1规定的一级标准；流经自然湿地等间接排入GB 3838规定的Ⅱ、Ⅲ类功能水域的农村生活污水处理设施执行表1规定的二级标准；

出水排入GB 3838规定的Ⅳ、Ⅴ类功能水域的农村生活污水处理设施执行表1规定的二级标准。

4.6 排入水功能未明确水体应符合如下要求；

处理规模$55m^3/d$(含)至$500m^3/d$(不含)的农村生活污水处理设施，出水排入水功能未明确水体时，处理设施执行表1规定的一级标准；

处理规模$5m^3/d$(含)至$55m^3/d$(不含)的农村生活污水处理设施，出水排入水功能未明确水体时，处理设施执行表1规定的二级标准；

处理规模小于$5m^3/d$的农村生活污水处理设施，出水排入水功能未明确水体时，处理设施执行表1规定的三级A标准。

4.7 尾水资源化利用应按照如下要求执行：

农村生活污水处理后进行回用水资源化利用时，执行国家或地方相应回用水水质标准。其中回用于农田、林地、草地等施肥的，应符合施肥的相关标准和要求；回用于农田灌溉的，相关控制指标应满足GB 5084规定；回用于渔业的，相关控制指标应满足GB 11607规定；回用于景观环境的，相关控制指标应满足GB/T 18921规定；回用于其他用途的，执行国家或甘肃省相应回用水水质标准；

农村生活污水处理设施处理后的尾水用于林地、草地灌溉时，执行表1规定的三级A标准；

农村生活污水处理设施处理后的尾水用于旱作农田灌溉时，执行表1规定的三级B标准。

表1　农村生活污水处理设施水污染物允许排放限值 单位：毫克每升

<table>
<tr><th rowspan="2">序号</th><th rowspan="2">污染物或项目名称</th><th rowspan="2">一级标准</th><th rowspan="2">二级标准</th><th colspan="2">三级标准</th></tr>
<tr><th>A</th><th>B</th></tr>
<tr><td>1</td><td>pH（无量纲）</td><td colspan="3">6~9</td><td>5.5~8.5</td></tr>
<tr><td>2</td><td>化学需氧量（COD_{cr}）</td><td>60</td><td>100</td><td>120</td><td>200</td></tr>
<tr><td>3</td><td>悬浮物（SS）</td><td>20</td><td>30</td><td>50</td><td>100</td></tr>
<tr><td>4</td><td>氨氮[a]（以N计）</td><td>8（15）</td><td>15（25）</td><td>25（30）</td><td>—</td></tr>
<tr><td>5</td><td>总磷（以P计）</td><td>2</td><td>3</td><td>—</td><td>—</td></tr>
<tr><td>6</td><td>总氮（以N计）</td><td>20</td><td>—</td><td>—</td><td>—</td></tr>
<tr><td>7</td><td>动植物油[b]</td><td>3</td><td>5</td><td>15</td><td>—</td></tr>
</table>

括号外的数值为水温>12℃的控制指标，括号内的数值为水温≤12℃的控制指标。

动植物油仅针对含农家乐、饭店等餐饮废水的处理设施执行。

5 水污染物监测要求

5.1 农村生活污水处理设施应设置规范化排污口，$20m^3/d$以上处理规模的设置永久性排污口标志。

5.2 在农村生活污水处理设施下游配套建设人工湿地水质净化工程（含生态氧化塘），且出水通过管道或排污沟渠全部进入下游人工湿地水质净化工程的，可以将人工湿地水质净化工程出水作为农村污水处理设施出水进行管理。

5.3 水污染物监测的频次、采样方法、时间等应按照国家和甘肃省污染源监测技术规范、法规等有关规定执行。

5.4 排放水污染物浓度的测定采用表2所列的方法执行。本标准发布实施后，国家或甘肃省新发布的其他相关监测分析方法标准，其方法适用范围相同的，也适用于本标准对应污染物的测定。

表2　水污染物监测分析方法

序号	控制项目	测定方法	方法来源
1	pH	玻璃电极法	GB 6920
2	悬浮物	重量法	GB 11901
3	化学需氧量	重铬酸盐法	HJ 828
		快速消解分光光度法	HJ/T 399
4	氨氮	水杨酸分光光度法	HJ 536
		纳氏试剂分光光度法	HJ 535
5	总磷	钼酸铵分光光度法	GB 11893
6	总氮	碱性过硫酸钾消解紫外分光光度法	HJ 636
7	动植物油	红外分光光度法	HJ 637

6 实施与监督

6.1 本标准由省、市(州)生态环境行政主管部门监督实施。

6.2 本标准实施后,新发布的国家、行业或甘肃省排放标准中针对农村生活污水处理设施相应污染物的排放要求严于本标准的,按新标准相关要求执行。

生活垃圾填埋场污染控制标准

(GB 16889—2008)

为贯彻《中华人民共和国环境保护法》《中华人民共和国固体废物污染环境防治法》《中华人民共和国水污染防治法》《国务院关于落实科学发展观加强环境保护的决定》等法律、法规和《国务院关于编制全国主体功能区规划的意见》,保护环境,防治生活垃圾填埋处置造成的污染,制定本标准。

本标准规定了生活垃圾填埋场选址要求,工程设计与施工要求,填埋废物的入场条件,填埋作业要求,封场及后期维护与管理要求,污染物排放限值及环境监测等要求。生活垃圾填埋场排放大气污染物(含恶臭污染物)、环境噪声适用相应的国家污染物排放标准。

为促进地区经济与环境协调发展,推动经济结构的调整和经济增长方式的转变,引导工业生产工艺和污染治理技术的发展方向,本标准规定了水污染物特别排放限值。

本标准首次发布于1997年。

此次修订的主要内容：

修改了标准的名称；

补充了生活垃圾填埋场选址要求；

细化了生活垃圾填埋场基本设施的设计与施工要求；

增加了可以进入生活垃圾填埋场共处置的生活垃圾焚烧飞灰和医疗废物焚烧残渣、医疗废物、一般工业固体废物、厌氧产沼等生物处理后的固态残余物、粪便经处理后的固态残余物和生活污水处理污泥的入场要求；

增加了生活垃圾填埋场运行、封场及后期维护与管理期间的污染控制要求；

增加了生活垃圾填埋场污染物控制项目数量。

自本标准实施之日起,《生活垃圾填埋污染控制标准》(GB 16889—1997)废止。

按照有关法律规定,本标准具有强制执行的效力。

本标准由环境保护部科技标准司组织制订。

本标准主要起草单位:中国环境科学研究院、同济大学、清华大学、城市建设研究院。本标准环境保护部2008年3月17日批准。

本标准自2008年7月1日起实施。

本标准由环境保护部解释。

1 适用范围

本标准规定了生活垃圾填埋场选址、设计与施工、填埋废物的入场条件、运行、封场、后期维护与管理的污染控制和监测等方面的要求。

本标准适用于生活垃圾填埋场建设、运行和封场后的维护与管理过程中的污染控制和监督管理。本标准的部分规定也适用于与生活垃圾填埋场配套建设的生活垃圾转运站的建设、运行。

本标准只适用于法律允许的污染物排放行为;新设立污染源的选址和特殊保护区域内现有污染源的管理,按照《中华人民共和国大气污染防治法》《中华人民共和国水污染防治法》《中华人民共和国海洋环境保护法》《中华人民共和国固体废物污染环境防治法》《中华人民共和国放射性污染防治法》《中华人民共和国环境影响评价法》等法律的相关规定执行。

2 规范性引用文件

本标准内容引用了下列文件中的条款。凡是不注日期的引用文件,其有效版本适用于本标准。

GB/T 5750—2006 生活饮用水标准检验法

GB/T 7466—1987 水质 总铬的测定

CB/T 7467—1987 水质 六价铬的测定 二苯碳酰二肼分光光度法

CB/T 7468—1987 水质 总汞的测定 冷原子吸收分光光度法

CB/T 7469—1987 水质 总汞的测定 高锰酸钾—过硫酸钾消解法 双硫腙分光光度法

CB/T 7470—1987 水质 铅的测定 双硫腙分光光度法

CB/T 7471—1987 水质 镉的测定 双硫腙分光光度法

CB/T 7485—1987 水质 总砷的测定 二乙基二硫代氨基

甲酸银分光光度法

CB/T 11893—1989 水质　总磷的测定　钼酸铵分光光度法

CB/ T 11901—1989 水质　悬浮物的测定　重量法

CB/T 11903—1989 水质　色度的测定

CB/T 13486 便携式热催化甲烷检测报警仪

CB/T 14554 恶臭污染物排放标准

CB/T 14675—1993 空气质量　恶臭的测定　三点比较式臭袋法

CB/T 14678—1993 空气质量　硫化氢、甲硫醇、甲硫醚和二甲二硫的测定　气相色谱法

CB/T 14848 地下水质量标准

CB 15562.1 环境保护图形标志　排放口(源)

CB/T 50123 土工试验方法标准

HJ/T 38—1999 固定污染源排气中非甲烷总烃的测定　气相色谱法

HJ/T 86—2002 水质　生化需氧量的测定　微生物传感器快速测定法

HJ/T 195—2005 水质　氨氮的测定　气相分子吸收光谱法

HJ/T 199—2005 水质　总氮的测定　气相分子吸收光谱法

HJ/T 228 医疗废物化学消毒集中处理工程技术规范(试行)

HJ/T 229 医疗废物微波消毒集中处理工程技术规范(试行)

HJ/T 276 医疗废物高温蒸汽集中处理工程技术规范（试行）

HJ/T 300 固体废物 浸出毒性浸出方法 醋酸缓冲溶液法

HJ/T 341—2007 水质 汞的测定 冷原子荧光法（试行）

HJ/T 347—2007 水质 粪大肠菌群的测定 多管发酵法和滤膜法（试行）

HJ/T 399—2007 水质 化学需氧量的测定 快速消解分光光度法

CJ/T 234 垃圾填埋场用高密度聚乙烯土工膜

《医疗废物分类目录》（卫医发〔2003〕287号）

《排污口规范化整治技术要求》（环监字〔1996〕470号）

《污染源自动监控管理办法》（国家环境保护总局令 第28号）

《环境监测管理办法》（国家环境保护总局令 第39号）

3 术语和定义

下列术语和定义适用于本标准。

3.1 运行期

生活垃圾填埋场进行填埋作业的时期。

3.2 后期维护与管理期

生活垃圾填埋场终止填埋作业后，进行后续维护、污染控制和环境保护管理直至填埋场达到稳定化的时期。

3.3 防渗衬层

设置于生活垃圾填埋场底部及四周边坡的由天然材料和

(或)人工合成材料组成的防止渗漏的垫层。

3.4 天然基础层

位于防渗衬层下部,由未经扰动的土壤等构成的基础层。

3.5 天然黏土防渗衬层

由经过处理的天然黏土机械压实形成的防渗衬层。

3.6 单层人工合成材料防渗衬层

由一层人工合成材料衬层与黏土(或具有同等以上隔水效力的其他材料)衬层组成的防渗衬层。

3.7 双层人工合成材料防渗衬层

由两层人工合成材料衬层与黏土(或具有同等以上隔水效力的其他材料)衬层组成的防渗衬层。

3.8 环境敏感点

指生活垃圾填埋场周围可能受污染物影响的住宅、学校、医院、行政办公区、商业区以及公共场所等地点。

3.9 场界

指法律文书(如土地使用证、房产证、租赁合同等)中确定的业主所拥有使用权(或所有权)的场地或建筑物边界。

3.10 现有生活垃圾填埋场

指本标准实施之日前,已建成投入使用或环境影响评价文件已通过审批的生活垃圾填埋场。

3.11 新建生活垃圾填埋场

指本标准实施之日起环境影响文件通过审批的新建、改建和扩建的生活垃圾填埋场。

4 选址要求

4.1 生活垃圾填埋场的选址应符合区域性环境规划、环境卫生设施建设规划和当地的城市规划。

4.2 生活垃圾填埋场场址不应选在城市工农业发展规划区、农业保护区、自然保护区、风景名胜区、文物(考古)保护区、生活饮用水水源保护区、供水远景规划区、矿产资源储备区、军事要地、国家保密地区和其他需要特别保护的区域内。

4.3 生活垃圾填埋场选址的标高应位于重现期不小于50年一遇的洪水位之上,并建设在长远规划中的水库等人工蓄水设施的淹没区和保护区之外。

拟建有可靠防洪设施的山谷型填埋场,并经过环境影响评价证明洪水对生活垃圾填埋场的环境风险在可接受范围内,前款规定的选址标准可以适当降低。

4.4 生活垃圾填埋场场址的选择应避开下列区域:破坏性地震及活动构造区;活动中的坍塌、滑坡和隆起地带;活动中的断裂带;石灰岩溶洞发育带;废弃矿区的活动塌陷区;活动沙丘区;海啸及涌浪影响区;湿地;尚未稳定的冲积扇及冲沟地区;泥炭以及其他可能危及填埋场安全的区域。

4.5 生活垃圾填埋场场址的位置及与周围人群的距离应依据环境影响评价结论确定,并经地方环境保护行政主管部门批准。

在对生活垃圾填埋场场址进行环境影响评价时,应考虑生活垃圾填埋场产生的渗滤液、大气污染物(含恶臭物质)、滋养动物(蚊、蝇、鸟类等)等因素,根据其所在地区的环境功能区类别,综合评价其对周围环境、居住人群的身体健康、日常生活和生产活动的影响,确定生活垃圾填埋场与常住居民居住场所、地表水域、高速公路、交通主干道(国道或省道)、铁路、飞机场、军事基地等敏感对象之间合理的位置关系以及合理的防护距离。环境影响评价的结论可作为规划控制的依据。

5 设计、施工与验收要求

5.1 生活垃圾填埋场应包括下列主要设施:防渗衬层系统、渗滤液导排系统、渗滤液处理设施、雨污分流系统、地下水导排系统、地下水监测设施、填埋气体导排系统、覆盖和封场系统。

5.2 生活垃圾填埋场应建设围墙或栅栏等隔离设施,并在填埋区边界周围设置防飞扬设施、安全防护设施及防火隔离带。

5.3 生活垃圾填埋场应根据填埋区天然基础层的地质情况以及环境影响评价的结论,并经当地地方环境保护行政主管部门批准,选择天然黏土防渗衬层、单层人工合成材料防渗衬层或双层人工合成材料防渗衬层作为生活垃圾填埋场填埋区和其他渗滤液流经或储留设施的防渗衬层。填埋场黏土防渗衬层饱和渗透系数按照GB/T 50123中13.3“变水头渗透试验”的规定进行测定。

5.4 如果天然基础层饱和渗透系数小于1.0×10^{-7}cm/s,且厚度不小于2m,可采用天然黏土防渗衬层。采用天然黏土防渗衬层应满足以下基本条件:

(1)压实后的黏土防渗衬层饱和渗透系数应小于1.0×

10^{-7}cm/s；

（2）黏土防渗衬层的厚度应不小于2m。

5.5 如果天然基础层饱和渗透系数小于1.0×10^{-5}cm/s，且厚度不小于2m，可采用单层人工合成材料防渗衬层。人工合成材料衬层下应具有厚度不小于0.75m，且其被压实后的饱和渗透系数小于1.0×10^{-7}cm/s的天然黏土防渗衬层，或具有同等以上隔水效力的其他材料防渗衬层。

人工合成材料防渗衬层应采用满足CJ/T 234中规定技术要求的高密度聚乙烯或者其他具有同等效力的人工合成材料。

5.6 如果天然基础层饱和渗透系数不小于1.0×10^{-5}cm/s，或者天然基础层厚度小于2m，应采用双层人工合成材料防渗衬层。下层人工合成材料防渗衬层下应具有厚度不小于0.75m，且其被压实后的饱和渗透系数小于1.0×10^{-7}cm/s的天然黏土衬层，或具有同等以上隔水效力的其他材料衬层；两层人工合成材料衬层之间应布设导水层及渗漏检测层。

人工合成材料的性能要求同5.5。

5.7 生活垃圾填埋场应设置防渗衬层渗漏检测系统，以保证在防渗衬层发生渗滤液渗漏时能及时发现并采取必要的污染控制措施。

5.8 生活垃圾填埋场应建设渗滤液导排系统，该导排系统应确保在填埋场的运行期内防渗衬层上的渗滤液深度不大于30cm。

为检测渗滤液深度，生活垃圾填埋场内应设置渗滤液监测井。

5.9 生活垃圾填埋场应建设渗滤液处理设施,以在填埋场的运行期和后期维护与管理期内对渗滤液进行处理达标后排放。

5.10 生活垃圾填埋场渗滤液处理设施应设渗滤液调节池,并采取封闭等措施防止恶臭物质的排放。

5.11 生活垃圾填埋场应实行雨污分流并设置雨水集排水系统,以收集、排出汇水区内可能流向填埋区的雨水、上游雨水以及未填埋区域内未与生活垃圾接触的雨水。雨水集排水系统收集的雨水不得与渗滤液混排。

5.12 生活垃圾填埋场各个系统在设计时应保证能及时、有效地导排雨、污水。

5.13 生活垃圾填埋场填埋区基础层底部应与地下水年最高水位保持1m以上的距离。当生活垃圾填埋场填埋区基础层底部与地下水年最高水位距离不足1m时,应建设地下水导排系统。地下水导排系统应确保填埋场的运行期和后期维护与管理期内地下水水位维持在距离填埋场填埋区基础层底部1m以下。

5.14 生活垃圾填埋场应建设填埋气体导排系统,在填埋场的运行期和后期维护与管理期内将填埋层内的气体导出后利用、焚烧或达到9.2.2的要求后直接排放。

5.15 设计填埋量大于250万t且垃圾填埋厚度超过20m生活垃圾填埋场,应建设甲烷利用设施或火炬燃烧设施处理含甲烷填埋气体。小于上述规模的生活垃圾填埋场,应采用能够有效减少甲烷产生和排放的填埋工艺或采用火炬燃烧设施处理含甲烷填埋气体。

5.16 生活垃圾填埋场周围应设置绿化隔离带，其宽度不小于10m。

5.17 在生活垃圾填埋场施工前应编制施工质量保证书并作为环境监理和环境保护竣工验收的依据。施工过程中应严格按照施工质量保证书中的质量保证程序进行。

5.18 在进行天然黏土防渗衬层施工之前，应通过现场施工实验确定压实方法、压实设备、压实次数等因素，以确保可以达到设计要求。同时在施工过程中应进行现场施工检验，检验内容与频率应包括在施工设计书中。

5.19 在进行人工合成材料防渗衬层施工前，应对人工合成材料的各项性能指标进行质量测试；在需要进行焊接之前，应进行试验焊接。

5.20 在人工合成材料防渗衬层和渗滤液导排系统的铺设过程中与完成之后，应通过连续性和完整性检测检验施工效果，以确定人工合成材料防渗衬层没有破损、漏洞等。

5.21 填埋场人工合成材料防渗衬层铺设完成后，未填埋的部分应采取有效的工程措施防止人工合成材料防渗衬层在日光下直接暴露。

5.22 在生活垃圾填埋场的环境保护竣工验收中，应对已建成的防渗衬层系统的完整性、渗滤液导排系统、填埋气体导排系统和地下水导排系统等的有效性进行质量验收，同时验收场址选择、勘察、征地、设计、施工、运行管理制度、监测计划等全过程的技术和管理文件资料。

5.23 生活垃圾转运站应采取必要的封闭和负压措施防止恶臭污染的扩散。

5.24 生活垃圾转运站应设置具有恶臭污染控制功能及渗滤液收集、贮存设施。

6 填埋废物的入场要求

6.1 下列废物可以直接进入生活垃圾填埋场填埋处置:

(1)由环境卫生机构收集或者自行收集的混合生活垃圾,以及企事业单位产生的办公废物;

(2)生活垃圾焚烧炉渣(不包括焚烧飞灰);

(3)生活垃圾堆肥处理产生的固态残余物;

(4)服装加工、食品加工以及其他城市生活服务行业产生的性质与生活垃圾相近的一般工业固体废物。

6.2《医疗废物分类目录》中的感染性废物经过下列方式处理后,可以进入生活垃圾填埋场填埋处置。

(1)按照HJ/T 228要求进行破碎毁形和化学消毒处理,并满足消毒效果检验指标;

(2)按照HJ/T 229要求进行破碎毁形和微波消毒处理,并满足消毒效果检验指标;

(3)按照HJ/T 276要求进行破碎毁形和高温蒸汽处理,并满足处理效果检验指标;

(4)医疗废物焚烧处置后的残渣的入场标准按照6.3执行。

6.3 生活垃圾焚烧飞灰和医疗废物焚烧残渣(包括飞灰、底渣)经处理后满足下列条件,可以进入生活垃圾填埋场填埋处置。

(1)含水率小于30%;

(2)二英含量(或等效毒性量)低于3μg/kg;

(3)按照HJ/T 300制备的浸出液中危害成分质量浓度低于表1规定的限值。

表1　浸出液污染物质量浓度限值

序号	污染物项目	质量浓度限值(mg/L)
1	汞	0.05
2	铜	40
3	锌	100
4	铅	0.25
5	镉	0.15
6	铍	0.02
7	钡	25
8	镍	0.5
9	砷	0.3
10	总铬	4.5
11	六价铬	1.5
12	硒	0.1

6.4　一般工业固体废物经处理后,按照HJ/T 300制备的浸出液中危害成分质量浓度低于表1规定的限值,可以进入生活垃圾填埋场填埋处置。

6.5　经处理后满足6.3要求的生活垃圾焚烧飞灰、医疗废物焚烧残渣(包括飞灰、底渣)和满足6.4要求的一般工业固体废物在生活垃圾填埋场中应单独分区填埋。

6.6　厌氧产沼等生物处理后的固态残余物、粪便经处理后的固态残余物和生活污水处理厂污泥经处理后含水率小于

60%,可以进入生活垃圾填埋场填埋处置。

6.7 处理后分别满足6.2、6.3、6.4和6.6要求的废物应由地方环境保护行政主管部门认可的监测部门检测、经地方环境保护行政主管部门批准后,方可进入生活垃圾填埋场。

6.8 下列废物不得在生活垃圾填埋场中填埋处置。

(1)除符合6.3规定的生活垃圾焚烧飞灰以外的危险废物;

(2)未经处理的餐饮废物;

(3)未经处理的粪便;

(4)禽畜养殖废物;

(5)电子废物及其处理处置残余物;

(6)除本填埋场产生的渗滤液之外的任何液态废物和废水。国家环境保护标准另有规定的除外。

7 运行要求

7.1 填埋作业应分区、分单元进行,不运行作业面应及时覆盖。不得同时进行多作业面填埋作业或者不分区全场敞开式作业。中间覆盖应形成一定的坡度。每天填埋作业结束后,应对作业面进行覆盖;特殊气象条件下应加强对作业面的覆盖。

7.2 填埋作业应采取雨污分流措施,减少渗滤液的产生量。

7.3 生活垃圾填埋场运行期内,应控制堆体的坡度,确保填埋堆体的稳定性。

7.4 生活垃圾填埋场运行期内,应定期检测防渗衬层系统的完整性。当发现防渗衬层系统发生渗漏时,应及时采取补救措施。

7.5 生活垃圾填埋场运行期内，应定期检测渗滤液导排系统的有效性，保证正常运行。当衬层上的渗滤液深度大于30cm时，应及时采取有效疏导措施排除积存在填埋场内的渗滤液。

7.6 生活垃圾填埋场运行期内，应定期检测地下水水质。当发现地下水水质有被污染的迹象时，应及时查找原因，发现渗漏位置并采取补救措施，防止污染扩散。

7.7 生活垃圾填埋场运行期内，应定期并根据场地和气象情况随时进行防蚊蝇、灭鼠和除臭工作。

7.8 生活垃圾填埋场运行期以及封场后期维护与管理期间，应建立运行情况记录制度，如实记载有关运行管理情况，主要包括生活垃圾处理、处置设备工艺控制参数，进入生活垃圾填埋场处置的非生活垃圾的来源、种类、数量、填埋位置，封场及后期维护与管理情况及环境监测数据等。运行情况记录簿应当按照国家有关档案管理的法律法规进行整理和保管。

8 封场及后期维护与管理要求

8.1 生活垃圾填埋场的封场系统应包括气体导排层、防渗层、雨水导排层、最终覆土层、植被层。

8.2 气体导排层应与导气竖管相连。导气竖管应高出最终覆土层上表面100cm以上。

8.3 封场系统应控制坡度，以保证填埋堆体稳定，防止雨水侵蚀。

8.4 封场系统的建设应与生态恢复相结合，并防止植物根系对封场土工膜的损害。

8.5 封场后进入后期维护与管理阶段的生活垃圾填埋场，应继续处理填埋场产生的渗滤液和填埋气，并定期进行监测，直到填埋场产生的渗滤液中水污染物质量浓度连续两年低于表2、表3中的限值。

表2　现有和新建生活垃圾填埋场水污染物排放质量浓度限值

序号	控制污染物	排放质量浓度限值	污染物排放监控位置
1	色度(稀释倍数)	40	常规污水处理设施排放口
2	化学需氧量(COD_{Cr})/(mg/L)	100	常规污水处理设施排放口
3	生化需氧量(BOD_5)/(mg/L)	30	常规污水处理设施排放口
4	悬浮物/(mg/L)	30	常规污水处理设施排放口
5	总氮/(mg/L)	40	常规污水处理设施排放口
6	氨氮/(mg/L)	25	常规污水处理设施排放口
7	总磷/(mg/L)	3	常规污水处理设施排放口
8	粪大肠菌群数/(个/L)	10000	常规污水处理设施排放口
9	总汞/(mg/L)	0.001	常规污水处理设施排放口
10	总镉/(mg/L)	0.01	常规污水处理设施排放口
11	总铬/(mg/L)	0.1	常规污水处理设施排放口
12	六价铬/(mg/L)	0.05	常规污水处理设施排放口
13	总砷/(mg/L)	0.1	常规污水处理设施排放口
14	总铅/(mg/L)	0.1	常规污水处理设施排放口

表3　现有和新建生活垃圾填埋场水污染物特别排放限值

序号	控制污染物	排放质量浓度限值	污染物排放监控位置
1	色度(稀释倍数)	30	常规污水处理设施排放口
2	化学需氧量(COD_{Cr})/(mg/L)	60	常规污水处理设施排放口
3	生化需氧量(BOD_5)/(mg/L)	20	常规污水处理设施排放口
4	悬浮物/(mg/L)	30	常规污水处理设施排放口
5	总氮/(mg/L)	20	常规污水处理设施排放口
6	氨氮/(mg/L)	8	常规污水处理设施排放口
7	总磷/(mg/L)	1.5	常规污水处理设施排放口
8	粪大肠菌群数/(个/L)	10000	常规污水处理设施排放口
9	总汞/(mg/L)	0.001	常规污水处理设施排放口
10	总镉/(mg/L)	0.01	常规污水处理设施排放口
11	总铬/(mg/L)	0.1	常规污水处理设施排放口
12	六价铬/(mg/L)	0.05	常规污水处理设施排放口
13	总砷/(mg/L)	0.1	常规污水处理设施排放口
14	总铅/(mg/L)	0.1	常规污水处理设施排放口

9 污染物排放控制要求

9.1 水污染物排放控制要求

9.1.1 生活垃圾填埋场应设置污水处理装置，生活垃圾渗滤液（含调节池废水）等污水经处理并符合本标准规定的污染物排放控制要求后，可直接排放。

9.1.2 现有和新建生活垃圾填埋场自2008年7月1日起执行表2规定的水污染物排放质量浓度限值。

9.1.3 2011年7月1日前，现有生活垃圾填埋场无法满足表

2规定的水污染物排放质量浓度限值要求的，满足以下条件时可将生活垃圾渗滤液送往城市二级污水处理厂进行处理：

（1）生活垃圾渗滤液在填埋场经过处理后，总汞、总镉、总铬、六价铬、总砷、总铅等污染物质量浓度达到表2规定的质量浓度限值；

（2）城市二级污水处理厂每日处理生活垃圾渗滤液总量不超过污水处理量的0.5%，并不超过城市二级污水处理厂额定的污水处理能力；

（3）生活垃圾渗滤液应均匀注入城市二级污水处理厂；

（4）不影响城市二级污水处理厂的污水处理效果。

2011年7月1日起，现有全部生活垃圾填埋场应自行处理生活垃圾渗滤液并执行表2规定的水污染排放质量浓度限值。

9.1.4 根据环境保护工作的要求，在国土开发密度已经较高、环境承载能力开始减弱，或环境容量较小、生态环境脆弱，容易发生严重环境污染问题而需要采取特别保护措施的地区，应严格控制生活垃圾填埋场的污染物排放行为，在上述地区的现有和新建生活垃圾填埋场执行表3规定的水污染物特别排放限值。

9.2 甲烷排放控制要求

9.2.1 填埋工作面上2m以下高度范围内甲烷的体积分数应不大于0.1%。

9.2.2 生活垃圾填埋场应采取甲烷减排措施；当通过导气管道直接排放填埋气体时，导气管排放口的甲烷的体积分数不大于5%。

9.3 生活垃圾填埋场在运行中应采取必要的措施防止恶臭物质的扩散。在生活垃圾填埋场周围环境敏感点方位的场界的恶臭污染物质量浓度应符合GB 14554的规定。

9.4 生活垃圾转运站产生的渗滤液经收集后，可采用密闭运输送到城市污水处理厂处理、排入城市排水管道进入城市污水处理厂处理或者自行处理等方式。排入设置城市污水处理厂的排水管网的，应在转运站内对渗滤液进行处理，总汞、总镉、总铬、六价铬、总砷、总铅等污染物质量浓度达到表2规定的质量浓度限值，其他水污染物排放控制要求由企业与城镇污水处理厂根据其污水处理能力商定或执行相关标准。排入环境水体或排入未设置污水处理厂的排水管网的，应在转运站内对渗滤液进行处理并达到表2规定的质量浓度限值。

10 环境和污染物监测要求

10.1 水污染物排放监测基本要求

10.1.1 生活垃圾填埋场的水污染物排放口须按照《排污口规范化整治技术要求》(试行)建设，设置符合GB 15562.1要求的污水排放口标志。

10.1.2 新建生活垃圾填埋场应按照《污染源自动监控管理办法》的规定，安装污染物排放自动监控设备，与环保部门的监控中心联网，并保证设备正常运行。各地现有生活垃圾填埋场安装污染物排放自动监控设备的要求由省级环境保护行政主管部门规定。

10.1.3 地方环境保护行政主管部门对生活垃圾填埋场污染物排放情况进行监督性监测的频次、采样时间等要求，按国家有关污染源监测技术规范的规定执行。

10.2 地下水水质监测基本要求

10.2.1 地下水水质监测井的布置

应根据场地水文地质条件,以及时反映地下水水质变化为原则,布设地下水监测系统。

(1)本底井,一眼,设在填埋场地下水流向上游30~50m处;

(2)排水井,一眼,设在填埋场地下水主管出口处;

(3)污染扩散井,两眼,分别设在垂直填埋场地下水走向的两侧各30~50m处;

(4)污染监视井,两眼,分别设在填埋场地下水流向下游30m、50m处。大型填埋场可以在上述要求基础上适当增加监测井的数量。

10.2.2 在生活垃圾填埋场投入使用之前应监测地下水本底水平;在生活垃圾填埋场投入使用之时即对地下水进行持续监测,直至封场后填埋场产生的渗滤液中水污染物质量浓度连续两年低于表2中的限值时为止。

10.2.3 地下水监测指标为pH、总硬度、溶解性总固体、高锰酸盐指数、氨氮、硝酸盐、亚硝酸盐、硫酸盐、氯化物、挥发性酚类、氰化物、砷、汞、六价铬、铅、氟、镉、铁、锰、铜、锌、粪大肠菌群,不同质量类型地下水的质量标准执行GB/T 14848中的规定。

10.2.4 生活垃圾填埋场管理机构对排水井的水质监测频率应不少于每周一次,对污染扩散井和污染监视井的水质监测频率应不少于每2周一次,对本底井的水质监测频率应不少于每个月一次。

10.2.5 地方环境保护行政主管部门应对地下水水质进行监督性监测,频率应不少于每3个月一次。

10.3 生活垃圾填埋场管理机构应每6个月进行一次防渗衬层完整性的监测。

10.4 甲烷监测基本要求

10.4.1 生活垃圾填埋场管理机构应每天进行一次填埋场区和填埋气体排放口的甲烷体积分数监测。

10.4.2 地方环境保护行政主管部门应每3个月对填埋区和填埋气体排放口的甲烷体积分数进行一次监督性监测。

10.4.3 对甲烷体积分数的每日监测可采用符合GB 13486要求或者具有相同效果的便携式甲烷测定器进行测定。对甲烷体积分数的监督性监测应按照HJ/T 38中甲烷的测定方法进行测定。

10.5 生活垃圾填埋场管理机构和地方环境保护行政主管部门均应对封场后的生活垃圾填埋场的污染物质量浓度进行测定。化学需氧量、生化需氧量、悬浮物、总氮、氨氮等指标每3个月测定一次,其他指标每年测定一次。

10.6 恶臭污染物监测基本要求

10.6.1 生活垃圾填埋场管理机构应根据具体情况适时进行场界恶臭污染物监测。

10.6.2 地方环境保护行政主管部门应每3个月对场界恶臭污染物进行一次监督性监测。

10.6.3 恶臭污染物监测应按照GB/T 14675和GB/T 14678规定的方法进行测定。

10.7 污染物质量浓度测定方法采用表4所列的方法标准，地下水质量检测方法采用GB/T 5750—2006中的检测方法。

表4 污染物质量浓度测定方法

序号	污染物项目	方法名称	标准编号
1	色度(稀释倍数)	水质 色度的测定	GB/ T 11903—1989
2	化学需氧量(COD_{Cr})	水质 化学需氧量的测定 快速消解分光光度法	HJ/ T 399—2007
3	生化需氧量(BOD_5)	水质 生化需氧量的测定 微生物传感器快速测定法	HJ/ T 86—2002
4	悬浮物	水质 悬浮物的测定 重量法	GB/ T11901—1989
5	总氮	水质 总氮的测定 气相分子吸收光谱法	HJ/ T 199—2005
6	氨氮	水质 氨氮的测定 气相分子吸收光谱法	HJ/ T 195—2005
7	总磷	水质 总磷的测定 钼酸铵分光光度法	GB/ T 11893—1989
8	粪大肠菌群数	水质 粪大肠菌群的测定 多管发酵法和滤膜法(试行)	HJ/ T 347—2007
9	总汞	水质 总汞的测定 冷原子吸收分光光度法	GB/ T 7468—1987
		水质 总汞的测定 高锰酸钾—过硫酸钾消解法 双硫腙分光光度法	GB/ T 7469—1987
		水质 汞的测定 冷原子荧光法(试行)	HJ/ T 341—2007

续表

序号	污染物项目	方法名称	标准编号
10	总镉	水质　镉的测定　双硫腙分光光度法	GB/T 7471—1987
11	总铬	水质　总铬的测定	GB/T 7466—1987
12	六价铬	水质　六价铬的测定　二苯碳酰二肼分光光度法	GB/T 7467—1987
13	总砷	水质　总砷的测定　二乙基二硫代氨基甲酸银分光光度法	GB/T 7485—1987
14	总铅	水质　铅的测定　双硫腙分光光度法	GB/T 7470—1987
15	甲烷	固定污染源排气中非甲烷总烃的测定　气相色谱法	HJ/T 38—1999
16	恶臭	空气质量　恶臭的测定　三点比较式臭袋法	GB/T 14675—1993
17	硫化氢、甲硫醇、甲硫醚和二甲二硫	空气质量　硫化氢、甲硫醇、甲硫醚和二甲二硫的测定　气相色谱法	GB/T 14678—1993

10.8 生活垃圾填埋场应按照有关法律和《环境监测管理办法》的规定，对排污状况进行监测，并保存原始监测记录。

11 实施要求

11.1 本标准由县级以上人民政府环境保护行政主管部门负责监督实施。

11.2 在任何情况下，生活垃圾填埋场均应遵守本标准的污染物排放控制要求，采取必要措施保证污染防治设施正常运行，各级环保部门在对生活垃圾填埋场进行监督性检查时，可以现场即时采样，将监测的结果作为判定排污行为是否符合排放标准以及实施相关环境保护管理措施的依据。

11.3 对现有和新建生活垃圾填埋场执行水污染物特别排放限值的地域范围、时间，由国务院环境保护主管部门或省级人民政府确定。

畜禽养殖废弃物排放标准

（GB 18596—2001）

为贯彻《环境保护法》《水污染防治法》《大气污染防治法》，控制畜禽养殖业产生的废水、废渣和恶臭对环境的污染，促进养殖业生产工艺和技术进步，维护生态平衡，制定本标准。

本标准适用于集约化、规模化的畜禽养殖场和养殖区，不适用于畜禽散养户。根据养殖规模，分阶段逐步控制，鼓励种养结合和生态养殖，逐步实现全国养殖业的合理布局。

根据畜禽养殖业污染物排放的特点，本标准规定的污染物控制项目包括生化指标、卫生学指标和感观指标等。为推动畜禽养殖业污染物的减量化、无害化和资源化，本标准规定了废水、恶臭排放标准和废渣无害化环境标准。

本标准为首次制定。

本标准由国家环境保护总局科技标准司提出。

本标准由农业部环境保护科研监测所、天津市畜牧局、上海市畜牧办公室、上海市农业科学院环境科学研究所负责起草。

本标准由国家环境保护总局于2001年11月26日批准。

本标准由国家环境保护总局负责解释。

1 主题内容与适用范围

1.1 主题内容

本标准按集约化畜禽养殖业的不同规模分别规定了水污染物、恶臭气体的最高允许日均排放浓度、最高允许排水量，畜禽养殖业废渣无害化环境标准。

1.2 适用范围

本标准适用于全国集约化畜禽养殖场和养殖区污染物的排放管理，以及这些建设项目环境影响评价、环境保护设施设计、竣工验收及其投产后的排放管理。

1.2.1 本标准适用的畜禽养殖场和养殖区的规模分级，按表1和表2执行。

表1 集约化畜禽养殖场的适用规模(以存栏数计)

规模分级 类别	猪(头)(25kg以上)	鸡(只)		牛(头)	
		蛋鸡	肉鸡	成年奶牛	肉牛
Ⅰ级	≥3000	≥100000	≥200000	≥200	≥400
Ⅱ级	500≤Q<3000	15000≤Q<100000	30000≤Q<200000	100≤Q<200	200≤Q<400

表2　集约化畜禽养殖区的适用规模(以存栏数计)

规模分级 类别	猪(头)(25kg以上)	鸡(只)		牛(头)	
		蛋鸡	肉鸡	成年奶牛	肉牛
Ⅰ级	≥6000	≥200000	≥400000	≥400	≥800
Ⅱ级	3000≤Q<6000	100000≤Q<200000	200000≤Q<400000	200≤Q<400	400≤Q<800

注:Q表示养殖量。

1.2.2 对具有不同畜禽种类的养殖场和养殖区,其规模可将鸡、牛的养殖量换算成猪的养殖量,换算比例为:30只蛋鸡折算成1头猪,60只肉鸡折算成1头猪,1头奶牛折算成10头猪,1头肉牛折算成5头猪。

1.2.3 所有Ⅰ级规模范围内的集约化畜禽养殖场和养殖区,以及Ⅰ级规模范围内且地处国家环境保护重点城市、重点流域和污染严重河网地区的集约化畜禽养殖场和养殖区,自本标准实施之日起开始执行。

1.2.4 其他地区Ⅰ级规模范围内的集约化养殖场和养殖区,实施标准的具体时间可由县级以上人民政府环境保护行政主管部门确定,但不得迟于2004年7月1日。

1.2.5 对集约化养羊场和养羊区,将羊的养殖量换算成猪的养殖量,换算比例为:3只羊换算成1头猪,根据换算后的养殖量确定养羊场或养羊区的规模级别,并参照本标准的规定执行。

2 定义

2.1 集约化畜禽养殖场

指进行集约化经营的畜禽养殖场。集约化养殖是指在较小的场地内,投入较多的生产资料和劳动,采用新的工艺与技术措施,进行精心管理的饲养方式。

2.2 集约化畜禽养殖区

指距居民区一定距离,经过行政区划确定的多个畜禽养殖个体生产集中的区域。

2.3 废渣

指养殖场外排的畜禽粪便、畜禽舍垫料、废饲料及散落的毛羽等固体废物。

2.4 恶臭污染物

指一切刺激嗅觉器官,引起人们不愉快及损害生活环境的气体物质。

2.5 臭气浓度

指恶臭气体(包括异味)用无臭空气进行稀释,稀释到刚好无臭时所需的稀释倍数。

2.6 最高允许排水量

指在畜禽养殖过程中直接用于生产的水的最高允许排放量。

3 技术内容

本标准按水污染物、废渣和恶臭气体的排放分为以下三部分。

3.1 畜禽养殖业水污染物排放标准

3.1.1 畜离养殖业废水不得排入敏感水域和有特殊功能的

水域。排放去向应符合国家和地方的有关规定。

3.1.2 标准适用规模范围内的畜禽养殖业的水污染物排放分别执行表3、表4和表5的规定。

表3　集约化畜禽养殖业水冲工艺最高允许排水量

种类	猪 [m^3/(百头·d)]		鸡 [m^3/(千只·d)]		牛 [m^3/(百头·d)]	
季节	冬季	夏季	冬季	夏季	冬季	夏季
标准值	2.5	3.5	0.8	1.2	20	30

注:废水最高允许排放量的单位中,百头、千只均指存栏数

春、秋季废水最高允许排放量按冬、夏两季的平均值计算。

表4　集约化畜禽养殖业干清粪工艺最高允许排水量

种类	猪 [m^3/(百头·d)]		鸡 [m^3/(千只·d)]		牛 [m^3/(百头·d)]	
季节	冬季	夏季	冬季	夏季	冬季	夏季
标准值	1.2	1.8	0.5	0.7	17	20

注:废水最高允许排放量的单位中,百头、千只均指存栏数。春、秋季废水最高允许排放量按冬、夏两季的平均值计算。

表5　集约化畜禽养殖业水污染物最高允许日均排放浓度

控制项目	五日生化需氧量(mg/L)	化学需氧量(mg/L)	悬浮物(mg/L)	氨氮(mg/L)	总磷(以P计)(mg/L)	粪大肠菌群数(个/100ml)	蛔虫卵(个/L)
标准值	150	400	200	80	8.0	1000	2.0

3.2 畜禽养殖业废渣无害化环境标准

3.2.1 畜禽养殖业必须设置废渣的固定储存设施和场所，储存场所要有防止粪液渗漏、溢流措施。

3.2.2 用于直接还田的畜禽粪便，必须进行无害化处理。

3.2.3 禁止直接将废渣倾倒入地表水体或其他环境中。畜禽粪便还田时，不能超过当地的最大农田负荷量，避免造成面源污染和地下水污染。

3.2.4 经无害化处理后的废渣，应符合表6的规定。

表6 畜禽养殖业废渣无害化环境标准

控制项目	指　标
蛔虫卵	死亡率≥95%
粪大肠菌群数	≤10^5个/kg

3.3 畜禽养殖业恶臭污染物排放标准

3.3.1 集约化畜禽养殖业恶臭污染物的排放执行表7的规定。

表7 集约化畜禽养殖业恶臭污染物排放标准

控制项目	标准值
臭气浓度(无量纲)	70

3.4 畜禽养殖业应积极通过废水和粪便的还田或其他措施对所排放的污染物进行综合利用，实现污染物的资源化。

4 监测

污染物项目监测的采样点和采样频率应符合国家环境监测技术规范的要求。污染物项目的监测方法按表8执行。

表8　畜禽养殖业污染物排放配套监测方法

序号	项目	监测方法	方法来源
1	生化需氧(BOD_5)	稀释与接种法	GB 7488—87
2	化学需氧(CODcr)	重铬酸钾法	GB 11914—89
3	悬浮物(SS)	重量法	GB 11901-89
4	氨氮(NH_3-N)	钠氏试剂比色法 水杨酸分光光度法	GB 7479—87 GB 7481—87
5	总P(以P计)	钼蓝比色法	1)
6	粪大肠菌群数	多管发酵法	GB 5750—85
7	蛔虫卵	吐温-80柠檬酸缓冲液离心沉淀集卵法	2)
8	蛔虫卵死亡率	堆肥蛔虫卵检查法	GB 7959—87
9	寄生虫卵沉降率	粪稀蛔虫卵检查法	GB 7959—87
10	臭气浓度	三点式比较臭袋法	GB 14675

注:分析方法中,未列出国标的暂时采用下列方法,待国家标准方法颁布后执行国家标准。

1)水和废水监测分析方法(第三版),中国环境科学出版社,1989。

2)卫生防疫检验,上海科学技术出版社,1964。

5 标准的实施

5.1 本标准由县级以上人民政府环境保护行政主管部门实施统一监督管理。

5.2 省、自治区、直辖市人民政府可根据地方环境和经济发展的需要,确定严于本标准的集约化畜禽养殖业适用规模,或制定更为严格的地方畜禽养殖业污染物排放标准,并报国务院环境保护行政主管部门备案。